U0663051

大夏书系·教学艺术

名师备课
新思维

语文卷

雷玲　主编

华东师范大学出版社

上海市著名商标
ECNUP
全国百佳图书出版单位

图书在版编目（CIP）数据

名师备课新思维. 语文卷/雷玲主编. —上海：华东师范大学出版社，2016
ISBN 978 - 7 - 5675 - 5851 - 9

Ⅰ.①名... Ⅱ.①雷... Ⅲ. 语文课—教学设计—中小学 Ⅳ.①G633

中国版本图书馆 CIP 数据核字（2016）第 273578 号

大夏书系·教学艺术

名师备课新思维（语文卷）

主　　编　雷　玲
策划编辑　李永梅
审读编辑　卢风保
封面设计　奇文云海·设计顾问

出版发行　华东师范大学出版社
社　　址　上海市中山北路 3663 号　邮编　200062
网　　址　www. ecnupress. com. cn
电　　话　021 - 60821666　行政传真　021 - 62572105
客服电话　021 - 62865537
邮购电话　021 - 62869887　地址 上海市中山北路 3663 号华东师范大学校内先锋路口
网　　店　http：//hdsdcbs. tmall. com

印　刷　者　北京密兴印刷有限公司
开　　本　700 × 1000 16 开
插　　页　1
印　　张　16. 5
字　　数　235 千字
版　　次　2017 年 1 月第一版
印　　次　2020年11月第三次
印　　数　8 101-9 100
书　　号　ISBN 978 - 7 - 5675 - 5851 - 9/G · 9932
定　　价　35. 00 元

出 版 人　王　焰

（如发现本版图书有印订质量问题，请寄回本社市场部调换或电话 021 - 62865537 联系）

目 录

第一篇 有效备课

第三篇　特色备课

1

有效备课

　　让学生在课堂上真正动起来，让课堂真正活起来，力争达到课堂效益的最大化，这是教师在有效备课后所产生的积极课堂效应。有效备课理念，倡导老师在备课时要从学生、课程、情境、自己和设计五个方面进行备课，遵循有效备课的行动原则，尊重学生的认知规律，从学生的学习活动、情感发展等方面出发，挖掘教材、创新教材，利用一切有效课程资源，搭建有效教学平台，从而在备课过程中做到"知己知彼，百战不殆"。

　　孙双金、张化万、张祖庆、赵景瑞等名师强调的"备学生永远是关键""教师和学生共同备课""教材不是备课的枷锁"等新理念、新思维，为教师的有效备课提供了可学好用的文本案例。

备课真理：做文本和学生的知音

江苏省南京市北京东路小学　孙双金（特级教师）

做文本和学生的知音，我认为，这个道理揭示了教师备课的真理。

一、"一字未宜忽，语语悟其神"——品语言

语文，有人说是语言文字，有人说是语言文章，有人说是语言文学，也有人说口头为语，书面为文。不管哪种说法，语文都离不开字词句篇，都离不开由字词句组成的有血有肉、有情有义的文章。叶圣陶在《语文教学二十韵》中指出："陶不求甚解，疏狂不可循。甚解岂难致？潜心会本文。""一字未宜忽，语语悟其神，惟文通彼此，譬如梁与津。"品味语言是语文教师备课的一项十分重要的工作，也是语文教师的教学基本功——在咬文嚼字中揣摩作者，在品词析句中走近作者，在推敲把玩中感悟作者。

李白的《赠汪伦》是一首千古名诗："李白乘舟将欲行，忽闻岸上踏歌声。桃花潭水深千尺，不及汪伦送我情。"教过这首诗的人太多了，但大多在字面上疏通诗意之后就让学生背诵一下了之。我在反复吟诵这首诗的过程中，产生了一系列问题：李白和汪伦相识仅仅是因为汪伦的一封书信，他们相聚的时间也不是很长，李白怎么会说出"桃花潭水深千尺，不及汪伦送我情"这样情深意切的诗句呢？尤其是"忽闻"这两个字特别值得玩味，按情理，李白告别汪伦，汪伦理应在家门口就送别了李白，为什么要等到李白离开汪伦家，走出村庄，来到桃花潭边，坐上小船要离岸时，才突然听到岸上汪伦踏歌相送的声音呢？汪伦之前到哪儿去了呢？既然汪伦盛情相邀李白来家做

客，怎么可能不去家门口送别李白，让李白孤身一人离开呢？既然李白和汪伦已成为知己好友，李白怎么会不辞而别呢？是李白故意为之，还是汪伦故意为之？……这诗歌中可想象的空间太大了，值得揣摩。于是，我在备课时就设计了这么一个问题："汪伦为什么早不送，迟不送，偏偏等到李白坐上小船时才赶来踏歌相送呢？请大家展开合理想象，看看哪位同学的想象最合理，最丰富。"在课堂教学实践中，这一环节特别出彩，课堂发言精彩纷呈，博得阵阵掌声。为什么教学能出彩？归功于对"忽闻"二字的咀嚼和品味。

再举一例，王安石的《泊船瓜洲》千古闻名，特别是对其中"春风又绿江南岸"中"绿"的选用更为后人津津乐道。于是乎读《泊船瓜洲》想到的就是对"绿"字的解义，忽略了对诗意诗情的整体把握。我在初备这首诗时，也受到传统的影响，把注意力放在"绿"字上，但是随着备课的深入，我越来越发觉"绿"字不是这首诗的诗眼，"绿"字不能统领全诗。那么诗眼是什么呢？经过反复吟咏，我发现"明月何时照我还"的"还"字才是真正的诗眼。"京口瓜洲一水间，钟山只隔数重山"是说诗人靠家近，应该还。"春风又绿江南岸"是说诗人离家久，更该还。"明月何时照我还"是说诗人思家心切，但当下却不能还。"还"才是贯穿全诗的一条主线，才是这首诗的诗眼。把诗眼定在"还"字上，这首诗便定位为抒情诗；诗眼定在"绿"字上，这首诗就成了写景诗了。显然这是一首借景抒情、思念家乡的诗，而不仅仅是描写江南春景的诗。诗眼抓准了，这首诗的基调就把准了，于是乎讲授就像庖丁解牛，游刃有余。

有人可能会说，你前面举的都是古诗词，古人写诗词特别讲究炼字，我们今天的白话文就不必"一字未宜忽"了。其实不然，我举许地山的《落花生》为例。文中有这么一句话："那晚上天色不大好。可是父亲也来了，实在很难得。"好多老师在备课时不太注意这句话，而我在备课时对这句话反复把玩，觉得意味无穷。不信你看：父亲回家十分难得的，一年大约回有限的几次，为什么今天回来了呢？天色不太好，父亲为什么还坚持回家呢？父亲回家仅仅是吃新花生吗？父亲工作繁忙，在百忙之中回家不仅仅是吃新花生，那一定还有比吃花生更重要的事情。那是什么事呢？就是借花生教育子女做落花生那样的人，虽然不好看，但是对社会有用。你看，抓住这一重点句反复追问，文章的主旨就浮出水面了。因此我认为，叶圣陶先生说的"一字未宜忽，语语悟其神"不仅适用于古诗文，也适合于当今的白话文。当然，不是叫你对每个字都去挖地三尺，而应抓住那些关键的字词句深入推敲。时间久了，你的语感和欣赏能力也就自然而然地提高了。

二、"作者思有路，遵路识斯真"——理思路

"伏脉千里，击尾首应"是周汝昌先生对《红楼梦》线索的比喻。历代评论家对曹雪芹的如椽妙笔，有"三蛇"之喻。一是脂砚斋，有两次用蛇来譬喻，说那是"草蛇灰线，伏脉千里"，又说是犹如"常山之蛇，击首则尾应，击尾则首应，击腹则首尾俱应"。一是立松轩，他曾说曹雪芹的笔就像"怒蛇出穴，蜿蜒不驯"。此"三蛇"之喻，表达了曹雪芹在构思艺术上的特色。

"伏脉"是文学作品的线索，也可看作是作者的思路。作者在构思作品时要考虑先写什么，后写什么，什么人物先出场，什么人物后出场。这是作者思考的路线，思维的路径，我们简称为思路。叶圣陶说："作者思有路，遵路识斯真。"我们唯有遵循作者的思路，才能真正认识作者的意图。

我在《江苏教育》举办的"教海探航"颁奖会上执教《黄河的主人》后与听课教师有一场有趣的对话，其中有少部分教师认为"黄河的主人"不仅仅是艄公，乘客也是黄河的主人。我认为之所以这些教师有这样的认识，是因为没有真正理解作者的思路。

《黄河的主人》有两条线索，一条为明线，一条为暗线。我们先看它的明线，它是由三组镜头组成的。先是远景：看到的是"黄河滚滚。那万马奔腾、浊浪排空的气势"。再是中景：突然，在那汹涌的激流里出现了鼓浪前进的东西，那么小，那么轻，仿佛只要一个小小的浪头就能把它整个儿吞没，再定睛一瞧，上面还有人哩。一共六个人，两只麻袋，这就是黄河上的羊皮筏子。接着是近景：作者看到艄公专心致志地、小心地撑着篙，乘客们坐在皮筏上谈笑

风生，一幅悠闲自在、从容不迫的景象。作者眼中的三幅画面由远而近，由模糊而清晰，它由远景、中景、近景组成。这三组镜头分别给我们展现了黄河、羊皮筏子和艄公的三组不同形象，思路十分清晰，形象十分鲜明。这是文章的明线。

　　暗线呢？它是人物的情感线索。当作者突然看到"那万马奔腾、浊浪排空"的黄河时，感到"胆战心惊"；当作者第一次看到在激流中鼓浪前进的羊皮筏子时不禁"提心吊胆"；当作者看到羊皮筏子上的艄公沉着冷静、镇静机敏、勇敢智慧时，情不自禁发出"羊皮筏子上的艄公，更值得敬仰和赞颂"的称赞。胆战心惊→提心吊胆→敬仰、赞颂，这就是作者的感情线索，这是一条暗线。两条线索理清了，文章的主旨也清晰了。作者是赞美在滔滔黄河上驾驶羊皮筏子的艄公的大无畏精神，他们靠自己的勇敢和智慧成了黄河的主人。黄河虽然险恶，羊皮筏子虽然又轻又小，可艄公的精神和品格却不可战胜！人可以成为大自然的主人！由此可见，艄公是黄河主人这是不言而喻的，乘客不过是艄公的侧面烘托罢了。

　　我们再来研究一篇小说的思路，《林冲棒打洪教头》是《水浒传》中的一段节选。它的思路是怎样的呢？文章先写林冲被高太尉陷害而被发配沧州，行至柴进庄上，得到柴进厚礼相待。柴进的师父洪教头见了心生不服，欲与林冲较量一番。在柴进的要求下，林冲被迫与洪教头交手。战了四五个回合，林冲就跳到圈外自认输了，柴进没看到林冲的真本事，于是就丢了大银在地上做彩头。洪教头为了赢得这锭大银，气势汹汹欲置林冲于死地。林冲只抢棒一扫就把洪教头打翻在地，洪教头满面羞惭，灰溜溜地走开了。这是文章的情节，也是文章的思路，它的特点是一波三折，引人入胜。它另一个特点是，在人物形象塑造上对洪教头是先扬后抑，你看一出场洪教头"挺着胸脯，歪戴着头巾""洪教头也不相让，便去上首坐了"，那蛮横、目空一切、自以为是的形象呼之欲出。可到了文章的结尾："洪教头措手不及，'扑'的一声倒在地上，棒也甩出老远。""洪教头满面羞惭，灰溜溜地走开了。"那形象是多么的狼狈、多么的可笑、多么的可怜呀！你再看林冲，作者运用了先抑后扬的手法。开始林冲对洪教头"连忙站起来躬身施礼"，连说"不敢，不敢"，交手后只战四五个回合就主动认输。可等看清柴进确是有意看看自家的真功夫时，林冲只一棒就把洪教头打翻在地。此时林冲的形象又是多么的英武、多么的高大。

理清了文章的情节、线索、思路，林冲那忍让、谦逊、武德高尚、武艺高强的性格自然就鲜明了。大家不妨一试。

三、"作者胸有境，入境始与亲"——入意境

王国维在《人间词话》里说："词以境界为最上。有境界则自成高格，自有名句。""境非独谓景物也，喜怒哀乐，亦人心中之一境界。故能写真景物真感情者，谓之有境界。否则谓之无境界。""大家之作，其言情也必沁人心脾，其写景也必豁人耳目。其辞脱口而出，无娇柔装束之态。以其所见者真，所知者深也。"王国维在这里说的是诗词之境界，其实文章之意境也同此理。唯有写出真景物真感情的文章才能算有意境，有境界。下面我以《二泉映月》为例，说说我是如何入文之境、曲之境、人之境的。

（一）入文之境

1. 在朗读中入境

为了教好《二泉映月》，我反复吟诵，放声朗读，读通、读顺、读畅，读到每句话如出己口，读到每句话如出己心。尤其是读到"他想起了师父说过的话，想到了自己坎坷的经历，渐渐地，渐渐地，他似乎听到了深沉的叹息，伤心的哭泣，激愤的倾诉，倔强的呐喊……"，我仿佛听到了阿炳那积淀已久的情怀喷涌而出。

2. 在思考中入境

文章第二段，阿炳的师父问小阿炳从泉声中听到了什么没有，小阿炳说什么也没听到，师父说："你年纪还小，等你长大了，就会从二泉的流水中听到许多奇妙的声音。"文章第四段写阿炳在邻家少年的搀扶下，来到二泉边听泉，听到了深沉的叹息，伤心的哭泣，激愤的倾诉，倔强的呐喊……上下文

对照，引发了我的思考：师父说能从二泉的流水中听到奇妙的声音。"奇妙"指奇特而美妙。可阿炳长大后非但没有听到奇妙的声音，反而听到了叹息、哭泣、呐喊，为什么？师父期望阿炳长大后能过上好日子，能享受到幸福之生活，这是师父对阿炳的未来的美好希望。可现实是阿炳4岁丧母，21岁害眼疾，35岁双目失明，整天只能靠卖艺度日。这样的生活经历怎能让他听到美妙的声音呢？他听到的只能是叹息，只能是哭泣，只能是呐喊！于是一个很好的问题浮到了脑际：阿炳长大后为什么没有从二泉中听到美妙的声音，只听到了叹息、哭泣和呐喊呢？通过这个问题引导学生了解阿炳的身世，走近阿炳的心灵世界。

（二）入曲之境

《二泉映月》不仅是一篇文章，更是一首名曲。要想备好这篇课文，你如若对曲子了解不深，是不可能真正教好课文的。虽然我年轻时也曾用二胡拉过《二泉映月》，虽然我也能从头到尾哼唱出《二泉映月》的曲调，但是，为了上好这篇文章，我要重新走进《二泉映月》，重新用心灵感悟这首不朽的名曲。我从网上下载了各种不同版本的《二泉映月》，又从网上查询到阿炳当年亲自演奏的《二泉映月》录音。我一遍一遍地倾听，一遍一遍地比较。夜深人静，我的卧室内一遍遍响起《二泉映月》那如泣如诉的曲调；白天，办公室里流淌出《二泉映月》那舒缓起伏、恬静激荡的曲调。那一阵，我的整个身心沉浸在《二泉映月》那优美、凄婉的曲调里。我从阿炳的《二泉映月》中听到了阿炳对光明的向往，听到了阿炳对美好生活的渴望，听到了阿炳对悲惨命运的抗争，听到了阿炳对支撑他人生的音乐的无限热爱……

（三）入人之境

俗话说人如其人，曲如其人。《二泉映月》是阿炳用生命谱写的曲子，欲真正理解曲子的内涵，必须走进人物的内心世界。我从网上找寻一切有关阿炳的材料。因为阿炳的父亲是"铁手琵琶"，因此，阿炳从小就受到良好的音乐熏陶和培养，为阿炳奠定了良好的音乐素养。因为阿炳4岁丧母，21岁患眼疾，35岁双目失明，被道观里的道士赶出道观，流浪街头，卖艺度日，所以《二泉映月》中充满凄凉、不屈和抗争。阿炳也曾有过短暂的辉煌，也曾风光无限，但好景不长，最终流落街头，他经历了火与水的两重天地，他对人生有更彻底的体悟，因此他的音乐才直达人生的本质，才直逼人类的心灵，才能超越时空，超越国界，获得永恒的魅力。

阿炳的朋友陆墟曾这样描写过阿炳拉奏《二泉映月》时的情景："大雪像鹅毛似的飘下来，对门的公园，被碎石乱玉堆得面目全非，凄凉哀怨的二胡声，从街头传来……只见一个蓬头垢面的老妪用一根小竹竿牵着一个瞎子在公园路上从东向西而来，在惨淡的灯光下；我依稀认出就是阿炳夫妇俩。阿炳用右胁夹着小竹竿，背上背着一把琵琶，二胡挂在大肩，咿咿呜呜地拉着，在飘飘洒洒的飞雪中，发出凄厉欲绝的袅袅之音。"这就是《二泉映月》的作者，这就是《二泉映月》创作的生活背景，这就是苦难的民间艺人阿炳留给后人永远的印象……

四、"深入又浅出，方是高境界"——备教法

我在20世纪90年代初曾写过一篇文章，题目是《在"深入"上下功夫，在"浅出"上做文章》。教师要能"入乎其内，出乎其外"。王国维在《人间词话》中指出："对宇宙人生，须入乎其内，又须出乎其外。入乎其内，故能写之；出乎其外，故能观之。入乎其内，故有生气；出乎其外，故有高致。"我认为，教师钻研教材，首先要能深入文章，入乎其内，因为入乎其内，故能和作者心心相印，息息相关，同呼吸，共命运，成为作者的知音。处理教材要浅出，要出乎其外，唯有出乎其外才能循循善诱，才能吸引学生，才能符合学生学习的规律。顾明远先生曾形象地把课分成四个境界，第一境界为"深入浅出"，第二境界为"浅入浅出"，第三境界为"深入深出"，第四境界为"浅入深出"。因此，教师备课不能满足于深入教材，成为文章的知音，还要跳出教材，研究学生，设计教法，成为学生的知音！

"望闻问切"话备课

北京小学　吉春亚（特级教师）

　　我在过去的语文备课中，特别强调语文知识的教学：介绍背景，分析段落大意，总结中心思想，归纳写作特点等。文质兼美的作品被我肢解成了十万个为什么的问答，活泼泼的言语变成了各个问题的答案，活生生的形象变得黯然失色。学生学完课文，脑子里如马蹄杂沓，堆砌了知识的零部件……尤其是公开课，备课的"招"更多的是如何打动听课的老师，体现我较丰富的知识面，展现我的声情并茂的话语和朗读能力，展示得更多的是我个人的才华。备课是写剧本，上课如同演戏。有时一堂公开课下来，我和个别学生的极致表演会使课上得熠熠生辉。然而，这样的遗憾也常常会折磨人：课文学习完了，学生不会读意境优美的文字，不会品其间精美的诗句，更不会把积累已久的语言运用于生活中来表达自己内心的感受。

　　静心思忖之后，我感觉到，这是对层出不穷的教育新理念的浅薄认知，我不知不觉走进了语文教学的误区。"什么是语文？平时说的话叫口头语言，写在纸面上叫书面语言。把口头语言和书面语言连在一起说，就叫语文。"从此，我的语文教学策略变了，备课的基本思路也变了：创设富有情感意味的"真实"环境，在富有诗情画意的润泽氛围中（否则就是机械死板的训练），精心组织和指导通过对典型的"言语作品"（各种书面和声像的）剖析、玩味和模仿，在各种（课内、课外的，单项、综合的，实际、模拟的）"言语行为"中不断内化各种（知识的、思想的、情感的）收获，并能较为成功地外化为各种（书面的、口头的）"言语作品"，逐步形成能够独立地听说读写等"言语能力"，以应用于广泛的社会生活（学习和生活的）"言语行为"中。于是，在课堂教学预设的实践中我不断地"望闻问切"，从以下几个方面进行调整：

一、"望"：明目标——效益的底线

语文教学目标的设计对语文教学有着重要的意义。它如同罗盘对于茫茫大海中的航船，如果罗盘偏离了航向，航船就很难准确抵达目的地。语文教学目标设置的过程，是教师完成与编者的对话、与作者的对话，充分考虑与学生的对话的过程。也就是说，语文教学目标的设置，教师必须首先考虑到作者、编者的意图和语文教学的总导向性，考虑到学生的接受能力。尤其是课时目标，它应该是整个语文教学过程中的一个环节，所有的课时目标之和就等于整个语文教学的总目标的完成。所以每一个课时目标必须像指南针一样坚定不移地指向语文教学的总目标。如果缺乏明确的目标指向，学生将一无所获。

因此，我是这样考虑教学目标设计的：

（一）教学目标着眼于学生的发展和成长

教学目标，按照新课程理念可分为知识与技能、过程与方法、情感态度与价值观三个维度。知识与技能是显性的、短期的目标；方法、情感态度、价值观是隐性、长期的目标。显性的、短期的目标使教学有立竿见影的效果，隐性的、长期的目标使教学"人气"旺盛，充满生命的活力。着眼于学生的发展和成长的教学目标应是显性和隐性、短期和长期、预设和生成等目标的完美结合，既有知识、技能的增长与提升，又有智慧、情感、信念、意志、价值观等的发展和生成，具有丰富的精神、文化、生活、生命的内涵。

《游园不值》的教学是这样着眼于学生的发展来制定目标的。

显性目标：

（1）看注释理解《游园不值》和其他古诗的意思，用自己的语言清楚地表达诗的内容。

（2）想象该诗描绘的情景，用一小段话表达出来，从而体会出诗人表达的情感。

（3）有感情地朗读、背诵诗。拓展积累其他几首描写春天的诗。

隐性目标：

培养学生对春天的热爱之情，对古诗的喜爱之情。

（二）教学目标着重于语文教学的"根"

语文教学毕竟有自己的专司之职——帮助学生正确理解和运用祖国的语言文字。舍本求末、喧宾夺主从来就是愚蠢的行为，所以在制定教学目标时，我特别关注的是某节课能否真正地为提高不同层次的学生的语文能力服务。

如，《白杨》一课的显性目标制定为：

（1）有感情地朗读课文中"爸爸"说的话。

（2）尝试用借物喻人的方法写一两句话。

（3）运用文中的语言现象"哪儿……就……不管……还是……不管……还是……总是……"写一段意思连贯的话。

（三）教学目标的定位一定要操作性强

我们来看一看《夏夜荷花》一课中显性的层次目标制定。

关于朗读：

（1）大部分学生能有感情地朗读课文，在朗读中展现夏夜荷花的美丽及不孤傲、不娇贵和毫无私心的品格。

（2）个别学生能通过朗读的语气让听者感受文字表达的意思。

关于背诵：

（1）半数学生能在课堂中根据提示背诵出第二自然段。

（2）小部分学生能选择背诵其中的几个句子。

关于运用：

（1）将学习课文积累的语言运用在其他的情境中。

（2）能够在教师提供的语境中填写书本中积累的语句。

这样的目标的定位具体，可操作性、检测性强。

总而言之，目标行为的主体是学生，关键不是看教师是否完成了教学任务，而是看每一个学生有没有具体的进步。教学目标必须是可测定的，可评价的，具体明确的；在使全体学生获得必要的知识技能和情感熏陶的同时，还要顾及学生自我发展的需求的差异，有利于促进学生的个性发展。教学目标一经确定，就必须成为一堂课的指针和精髓，整个教学活动必须围绕这一目标展开，教学内容的增删，教学方法的设计、运用，教学环节的衔接，都应始终如一地为实现教学目标服务。

二、"闻"：清思路——清晰的主线

现行的文选型教材每篇课文都蕴含着丰富的语文学习信息，有着许多能对学生进行知识与技能、情感态度与价值观等教学的生发点。这么多的信息与生发点是不是都要一个不漏地进行教学预设，以期在课堂教学中都"毫无保留"地让学生"狼吞虎咽"呢？这是不可取的。俗话说得好："面面俱到，等于不到。"这种预设往往导致在课堂中的生成将是东打一记，西敲一锤，教学活动缺少对教学目标的向心性，学生会无所适从，晕头转向。因此，教学主线必须清晰。

我向大家展示我的两篇教学预设的思路。

例一：

书是学生自己读出来的
——《桃花心木》教学

1. 初读，整体感知观其概。
2. 再读，提出问题共解疑。
3. 精读，潜心会文领其意。
4. 展读，联系生活话感悟。

这一则教学设计的思路以"读"为主线展开，从"初读"到"再读"到

"精读"到"展读"，各个环节层层深入，又环环相扣。

例二：

徜徉"恬静"，美在其中

——《小镇的早晨》教学设计

1. 默写，引"恬静"。

2. 品味，读"恬静"。

3. 积累，背"恬静"。

4. 尝试，写"恬静"。

5. 延伸，拓"恬静"。

这一则教学设计围绕课文中小镇的一个特点"恬静"展开，重积累，重运用，各个环节紧密相连，期望有一线串珍珠之效。

三、"问"：选方式——灵动的学习

在备课时，我不仅备教学的过程，同时也考虑学生的学习方式。学生学习方式的采用应该是灵活的，有时体现在个体对言语对象的沉思默想中，有时体现在学生之间的"切磋琢磨"中，有时体现在形式活泼、丰富多彩的活动中。无论采取哪一种学习形式，都应激发学生学习语言的兴趣，尊重学生的个性差异，鼓励学生选择适合自己的学习方式，成就他们提高语言能力的自主性。

在备课时，考虑得比较多的是让学生更多地进行自主学习，要让学生在独立思考的基础上适当穿插合作、探究等学习方式。合作学习是指通过小组讨论，达到互相启发、优势互补、解决个体无法解决的疑难的目的。但合作学习必须建立在独立学习的基础上，学生参与讨论、参与探究，是要以自己的见解和认知能力为基础的，而个体的独立思考是无法由别人或小组来代替的。只有在学生的思考达到一定程度时展开讨论，才有可能出现一点即通、恍然大悟的效果；也只有在此时展开讨论，才有可能出现观点的针锋相对和正面交锋。因此，我在组织学生参与讨论或探索之前，一定预设先留给学生一定的独立学习思考的时间。

四、"切"：找亮点——预约的精彩

新课程呼唤生成的课堂，然而，不少教师却简单、机械地解读了"生成"，误以为"生成"仅是预设之外课堂中的"节外生枝"，有的甚至错误地将预设完全放弃，造成课堂或远离文本、任意生成，或旁逸斜出、无谓争辩，或陷于一点、纠缠不清，或脚踏西瓜皮，滑到哪里算哪里。这显然不是我们的教学所追求的境界。

"凡事预则立，不预则废。"（《礼记·中庸》）预设和生成，并非井水不犯河水或是水火不容，而应是水乳交融、和谐共生。生成，离不开科学的预设；预设，是为了更好地生成。精彩的生成源于高质量的预设。

怎样的课前预设，能使课堂的生成更精彩呢？

（一）设计追求新颖，促使亮点闪现

比如在《白杨》一课的拓展延伸环节的备课设计中，我这样预设：

1. 选择连接。

师：在课文中，白杨这种植物，已经与人的某种性格、某种品格紧紧地连接在一起。而在生活中，好多的事物都可以与人的特征连接起来。

出示：

你太孤傲了吧，连一片叶儿也不肯和你做伴。	橡皮
正是你的谦虚，换取了满天繁星灿烂。	雨伞
太多的风风雨雨，你都躬着背默默地承受。	梅花
一点点地牺牲自己，一次次地弥补错误。	新月

2. 尝试说话。

我们也赋予这些事物以人的性格特征，请选择其中一个事物或自己借助一个其他事物来说一句话。

果壳箱　蜡烛　粉笔　牵牛花　桥

铺路石　垂柳　小草　竹子　梅花

这样的预设促使学生兴致勃勃地思考，美丽的生成让课堂更充满灵性和活力。

课堂实录：

（学生静静思考两三分钟。）

师：你有一个思想，我有一个思想，相互交流会有更多的思想。我们再交流交流。

生：蜡烛，你虽然燃烧了自己，却照亮了别人。

生：野火烧不尽，春风吹又生，这就是生命力顽强的小草。

生：铺路石，你任人踩着你的身子，你默默无闻，心甘情愿地载着人通向新的征程。

生：柳树，你只会随风摇摆，是不是太轻浮了呢？

师：（兴奋地）课堂上最美的是创造性的灵感的火花迸发。我为你的创意鼓掌。在常人眼中，柳树是春的天使，是美的使者，在你的眼中，它是轻浮的代表。创意值得欣赏。

生：桥，你弓着身子，让行人路过时，我们想起了老师。

生：粉笔，用自身的缩短，成就我们知识的增长。

生：凌寒独自开的梅花，你是中华民族坚贞不屈精神的写照。

师："写照"这个词用得极妙。

生：牵牛花，你只有攀在他人的身上才能成长。

生：我的想法与他不一样——牵牛花，你不懈的攀登精神真令人敬佩。

师：真是"横看成岭侧成峰，远近高低各不同"，每一个同学的发言都那么精彩，每一位同学的思维的火花都绽发出美丽的光芒。

随着教学活动的展开，师生的思维和文本不断碰撞，灵感的火花不断迸发，学生在这个过程中兴趣盎然，认识体验不断加深，师生都焕发着学习的智慧和生命的活力。这种课堂教学的精彩生成，离不开课前的精美预设。

(二) 启迪学生思维，绽放智慧火花

《秋天》一文中有这么一个词——"金风送爽"，我预设的问题是：

"金风"就是"秋天的风"，为什么把秋天的风说成是"金风"呢？这个问题可谓是一石激起千层浪。

课堂实录：

师：要回答这个问题啊，更需要智慧！看哪个聪明的同学说得上来。

（已有多位学生举手。）

师：呀，这么多同学都想回答这个高水平的问题，老师真是太高兴了！不过大家别急，让我们再仔细地看看书本上的插图，想想你看到过的秋天，你一定可以说得更好的！

（学生纷纷低头看插图，有的还悄悄地和同桌商量什么。）

生：我感觉秋风吹来，树叶变黄了，一片片黄色的树叶从树上飘下来，就像一只只金色的蝴蝶在空中飞舞，一眼望出去，秋天就变成金色的啦！

师：你说得真美啊！

生：秋风一吹，把大地上的稻子吹黄了，大地变成金黄色的一片了，只有金色的风才会把稻子吹得金黄一片。

师：好，很有道理！

生：秋天是五颜六色的，高粱红了，棉花白了，稻子黄了……我想一定是秋姑娘拿着一枝金色的神笔在给大地涂色吧！她想要涂什么颜色，笔就会变成什么颜色！

师：说得太好了。

生：老师，这下我知道为什么秋天也叫作"金秋"啦！

师：对呀！我们常常说——金秋十月！

生：我们还说"金色的秋天"呢！

师：呀——"金色的秋天"，多美的季节！

生：去秋游的时候，金色的阳光照在我的身上，凉爽的风吹着我，我对着天空，感觉秋天的风是金色的！

师：你怎么知道的？

生：我看到了风的颜色啦！

师：你真是个神奇的孩子！老师相信你的眼睛！

生：秋姑娘来了，给我们送来了凉爽的秋风，我们不再感到炎热，秋风是多么宝贵啊！所以说秋风是"金风"。

我精心设计问题的同时又设法引导学生去感知、感悟。学生的想象是合理的、合情的、诗意的、夸张的，甚至是离奇的……在孩子的眼里，"金风"原来具有如此丰富的内涵！在这个过程中，学生之间的思维碰撞，互相启发，老师的真情赏识和鼓励，使学生的思维、想象、言语表达能力都得到了锻炼和提高。这使得这一创意的设计开出了绚丽的花朵，成为课堂的一个亮点，也使课堂真正成为学生生命活动的乐园。

（三）巧用无意注意，引发亮点闪现

在教学设计中必须从学生生理、心理所处阶段出发，灵活多样地采取多种方法吸引学生的注意。一种方法集中连续实施的时间不能太长，以免使学生感觉厌恶、疲劳而分散注意力等。应结合课文的特点和教学目标相机穿插小型的竞赛、故事讲解、美妙音乐的播放、精美图片的展示、课件的演示等，利用无意注意的手段，吸引学生以更好的状态投入到要学习的内容之中，绽放智慧的火花。

如《荷花》的教学中"读美，议美，创造美好"的环节是这样利用学生的无意注意来预约亮点的。

先出示句子："白荷花在这些大圆盘之间冒出来。"师问："荷花是怎样冒出来的呢?"再用课件演播荷花从水中一朵朵往上长的动态情景。

课堂实录：

师：看了这美好的景象，再联系课文内容，说说荷花是怎么"冒"出来的呢？

生：我觉得是"探"出来的。

师：带到句子中读一读。

生：白荷花在这些大圆盘之间探出来！

生：是"蹦"出来的。白荷花在这些大圆盘之间蹦出来！

生：是"伸"出来的。白荷花在这些大圆盘之间伸出来！

生：老师，荷花是"钻"出来的。白荷花在这些大圆盘之间钻出来！

师：好一个"探出来""蹦出来""伸出来""钻出来"！在你们的世界里，白荷花真是活泼可爱啊！同学们，我为你们飞扬的想象力喝彩！

师：（课件展示荷花图片）同学们，接着你们刚才的话语继续说。

（出示"白荷花在这些大圆盘里_____出来，仿佛_____"字样。）

生：白荷花在这些大圆盘之间探出来，仿佛想到外面来透透气！

生：白荷花在这些大圆盘之间蹦出来，仿佛是想向人们展示她的美丽！

生：白荷花在这些大圆盘之间伸出来，仿佛想让人们都来观赏她！

生：白荷花在这些大圆盘之间钻出来，仿佛她想和我们交朋友！

师：多美的白荷花呀！（结合板书小结）无论是含苞欲放的半开着的，还是全展开的，所有的白荷花都是那么的生机勃勃，让我们一起有滋有味、满怀激情地赞美这美丽迷人的荷花吧！

兴趣是学生学习的原始动力，它能让一个人产生学好某种知识的稳定倾向。课件播放荷花向上伸长的情景配上背景音乐《采莲》，充分调动学生的视听感官，把他们的视线聚集在特定的学习对象上，引导学生积极主动地去参与学习活动，激发了他们创造的潜能。

（四）留足生成空间，点燃课堂亮点

中国画之所以在世界上享有较高的艺术地位，我想应该归功于"留白"的技巧，让每一位欣赏者站在画面前都能遐思飞扬。我们的学生带着自己的经验、知识、思考、灵感、兴致参与课堂教学，与文本对话，也会使我们的课堂呈现出丰富性、复杂性和多变性。在预设时，充分考虑到课堂上可能出现的情况，从而使整个预设留有更大的包容度和自由度，给生成留足空间。我们在进行教学设计时可采用粗线条"板块式"的教学设计，为学生留有空间，以便在目标实施中能宽容地、开放地纳入始料未及的生成。如"小荷"文学社成立大会口语交际课的预设特别注意给学生"留白"，活动过程主要分为"文学社取名""主席台人员就座""文学社成立大会""新闻发布会""总结发奖"，以学生自我组织、自我展示为主要方法，在每一个环节中都给学生预设了可能被激发的生成点。

下面为"新闻发布会"这一环节的实录：

师：大会的第二个议程是新闻发布会，台下就座的是各大新闻单位的记者，你们可以就有关问题向台上的各位提问。请各小组成员先进行讨论，把问题写在小纸条上，每组提两个问题。

（老师和主持人把各小组的题目收集起来后进行筛选，同时就有关问题的回答与主席台上的人员进行商议。）

记者：我是《家庭教育导报》的记者，请问社长，家长支持他们参加文学社吗？

社长：也许有的家长不理解，认为孩子在校只要把书本上的知识学好就可以了，但是我们会用实际行动告诉家长，参加文学社活动对于提高习作水平、拓展视野是很有好处的。

记者：请问主编，你们办刊的目的是什么？初定哪些栏目？

主编：我们办刊的目的是为文学爱好者提供一个展示才能的天地，提高大家的写作能力。刊物栏目大致有"心语丝丝""百字新事""诗花一瓣""奇思妙想"等，欢迎大家投稿，欢迎大家订阅。

记者：我是《北京晚报》的记者，我想问顾问先生，你准备如何当好他们的顾问？

顾问：顾问，顾问，不问不顾，问了才顾，刚才指导老师要我举办一次创作经验交流会，我还在考虑这件事怎么做。（台下大笑，掌声一片。）

记者：我是香港凤凰电视台记者，请问社长，你们的经费是从哪里来的？

社长：经费问题请大家别担心，我会从我的工资中提取一部分作为日常支出。（台下一片掌声）

指导老师：我们文学社的全体成员筹措一部分资金，另外加上文章发表的稿费，也差不多了。（大笑）

记者：我是美国WTO电视台记者（台下笑声），我想请问指导老师，你准备怎样指导文学社开展活动？

指导老师：培训的时间每周一次，培训的内容有诗歌、散文、剧本创作等，培训形式为讲授、讨论、外出参观等。

（掌声，记者纷纷举手，老师暗示结束活动。）

主持人：女士们，先生们，新闻发布会到此结束，谢谢大家。

这一则教学预设是开放的、结构化的。富有弹性化的"板块式"设计，不仅仅预设了教师的教，更预设了学生的学，它没有精确无误的流程顺序和一成不变的学习内容，不以有限的讨论去锁定无限的话题，只是一种策略的准备，它最大的特点就是为学生的自主活动和探索预留了时间和空间——给学生一片天地，他们会还给我们一个惊喜。

（五）延续阅读热情，引发课外精彩

《詹天佑》一课的作业设计：

1. 爱读书的你，阅读《詹天佑》一书。

2. 爱写作的你，请设计一份皇帝诏书。

奉天承运，皇帝诏曰：

　　天佑总办，因你＿＿＿＿＿＿＿＿＿＿＿＿＿＿＿＿＿＿＿＿＿＿

　　特封＿＿＿＿＿＿＿＿＿＿＿＿

　　钦此。

宣统九年

3. 爱参观的你，参观詹天佑纪念馆。

4. 爱诵读的你，有感情地读《詹天佑》的剧本简介。

5. 爱历史的你，查阅詹天佑一生的事迹资料。

这一集言语表达和精神诉求于一体的层次性选择作业，一下子又将教学推向了高潮，没有说教，没有灌输，探究的愿望悄然地在学生心田点燃。

精心的设计和充满智慧的策划，为课堂教学预约了一个又一个的精彩。教师应用浪漫的情怀去预设理想的教学情境：预设怎样对一个句段、一个字词进行教学、进行生发，设想要达成什么要求或效果，分哪几步进行，万一达不成怎样去分步实施，其中关键的一步是什么，等等；预设学生会提出什么问题，喜欢什么样的学习方式，生活中有怎样的体验，解读会有哪些感悟，探究会有哪些答案，练习会出现什么错误……在此基础上教师怎样肯定、鼓励、引导、矫正，等等。这样，一棵预设之树就如同一棵美丽的"大榕树"，"那么多的绿叶……似乎每一片树叶上都有一个新的生命在颤动"，充满着活力和灵气。

结语：腹有诗书气自华，读书是最好的备课

（一）博览群书

"以内养外""补血养颜"——腹有诗书气自华。"关关雎鸠"的爱情吟咏、楚辞世界巫风神话的幽怨对话、魏晋士子的生命自觉、盛唐之音的气度

恢弘、宋元山水的迷我忘我之境、明清之时的纷繁世俗图景……我们需细细品味。老舍的文字是漫画，世俗风情；鲁迅的文字是木刻，力透纸背；余秋雨的文字是水墨，意蕴丰富；张承志的文字是油画，色彩浓烈……我们该细心欣赏。安徒生的童话以虚构之笔昭示给世人美所能达到的程度，巴尔扎克构筑一座座语言及命运的迷宫，艾略特展开了一片意象与文明的荒原……我们应默默体会。"平心不羡黄金屋，灯下窗前长自足"，让读书这一钵心灵的鸡汤，不断地滋养着曾经在知识上"气虚"的自己。"腹有诗书气自华"能为我们高质量地备课奠定基础。

（二）深扎文本

一个精美的预设要深深地扎根文本。教师解读文本时体验、感悟的深度，在很大程度上影响着预设和生成的质量。因为只有教师自己先"披文以入情"，才能"情动而辞发"地进行预设和生成。教师对文本解读的逐步深入就是一个不断扎根的过程：主根不断粗壮，须根不断纵生。解读文本时要处理好"入"与"出"的关系："入"就是要努力挖掘教材内容、语言现象等学习资源对学生发展的价值与意义，研究学生语文能力形成、语文素养提高的生长点，寻找"字词句篇、听说读写、知情意行"等语文实践的载体；"出"就是对文本的适当超越，联系相关的学习资料、生活实际等课外资源，拓展学习空间。

语文教学预设的精彩和美妙会促使你发自内心地去爱她。爱她的深沉，爱她的浪漫，爱她的温柔，爱她的真诚，爱她的凝练……"看似寻常最奇崛，成如容易却艰辛"。预设上的每字每句都凝聚着教师的心血和汗水。

课堂：预则立，不预则废

浙江省杭州市上城区教师进修学校　张化万（特级教师）

语文课程标准指出："教学是预设与生成、封闭与开放的矛盾统一体。"要课堂教学灵动有效地生成，就必须努力做好课前的教学预设。所有科学意义上的教学都是有预设的。只有事先尽可能进行周密的课堂预设，才可能出现有效灵动的课堂生成。

备课是为课堂生成而预设的。只要实施班级授课制，备课预设就毫无疑义地要以班级的中线为基准，预设的底线就是全体学生必须实现的目标。个性化的教学，应当是在此基础上实施的多层次全方位的差异教学。

40 多年的小学语文教学，使我养成以下这些备课习惯：

一、系统备课

（一）备课是课堂教学的系统预设

备课不只是研究课文和教学参考，而要切切实实研究学情、文本的关键训练点，酝酿自己的情感，准备恰当的教学方式，制作适宜的多媒体课件，营造适宜文本基调和教学的课堂教育环境，精选延伸拓展的屏幕阅读材料，设计和准备学生课堂学习的学具、多层次的作业设计。让备课变成完整的合乎逻辑的系统预设，给教学提供更为坚实的成功基础。

（二）备课确认课文在教材中的地位

拿到新书，我会先认真回忆上学期的教材，搞清这册教材在学段中的地位、作用，它和前后两册教材的区分点，读写的重点、难点；再研究每单元在这册书中的地位和作用，单元间的联系与区别；最后思考这篇课文在单元和全册的坐标位置。尽管这种阅读思考是初步的，但这样做了，会让我们备课钻研更深入和有效，避免"荒了自己的田，种了人家的地"的现象出现。

（三）备课区分维持与研究的方案

从 20 世纪 80 年代初起我一直当班主任、语文老师，各项事务、杂务和教学任务很重。只有把工作区分为维持工作态和研究实验态，收紧拳头才可能砸出个窟窿。1981 年我开始做"语文教学最优化"的研究，我想将"最优化"的思想渗透到教育教学的所有方面，但课堂教学研究必须量力而行确保重点，于是我从教材中选择学生特别感兴趣、特别符合自己个性、教学特别可能突破的 1/4 的课文，定为研究实验课文。

例如，在六年级第 11 册的 21 篇课文中，我选了《了不起的女孩》《梳羊角辫的小姑娘》《我的战友邱少云》《布衣元帅》《新的跨越》《将相和》《老师领进门》和《三顾茅庐》8 篇进行研究，其他的按常规教学。研究课备课，首先是学情调查和文本钻研。然而，备课最重要的是确定"试教方向"，明确了试教的方向，再确定教学目标、教学的重点难点，准备多媒体课件、学具和多层次作业，预设教学过程和教学策略。教学目标的表述，应当将文本作为师生行为动作的凭借，写清课堂教学过程中师生的行为（过程与方法）和预期达成的结果（情感态度与价值观、知识与能力）。最后，备课应当留下修改栏和反思记录的空间。

二、换位备课

（一）为学生想

备课是纸上演习。要想实战成功，必须了解儿童的心智发展水平，他们的认识规律和成人的不一样。备课时，我们不能以为自己被感动了，学生也一定会被感动，我们的审美情趣、能力和学生有重大差异。蹲下来看学生，就是认真地观察了解儿童的世界，努力在打通儿童的生活世界和书本世界上动脑筋。要仔细琢磨学生，换位思考。假如是学生，安排自由读两分钟够吗？多长时间才是全体学生都适应的？怎么样安排读书才会让每一个学生各有所得，又不浪费时间？哪些问题学生会有和伙伴合作学习的需要？哪种小组合作的方式，学生会充满热情地献智出力？以什么方式汇报交流，会让学生有倾听欲望和分享成果的快乐？这些想清楚了，预设就容易促成课堂动态生成。

（二）调查梳理

备课前，特别是上课前要复查，找自己班或同年级班学生询问，了解他们的兴趣点、困难点和认知冲突点，翻阅前课的反思记录，了解以下问题：学生现在的认知水平怎样？本课适合他们的喜闻乐见的教学方式是什么？在完成教学目标时，在文本学习和训练中，他们的困难是什么？该准备哪些台阶帮助他们走上来？班级的差异有多大？差异怎样才会变成教学的资源？怎样设置和布置多层作业，学生才会喜欢和有效？教学预设的所有重要问题和过程，都要假设学生的各种反应，学生可能出现的困难；都要准备教学受阻的解决办法，出现意外的引导办法。重要的训练都该自己做一做，踏踏路、踩踩点。预设越充分，课堂的意外就越能成为生成的契机。尽管学生个性有差异，但是同一年龄段的学生，他们的认知特点是大同小异的，了解清楚这些并进行仔细的分析梳理，就能预设有效的教学过程和选择恰当的教学策略。

（三）关注兴趣

充分认识兴趣在儿童学习中的作用。兴趣不是课堂的情绪添加剂，它不为学生浅层的快乐而存在。但是有效的课堂教学需要寻找和文本基调一致的兴趣点，需要寻找和儿童心智水平相吻合的调动学习兴趣的方式，营造儿童感兴趣的课堂教学气氛，采用符合儿童心理的手段和方法有趣地去教学。

如教学人民教育出版社第三册第17课《酸的和甜的》。在预设导入时，除了播放满架的一串串的葡萄外，我还准备了新鲜紫亮蜜甜的葡萄，让每个学生都吃一颗。在教师将葡萄盘送给台下的学生时，引发大家迫不及待、争先恐后的场面。既满足孩子们追求新奇、好动好奇的心理，让孩子们兴高采烈、兴趣盎然地进入课文学习，也为课文中理解"迫不及待"这个成语作场景和情绪调动的准备。教学中，当问学生小猴子为什么迫不及待时，他们都知道是因为小猴子太想吃蜜甜的葡萄了。问学生："我们刚才什么时候也迫不及待了？"课堂吃葡萄的场景就会重新出现在学生的眼前。他们知道自己拿葡萄的时候也是迫不及待的，这样自然知道迫不及待是因为怕迟了自己吃不到。上课的实录告诉我们：关注儿童的兴趣点，效果很好。学生不但迅速具体地理解了"迫不及待"的意思，还联系自己的生活说："爸爸妈妈带我去哈尔滨，第一次坐飞机，我迫不及待地走上飞机。""夏天到了，我一个人去上兴趣班，回来的时候，因为天太热了，我迫不及待赶回家去享受空调。""上次，我们全家在吃妈妈的同学从德国带回来的饼干，我迫不及待把它抢过来吃。"学生还对这么甜的葡萄狐狸却"硬说"是酸的，产生了怀疑，生成了解决问题的浓厚兴趣。

三、多次备课

投入常常决定质量，预设的细节常常改变课堂教学的状况；备课不是靠一次敲定，预设不是不可更改的，提高质量需要多次备课。

（一）反复读书

备课需要反复诵读、研读和涵泳。要上《一夜的工作》《我的战友邱少云》，我会把自己关在屋子里，尽情地宣泄，大声地诵读，直到自己进入文本，和作者、作品产生强烈的共鸣，找到文本的灵魂，抓住文本中牵一发而动全身的东西，才会进行备课。寻找课堂教学的关键训练点，不但应当是文本的核心内涵和突出的语言特征，也必须和儿童心智发展的水平相吻合，还要和教师自身的素养个性相匹配。进而去研究在课堂上如何和学生、文本对话，如何和孩子们一起把对文本的理解、对人物的情感读出来。人对文本的认识是没有止境的。临上课的前一天，我会再次好好地读书，酝酿自己的激情，理清教学的思路。

（二）反复修改

每次拿到课本，我先不看教学参考和备课资料，而是先独立去钻研教材，研究学生，思考教学目标和基本的教学方法与过程，进行初步的但却是十分重要的具有个性的备课思考，并写下预设的提纲和要点。然后尽可能地寻找相关资料，点击网络，参照比较，寻找他人亮点为我所用，丰富和完善方案，将备课稿写下来。在上课前，重读预设方案，并根据前面上课的实际情况，适当修改预设。上课结束，根据反思再度调整修改，为第二次的教学提供蓝本。

小学高年级习作的重要要求是"内容具体，感情真实"，而学生在写作上恰恰难以做到"内容具体，感情真实"。一方面，他们不敢写自己熟悉的生活，倾吐真实的情感，怕"偏题、离题"，怕老师批评立意不高，思想不积极，他们不懂也不善于将自己经历过的事情具体地告诉别人；另一方面，童心、童情、童真、童趣、童语又特别生动感人，他们的求知欲、好奇心、新颖大胆的想象、独特的个性语言又几乎是与生俱来的。

课程标准告诉我们，"学生是语文学习的主人。在教学过程中，要加强学生自主的语文实践活动，引导他们在实践中主动地获取知识，形成能力"。根据这一提示，我们只要设计好儿童感兴趣的又与他们已有的知识经验相冲突的探究活动，就能激发他们的写作兴趣，使学生在和谐愉悦的情境中学习写作，在和老师与同学的交往中，促进情感健康发展，训练观察力、表达力和修改评价的能力，学习表达真情实感、具体叙述内容的方法。

（三）三点相叠

儿童的兴趣点是最直接的学习动力。儿童的认知冲突是学习的内驱力，是宝贵的资源。儿童和文本的冲突，是学生"旧我"和期望达成的目标"新我"的冲突；儿童和教师教学的冲突，常常就是动态生成的契机；儿童个体和群体的认知冲突，是生生对话完成训练的教学资源。文本的关键训练点是语文课堂教学价值得以实现的载体，是兴趣和冲突赖以存在的平台。

多次备课，反复修改，是为了抓住核心，努力让儿童的兴趣点、认知的冲突点和文本的训练点这三个交叉的圆最大化地重叠在一起，以更好地达成课堂的三维教学目标。三维的教学目标是三个同心圆。情感态度与价值观是最内核的圆。它的达成是隐性的，然而是可以感知的；它的达成是缓慢的，然而一旦达成是持久起作用的。过程与方法是第二个圆。知识与能力是最大最外面的圆，没有它的承载，有意义的语文教学就不会发生。例如，高年级的《挑山工》，学生觉得挑山工的行走方法和路线很特别，对此很感兴趣。挑山工在泰山上挑重担走折尺路，反而比空手直走的游客走得快，这就形成了学生和文本的冲突，课堂上学生会对解决自身的问题跃跃欲试。而让学生认识挑山工那脚踏实地、一步一个脚印的精神，熟记挑山工富有哲理的独白，本身就是文本关键的训练点。多次备课将这三点最大化地重叠起来，课堂教学效果自然就好得多。

四、板块备课

语文教材至今都是选文性的，它是非线性设计的产物。在备课中面对非线性设计的语文教材，面对活跃的小学生，面对 40 分钟的刚性课堂，硬要追求教学的完整性、内容的丰富性、环节的严密性，追求环环衔接、丝丝入扣的线性教学流程，梦想 40 分钟的教学天衣无缝、完美无缺，那犹如痴人说梦、缘木求鱼。

线性的语文教学预设常常是单维的。它有意或无意地排斥学生生命多层次的需求，只看重语文学科知识和能力，忽略了教师和儿童情感、道德、人格等许多方面的需求。线性预设是封闭的、凝固的，讲究预设的"环环相扣，一线贯通"，追求课堂教学圆满顺利地"按既定方针办"。这种预设以经验猜想为依据，以过去学生成功的学习为参照，时间预设常常苛刻到分秒。因此，线性的语文教学预设无论是主观还是客观，常常拒绝儿童的发问和创新言行，排斥课堂的动态生成。它讲究教学速度。常常只注重课本的间接知识是什么，知识各部分之间是什么关系，可能考核的知识的识记理解如何。线性教学的预设中，目标的达成常常不是靠践行，而是靠言说；不是靠学生主动习得，而是由教师刺激训练；重学科知识能力，轻学生全面发展；重眼前知识训练，轻学生长远发展；重显性知识达成，轻隐性情感态度；重课堂教学结果，轻学习过程方法；重班级统一目标，轻差异多层要求。

其实，完美只存在于心中，是人生的一种追求。真实的人生和教学永远都是有缺陷的。我要求自己"放弃完美，拒绝平庸，力争突破，打造精品"。把精力和时间从追求虚幻的教学完美转到落实真实简朴有效的课堂教学上来，实行板块式备课。板块式设计依据的是建构主义理论，认为学习是学习者主动建构的过程，是"同化"和"顺应"的过程。智慧的本质是适应，适应依赖于有机体同化和顺应两种机能的协调，并使有机体和环境取得平衡。人在适应外部世界的过程中，不断同化外界信息于自身的认知结构，同时不断改变认知结构，以顺应客观环境。靠师生单向传输的、线性的教学预设显然无法适应外部世界。

我所说的板块教学预设，不是指按知识内容体系将课程划分为几个知识单元的板块教学，也不是指围绕一个主题，让各相关学科材料综合的主题板块教学；而是指在课堂教学过程中，便于学生自主合作探究的学习，整体把握课文内容进行的板块预设安排。这种板块式预设，便于学生自主学习和教师指导。每个板块给学生留有比较充分的自学时间，便于师生、生生之间进行交流与互动。这种基于语文学习自身特点和儿童认知规律，在教学中构建的板块相对独立又相互依赖，构成了一个立体的教学网络，有利于知识的内化和能力的形成。板块预设突出重点，避免了将教学内容从头至尾条分缕析地肢解，留下的空间大，激发了学生的兴趣，突出了学生学习的主体地位，有利于学生整体感悟，逐步达成三维教学目标。

板块预设是立体多维的。它希望教学过程呈现立体多维的运行方式，把对学生精神生命的全面关怀体现到课堂教学中去。它的设计目标是整体的，决定板块划分的不是单一的教学内容，而是根据学生学习的主要阶段切分的。

板块预设是探究多层的。它希望的教学实际发展是丰富多彩的，而不是事先确定无法更改的唯一教学走向，它为学生的自主合作探究提供了时间和空间。生成是有目标的行走过程，课文不是只读文件，是可写文档。但是教学时间难于控制，常常会出现出乎预料的情况。

板块预设是开放灵活的。它提供的是教学活动的大致框架，每一个板块时间长，容量多，教学进度快，内容跨度广。板块预设是相对稳定的动态过程，不是凝固不变的教学"牢房"，应当根据课堂教学的实际发展进程，随时进行修补，为教师的教学创造和教学机智提供了可能。

例如，根据问题教学与探究性学习思想设计的《草船借箭》一课（第一课时）。

第一板块：自由阅读，学生提问。让学生用自己喜欢的方式去阅读，提出自己不明白但希望搞清楚的问题。它不是线性的，而是先字词句再段落篇章主题；它是一个立体的板块，学生可以根据自己的实际任意发问。

第二板块：梳理问题，确定主题。学生根据文本、班级大多数同伴的实际问题和课堂教学时间的可能，经过讨论、梳理和协商，确定全班集中研究的问题。让学生站在学习的前面，教师站在后面。

第三板块：读书感悟，合作探究。学生拥有课堂全程提问的权利，同时又必须承担解决这些问题的义务。或通过自由读书批注与个性感悟，或通过邻桌、小组合作讨论争辩寻找问题的答案。

第四板块：读说写演，分享成果。预设是让学生多方向展示成果。学生可以采用议论演示说理的办法，借助各自的文具盒表演诸葛亮两次将草船调头受箭的状况；让全班学生用手掌敲打桌板"擂鼓呐喊"，模仿大吃一惊的曹兵向曹操报告，曹操下令放箭等情节。也可以选择大雾中鲁肃与诸葛亮对话的部分，让学生有感情地朗读、表演，如太阳出来后诸葛亮的兵士大喊"谢谢曹丞相的箭"的情景。还可以让学生替诸葛亮写一份军令状，或为草船借箭中有功之人写一份请功书，或以"我佩服……"为题，写一个片段，可以是诗歌、顺口溜等。

第五板块：继续发问，深入研究。学生可能会质疑深究辨析：为什么周瑜这个大都督会说"我真的比不上他"？周瑜什么地方比不上诸葛亮？课题的"借"字用得对不对？……

五、预设与生成要照耀每一片叶子

"世上没有两片相同的树叶"——每堂语文课因时空的不同而不同，你必须生成不同的叙事风格，构成一幅幅别具匠心的画卷：有的是风景画，有的是人物素描；有的是浓墨重彩的工笔，有的是轻渲淡染的写意……

屈指算来，我已经上过近30节不同内容的公开课，可对最近上的《朋友》《落叶》《亲人》《黄河象》等，我的态度转变了，于是新风景也就在眼前了。每到一处，和不同的学生在一起，所构成的就是一幅有地方特色的风景线，每每也能打动那些当地的教师。限于篇幅，我仅举一课的一个片段：

"我们来进行一个小小的体验，想象一下，你回到那个时候，面对圆明园的毁灭，假如你是一位把握国家前途命运的皇帝，假如你是辅佐皇帝参与国政的大臣，假如你是保卫圆明园或者保卫祖国疆域的一位普普通通的士兵，假如你就是生活在圆明园附近或者生活在北京城的一位普普通通的老百姓……请选择其中的一个角色，你要是他，你会怎么想？怎么做呢？这样的体验是属于你自己的，请你冷静地琢磨琢磨，选择一种，谈谈看。"

这样做的目的是将学生的思考引向深入，引向人生、历史和价值的深度。但是学生怎样认识，我无法预知，因为每个学生的已有经验不同，这就会产生无法预约的精彩。

每堂课上到这个环节学生的答案都不同，尽管大多数作为士兵的都会选择和敌人血战到底，作为皇帝的身先士卒带领大家反抗，作为大臣的和圆明园同归于尽，等等，但是学生也如千差万别的叶子，每一片的颤动都是属于自己的思考和独特的体验。这样，不变的设计，得到的是阵阵惊喜。下面是在张家港沙洲小学教学这个环节的实录。

生：我是一位普普通通的老百姓，我会想，这么经典的建筑物，就在三天之内毁于一旦，实在是太可惜了，如果有可能的话，我会站在废墟前慢慢地回想以前的壮观，痛苦地离去。

生：虽然我是老百姓，但假如时间可以倒流，我一定会去守卫圆明园。

师：你为什么要那样去做？

生：因为圆明园是我国古代人民的心血、智慧的结晶。

师：你怎么没有这样想：这是皇家园林，烧不烧跟我有什么关系呢？

生：因为它属于祖国。不管结局怎样，正如雨果所说，经过岁月的沉淀，它始终是属于人类的。

师：你这位老百姓的精神境界已经上升到承担一份历史的责任和维护民族的尊严上去了。

生：我是一位普普通通的士兵，我会想，你们销毁了罪证，不过罪是铁证如山的，我会去学习武功向他们讨回尊严。因为他们抢去的东西并不是他们的，是我国人民自己用心血创造出来的。

生：我是皇帝，我认为必须总结教训：落后就要挨打，中国必须强大。

生：为什么？为什么？火药是我们中国发明的，而它却被帝国主义用来当作轰击我们祖国大门的工具，为什么？为什么？那些侵略者为什么要毁灭圆明园？我要守住这一片废墟，给人们一份沉甸甸的思考。（此时已是满脸激动，上气不接下气，赢得全场掌声。）

师：我要为今天同学们的表现而喝彩，看来像圆明园那样的悲剧再也不会发生，因为有了你们的存在。

在学生、教师、文本间经历了一番深刻的对话后，我引入了甚至是大多老师也不知道的圆明园毁灭的部分史料——"皇帝因为外国使者不行跪礼而斩来使，由此激怒了外国人，导致英法联军火烧圆明园。史料之一显示是大诗人龚自珍的儿子龚橙带的路。火烧圆明园之后，皇帝为了复仇反而损失了150万公顷的领土……"看了这些词条，老师和学生会进一步反问：我们的自豪应仅仅停留在对历史的陶醉上吗？我们的愤怒应仅仅局限在对外国侵略者的仇恨上吗？

正是因为我给学生预设的空间比较大，学生在这一段的体验中，不仅进行了口语训练，还进行了思想的提炼。所以，才引发我把教学继续推向高潮和深入：课前我问学生，看到"圆明园"这三个字的时候眼前出现怎样的画面，学生的回答是"一片大火，一片雄伟的建筑，一片废墟"。而在课将结束的时候，学生的回答是："留给我的不仅仅是恨，更是耻辱。""是失望，对当时国人行为的失望。""我认为'圆明园'这三个字成了一个警钟，落后就要挨打，只有富国强民，把祖国建设得更加繁荣，才能对付外来侵略者。""那耻辱的石柱，成了压在我心头上的大石头。"我看到他们痛苦的眼神，虽失望，可那是对过去的失望：从他们镇定的思索中，能看出他们对今天和未来充满希望——学生的回答太好了："圆明园今天已经作为遗址留在了我们的面前，我开始重新审视对圆明园的认识：拥有五千年文明的中国，竟然让三千个英法联军把圆明园这样的中华文化的标志毁成废墟。在离开圆明园的时候，在上完这堂课的时候，我要说：仇恨放在上面，就会压着我们只顾愤怒；仇恨放在后背，就会成为推动我们前进的大手。"

学生的认识所达到的高度，使我更加坚信：一味地痛恨是无济于事的，也不是本文教学所要达成的目标，只有"化悲痛为力量"才是积极的，也才是我们所希望的。于是我和同学们谈道：

"留给我们心中的思考还要继续。比如课前我们思考的：圆明园毁灭了，毁灭的究竟是什么？必须毁灭的是什么？不应该毁灭的是什么？永远也毁灭不了的是什么？应该把这样的毁灭迁移到你心灵里去，伴随你的一生。这样的语文学习才是我们学习语文真正的目的，我愿亲爱的同学们走出圆明园的时候，最终获得的就是：作为一个中国人，我们应该怎样拥有智慧，拥有尊严地活着。"

有人说，我在这个地方的设计是神来之笔。我发现，上公开课，你的设计必须能调动不同的学生，使他们产生积极的思考。也有人说这一环节的成功，是教师深入钻研教材、跳出文本之后，给学生的一个腾飞的空间，真正让教师激动的一定是学生给予的精彩。因此，无论到哪里上课，在这个环节，学生们的思维都飞翔了起来，飞出了文本、飞出了课堂、飞出了现实，飞向了历史的星空、飞向了人生的长河、飞向了智慧的天堂……

所有这些，都是学生给我的启发，正是我和学生的合作所建立的"战略伙伴"关系，让我每一次都全心投入，每一次都有所期待，每一次都有新的突破，每一次都更加精彩。我和学生互相吸引，互相影响，我们的激情一次次被燃烧，思绪一次次被点燃，心灵一次次被升华。

由此，当我再教学《匆匆》，感叹"匆匆"的无情时，我还会引导学生反问朱自清："燕子去了，有再来的时候；杨柳枯了，有再青的时候；桃花谢了，有再开的时候。"可是，聪明的孩子们，请你告诉我，再来的燕子没有变化吗？桃花再开的时候还能是去年的花瓣吗？那再青的杨柳的片片叶子还是原来的样子吗？

这时，你会感慨，你所经历的课堂就如"人不能两次踏进同一条河流"所暗示的那样——从来没有相同，相同的是时间的定数，变化的却是内容。这也像爬山，没有哪一个路段是一样的风景，你必须怀着虔诚真挚的心去欣赏，去攀登。一段路上有一段的风景，你也就一段一段地往上攀登。愈高愈是疲惫甚至会气喘吁吁，但你面前的景观也就会愈瑰丽雄伟。

甚至，你还会惊奇地感叹，你所经历的、看到的课堂，就如不一样的树叶——那是学生的土壤和教师的阳光起了光合作用，让每一片不同的叶子闪耀出生命最亮丽的足迹，让每一片不同的叶子组成你为师从教的令人激动的人生。

备课：凝聚智慧的创造性活动

江苏省张家港市实验小学　殷光黎（特级教师）

一堂优质的语文课，会使人不禁一唱三叹，拍案叫绝，因为它真美，美得令人陶醉。美的课堂教学当然源自美的备课设计，源自教师的智慧和创造。备课实践中，我孜孜以求……

一、立足整体把握

"语文学科是由多重性质构成的统一体。"语文教学不能偏于一面，厚此薄彼，顾此失彼。要注重各个侧面"你中有我，我中有你"、互为依存、互为促进的统一性特点，辩证施"导"，使学生的语文素养获得全面提高。教师的备课从"整体入手"，"整体感知""整体把握"和"整体设计"就显得尤为重要。

备课应当按照从全面到局部的顺序进行，即整体推进，分步深入。应该特别重视深读语文课程标准，把握语文课程的性质与地位，明确语文课程的任务、特点和标准，落实语文学习的基本方式方法，探究语文教学的科学策略，做到高瞻远瞩；要通读小学语文的整套教材，了解全局，明确教材的思想内容、知识体系、能力训练、编排特点，以及各年级教学内容之间的区别与联系，做到胸怀全局；要熟读全册语文教材，并借助教学参考用书来具体了解全册教材的教学要求、内容、结构、特点等，做到任务明确；要精读一篇课文，理解思想内容和语言文字的特点，把握重点和难点，明确语文知识学习点和语文能力的训练点，发掘语文素养的发展点。

现行的小学语文教科书是文选型课本，即选编了现成的一篇篇文章作为学生阅读的文本。这些精选的文章都是从命题到立意，从谋篇到布局，从语言形式到思想内容，逻辑严密、首尾圆合的一个个整体，一个个生气灌注的有机体。"艺术要通过一种完整体向世界说话"，语文教学宜倡导整体教学策略，即在整体感受、了解的基础上，进行有重点的局部的深入剖析，再在更高的层次上达到整体感悟和理解。避免断章取义、肢解课文，破坏文章的整体性，使学生阅读时"只见树木，不见森林"。

教师的整体性备课，我觉得要当好三种角色：首先是"忠实的读者"，默读、朗读、精读、查读、反复读，做到读正确、读流利，有感情；做到读懂、读透，有体会。其次是"高明的作者"，站在作者的角度去构思"我会怎样写"，去思考"为什么这样写"。深入研究作者的遣词造句、谋篇布局，品味作者的精彩表达和语言形式的神韵，成为作者的知音。最后是"智慧的教者"，想清楚教什么，不教什么；想清楚重点教什么，兼顾教什么；想清楚怎么教，学生愿意学、学得扎实；想清楚怎么练，学生乐在其中，获得发展。教师的整体性备课要进行综合思考，平衡整体与部分、整体与结构、整体与功能、整体与环境的关系。综合地处理问题，着眼整体，有取有舍，追求整体的教学效果。

教师的整体性备课要突出教学的重点，一篇课文、一堂课中重点只需一两个，重点的确立和把握应服从于教学的整体目标。

如《我们家的猫》一文，主要写猫的性格特点，字里行间处处流露出作者对猫的喜爱之情。教学可以此为主线，瞄准重点、抓住要点、强化联系，引导学生整体研读课文。

（1）抓纲举目，辐射全篇。课题告诉了我们什么？课文中写了几只猫？（一只猫）先写什么？再写什么？（先写大花猫，再写它小时候）这是只怎样的猫？（古怪的大花猫、淘气的小花猫）这样以课文主线为引领，使学生大跨度、高容量地从整体上感知课文，把握重点。

（2）强化比较，理解"古怪"一词。大花猫具有怎样的性格特点？画出写大花猫性格特点的词语，如老实、贪玩、尽职等。为什么说"大花猫性格实在有点古怪"呢？通过大花猫的种种具体表现深入了解它古怪的性格，体会作者先概括再采用对比从三个方面进行具体介绍的写作方法。这样立足整体，沿着主线，突破了教学的重点。

（3）注重联系，体会喜爱。小花猫淘气吗？可爱吗？（爱玩耍、不怕摔、胆子大，逗人爱）大花猫可爱吗？（美丽的脚印、丰富的叫声、古怪的性格）体会"它小时候可逗人爱哩！""可"告诉了我们大花猫是可爱的，小花猫更加可爱。大花猫、小花猫的性格特点之间有联系吗？如小花猫要个没完、大花猫贪玩，小花猫不怕摔、大花猫勇猛等。这样引导学生将课文内容进行综合思考，构成一个整体，在更深的层面上把握整体，与作者产生情感上的共鸣。

二、焕发生命活力

传统的以教师为中心、以授予为途径的语文教学，其备课以教师的主观指令为基础，并以权力主义的刚性机制驱动，严重缺乏以学生为主体的灵动的弹性机制。教师千方百计在每一个事先规定的详尽的细节上，逼学生就范，形成了由教师统领课堂，以详尽的情节分析、烦琐的提问应答、机械的读来背去、生硬的章法讲解、僵死的标准答案为主要特征的语文课堂教学模式。新一轮的课程改革的着力点之一便是促进学生的自主学习。在语文教学备课的理念中，应当把学生从传统的"认知体"，提升到"生命体"的高度，在备课中树立关爱学生生命，使语文教学真正成为师生生命活动的全新理念，并探究与之相谐的操作策略。

"自主学习"是就学习的内在品质而言的，相对的是"被动学习""机械学习"和"他主学习"。语文教学需要教师的引导和帮助，但学生毕竟是学习行为的发动者和操作者，而且自始至终决定着学习目标的认定、学习方式的选择和学习效果的达成，因此学生是语文学习过程中的主体。学生在课堂上的自主学习，离不开教师的精心设计。凸显学生主体，倡导自主学习，召唤生命活力的教学设计应强化以下几个方面。

1. 重探究性

以自学性、问题性、实践性、参与性和开放性为主要特征的探究性学习，实质是一种"问题解决式"的学习方式。备课中教师要有问题意识，要以问题为核心，设法让学生在学习过程中不断提出问题、分析问题、解决问题，让学生自主、独立或合作地开展发现、尝试、操作、调查、争辩、表达、交流等探究性学习活动，把传统的"先教后学，以教为主；先讲后练，以练为主"改变为"先学后教，以学为主；先练后讲，以练为主"。让学生在一个个有意义、有价值、有创新、有深度和广度的"问题"的提出与解决中，获得知识、技能、情感和态度的发展，特别是探索精神和创新能力的发展。

2. 重活动性

活动性教学是指在"学校的教育教学过程中学生自主参与的，以学生学习兴趣和内在需要为基础，以主动探索、变革、改造活动对象为特征，以实现学生主体能力综合发展为目的的主体实践活动"。新课标指出：语文具有很强的实践性。活动本身就是一种实践，是认识的源泉，又是思维发展的基础。教学经验证明，在儿童学习语文的过程中辅以相应的活动，可以有效地提高学习效率。备课中应根据教学目标，针对教材的特点，联系学生的实际，全面地设计听说读写和知情意行等各个方面的活动，特别是外部的操作活动，如观察、操作、实验、演示、表演、制作、游戏、交往和创作等。把过去由教师包办的提问讲析，把过去学生紧张的学习过程，转变为以学生为主的愉悦的丰富的学习活动，通过活动促进内化，通过内化推动发展。

3. 重生活性

"语文学习的外延与生活的外延相等"，生活与语文学习是源头和活水的关系，语文教材来自生活，语文教学只有贴近生活、联系生活，才能更好地帮助学生理解读物，受到感动；才能更好地引导学生懂得生活，善于生活。如果备课时能从学生现实生活的角度去设计语文教学，能让学生密切结合生活实际学习语文，这样的教学就会充满生活的情趣和生命的活力。强化语文教学的生活性，在备课设计中要自然地注入生活内容和时代活水，尽量采用形象化的教学手段，把学习语言与生活融为一体，加强对课文中具体语言与事物形象的感知，引导学生通过运用生活积累、回忆生活经历、再现生活情景、调动生活体验、设想理想生活等方式领会课文内容，品味生活滋味，走进作者心灵。

4. 重选择性

传统教学中教师处于至高无上的主宰地位，学生必须亦步亦趋、应命行事，无任何自主选择的机会。尊重学生主体的独立性和自主性，非常重要的一点就是让学生有充分的"自主选择"权利。备课时教师应变教师控制下的统一学习为学生选择下的自主学习，努力在更多的教学环节设计中变教师的"指令性"为学生的"选择性"，如语文学习内容、方法、情感、伙伴、练习等的自主选择，尽可能让学生的语文学习能够做到：目标自主确定、内容自主挑选、方法自主运用、知识自主习得、问题自主发现和解决、规律自主揭示、能力自主提升、习惯自主养成。其实选择是人生不息的行为表现，是学生主体意识、行为、能力的具体表现，是现代人的重要素质。

以下是《卢沟桥的狮子》一课的教学实录的一个片段：

师：课文以"形态各异"概括了卢沟桥的狮子多种多样这一特点，你最喜欢哪种形态的狮子？为什么？你能表现它的形态美或者读出你的喜爱之情吗？

生：我最喜欢蹲坐在石柱上的朝着远方长吼的狮子。它是头雄壮威武的狮子，它在告诉世界中国军队是强大的，中国是不容侵犯的。（学生读句）

生：我觉得那淘气的小狮子真可怜，被大狮子用爪子按在了地上，我真想去帮帮它，劝说大狮子手下留情。（学生读句，与同桌合作表演出大狮子的愤怒和小狮子的惊恐。）

……

师：卢沟桥的狮子真有意思，想不想背出来？你怎样能快速地背出第二段课文呢？（分组交流）

生：这段描写是先总后分，先总介绍卢沟桥的狮子真有意思，再分别介绍它们大小不一、形态各异两个特点。理清了文章的条理，背诵就不难了。

师：很好！这叫"总分记忆法"，是一种高效背诵的方法。谁还有什么高招？

生：写卢沟桥狮子的五种形态作者用的是排比句式：有的……有的……有的……有的……还有的……，我准备抓住这五个词练习背诵。

师：真是一个高招，我们给它起个名字叫"要点记忆法"。

生：我想这样去背诵，作者先重点介绍的是两只大狮子，后来重点介绍的是三只小狮子。介绍某一狮子的形态，作者先说见到的，再说想到的。我说不清这叫什么背诵方法。

师：你读书真细心，背诵肯动脑。大家帮他起个名字：理解记忆法。

（学生自由练习背诵。）

师：卢沟桥上总共有多少只狮子？就这五种形态吗？你想想还会有哪些形态的狮子？

生：有只大狮子抚摸着小狮子的头，好像在夸奖它。

生：一只大狮子瞪着远方，小狮子趴在它身边，好像是在训练小狮子捕食动物。

生：两只小狮子撕咬成一团，也许是为了争抢食物。

师：卢沟桥的狮子的确形态各异，我们还可以用哪些词来形容呢？

生：千姿百态、活灵活现、姿态万千……

师：如果此时此刻你就站在卢沟桥上欣赏着这些可爱的狮子，你会怎样想？怎样说呢？

生：卢沟桥的狮子真是数不清啊！

生：我国古代的劳动人民聪明绝顶，靠一双双勤劳的手雕刻出这无数千姿百态、栩栩如生的狮子。

生：我想说，卢沟桥的狮子，你们是我国古代劳动人民智慧的象征，是日本侵华的见证人。

生：卢沟桥要是建在我的家乡该多好啊！

……

师：听了大家的发言，老师的心已经飞往了卢沟桥。大家都特别喜欢卢沟桥的狮子，有什么办法能使我们拥有这可爱的狮子呢？

生：我想依据课文中的介绍以及自己的想象，画一幅狮子图，挂在我的房间里。

生：我会用橡皮泥捏一只或者用萝卜刻一只可爱的小狮子陪伴我。

生：我准备去商场买一只小石狮，放在写字台上。

生：我去街上或动物园里拍些狮子的照片。

师：大家的办法真多，今天的作业题是"我的狮子"，你可以画一画、写一写、捏一捏、刻一刻、拍一拍……一周以后，我们举行一次盛大的狮子展览会。

这一片段的教学坚持了"以人的发展为本"的教学理念，注重学生的人本、自由、多元和个性，突破了传统阅读教学一切行动听指挥的"集体性阅读"，全方位地解放了学生，在课堂上学生自由阅读探索、自由观察思考、自由表达交流、自由展示操练，如阅读内容、方法和练习的自主选择，狮子的形态的品读、想象和创作等。学生心灵自由、思维自主、行为自决，具有了充分的自主权，学得主动、愉快、高效。

三、落实"双基"训练

"双基"是基础知识、基本技能的简称。深入、准确地解读语文课程标准，从课程的性质、任务、特点和设计思路等方面，我们会发现它蕴含并发展着"双基"，我们会认识到"双基"又是推进和落实语文课程标准的基本保障。加强"双基"是语文课程标准的固有之意，"教学建议"中明确指出："语文教学要注重语言的积累、感悟和运用，注重基本技能的训练，给学生打下扎实的语文基础。"可见，淡化或丑化"双基"是对"双基"的严重误解和不公，语文教学缺少了"双基"的落实，必定是残缺的语文教学，浮躁的语文教学，偏离了学科本性的语文教学。备课中，我们必须固守学科本位，坚定落实"双基"，坚持科学训练，着力改善"双基"的实施策略，提升"双基"教学水平，追求"双基"训练实效。要重视以下四个方面。

1. 三维目标，整体推进

今天的语文"双基"教学，必须从工具性和人文性高度统一的战略出发，走三维目标整体推进、听说读写综合发展的新路子。简而言之，新课程下的"双基"训练，既要有过程与方法的目标，又应有情感态度与价值观的目标，而知识与能力的目标是通过过程与方法来落实的，同时生成了情感态度与价值观。事实上，也只有树立了正确的情感态度与价值观，经历了科学的过程与方法，学生的知识与能力才能有效地习得和转化。

2. 学用结合，习得能力

语文应满足学生主体性的发展，充分地提供学生探究知识的过程，不仅要把语文知识当作一种知识，还要把它当作理解内容和体会情感的手段。要注重凭借文本语言，精心设计和组织学生主动积极地参与听说读写等语言实践活动，特别是在语言的运用上下足功夫。要把学和用、课内和课外紧密地结合起来，努力促进语文知识向语文能力的转化。

3. 关注形式，体味神韵

语文教材文质兼美，体现了课程标准的基本要求，是形成和发展学生语文素养的重要凭借。语文课应坚持以课文的言语形式为纲，坚持把语文实践活动指向提高正确理解和运用语言文字的能力，聚焦于"怎么说"，而不是"说什么"。遵循语文教学的规律，以语文学习的方式，扎扎实实地让学生经历语言文字的学习、理解、积累、感悟、内化、运用、生成的过程，从而感受语言文字在表达特定内容时所显示出来的强大的表现力和美妙的神韵，并从中学习如何表达和精彩表达。

4. 潜心涵泳，熟读精思

张田若先生说："阅读教学第一是读，第二是读，第三还是读。"坚持阅读教学，要以读为本，以读攻读，反复诵读，让学生零距离地与语言文字交往。教师应该让学生在具体的语言环境中去整体感悟，掌握语文知识，习得语文能力，提高语文素养；应该引导学生披文得意，入情悟理，更要引导学生品味、消化、积累、运用课文语言，做到意文兼顾；应该集中研读语言，一篇课文精选一到两个专题，以点带面，涵盖全文。当然，反复诵读并不是机械重复地读，要精心设计诵读的层次、坡度和方式，达到百读不厌，常读常新，渐入佳境。

以下是《只拣儿童多处行》第一段的教学实录：

师：我们刚刚理清了作者的行踪——颐和园门→知春亭畔→湖边→玉澜堂院落，让我们跟随作者先去颐和园门看看，它会给你留下怎样的印象？（学生自由轻声朗读课文）

生：（1）园门口非常热闹。（2）园门口的儿童特别多。

师：请大家反复读读第一段。（投示："从香山归来，路过颐和园，看见成千盈百的孩子，闹嚷嚷地从颐和园门内挤了出来，就像从一只大魔术匣子里，飞涌出一群接着一群的小天使。"）在颐和园门口，你是怎么发现这里的儿童多的？（学生朗读课文）

生：我看见了成千盈百的孩子们。

师：园门口就有"成千盈百"的孩子，真不少！"盈百"是讲接近一百，正好一百，还是超过一百？为什么？

生：超过一百，已经"成千"了，肯定是超过一百了！

师：你很会思考问题，在上下文的联系中正确地理解了"盈"字。把"成千盈百"换成"成千上万"，不是更能说明儿童多吗？

生：（1）不能换，园门口容不下"上万"的孩子。（2）不会有这么多孩子在园门口的。(3) 用"成千盈百"真实可信，用"成千上万"会让人觉得是在"吹牛"。

师：很赞同你们的意见，用"成千盈百"描写孩子多，非常真实、准确。

生：我看见了这些孩子是从园门口"挤了出来"的，而不是大摇大摆、三三两两地走出来。

师：去掉"挤了"这句话通吗？（学生朗读、比较）我们就把它去掉吧！

生：（1）不能去掉，用上"挤了"写出了孩子多。（2）说明颐和园的春色好，吸引着大家来赏春。（3）"挤了"还写出了孩子们活泼好动的特点。

师：怎样读好"挤了出来"？（学生朗读）你挤了吗？你是挤出来的吗？这样，你能出得来吗？（学生再读）你终于挤了出来！我们大家也一起挤出来吧！（全班朗读）

生：我还听见了"闹嚷嚷"的声音，这是很多孩子发出的声音，各种各样的声音，很大又很乱的声音，所以是"闹嚷嚷"的。

师：孩子们闹嚷嚷地会说些什么、做些什么呢？大家试试。（学生自由活动）真不知道你们在说什么、笑什么、叫什么、跳什么，如果有成千盈百的孩子那可就更热闹了。

生：我觉得孩子们真像是从一只大魔术匣子里飞涌出来的小天使。

师：颐和园像只大魔术匣子吗？

生：它很像只大魔术匣子：（1）里面竟有成千盈百个孩子。（2）这些孩子一群接着一群像鸟儿一般从中飞涌出来。（3）飞涌出的是可爱的小天使，不是一般的孩子。

师：你觉得这是一只怎样的魔术匣子？

生：（1）巨大的魔术匣子，装有很多人。（2）神奇的大魔术匣子，装着许多小天使。（3）有趣的大魔术匣子，从中飞涌出一群接着一群的小天使。（4）欢乐的大魔术匣子，成千盈百的孩子快乐地游玩在其中……

师：成千盈百的孩子，天真可爱的小天使，谁能读好这一段？谁给我们读读这一段？（学生练读、朗读，师生共读、评读。）

这一教学片段，诵读的层次分明——梳理性读、体验性读、抒情性读，诵读的方式巧妙——自由朗读、比较朗读、演示朗读、想象朗读，达到了百读不厌，常读常新，渐入佳境。字词的理解、句段的把握、朗读的指导、写法的体会都体现了学生为本、训练为主的思想。教学中坚持以课文的言语形式为纲，如行踪的梳理、"成千盈百"与"成千上万"的比较、"挤了"的增减、"闹嚷嚷"的想象、"大魔术匣子"的品味等，巧妙地让学生以作者的视角与文本对话，着力将语言文字还原为生活场景，引导学生深刻地体会到"儿童多"在描写上的准确性、生动性和丰富性。教学中坚持三维目标融为一体，如词语教学"挤了出来"，词意的理解、词句的比较、词蕴的体会和情感的表达，层层深入，三维目标相辅相成，水乳交融。再如比喻句的教学，没有把它机械地挑出进行本体、喻体、比喻词、明喻、暗喻、借喻等的分析讲解，而是让学生在特定的语段和语境中去理解、揣摩、体味，从而深切感受到比喻句的形象，语言表达的技巧和作者美好的情愫。这正是我们的教学目的所在，是宏观三维目标在微观教学中的整合。

四、明晰教学思路

语文教学的每一篇课文都可以看作是一个大千世界，其语言形式无所不包，思想内容无所不容。郑板桥写有一首题画诗："四十年来画竹枝，日间挥写夜间思，冗繁削尽留清瘦，画到生时是熟时。"语文教学设计也如同作画，要花大力气去提炼主线，抓重点，留主干，去枝叶，删繁就简、以一当十，深入浅出、以简驭繁。

我认为，在语文备课的运作策略中，最重要的就是提炼出阅读课文的一条简要而明晰的主线，能开门见山，长驱直入。如果没有了教学思路的精确提炼，也就无所谓语文教学的设计了。课文主线的提炼，教学思路的设计，必须根据作者的"文路"、编者的"思路"、学者的"学路"、教者的"导路"综合而成。要力求角度巧妙，切入顺畅，拓展开阔，回收便捷，具有"三性"：①纲要性，能撒得开，收得拢。②深刻性，能与作者的思想、情感相融通，与课文的中心、重点相联通。③启发性，能为学生寻幽探胜铺路架桥，给学生一条探究课文的"最短程"。提炼课文主线而设计的教学思路具有切入的选择性、方法的多样性、内容的集中性和学习的高效性等诸多优点，使教师的教简洁扎实，得心应手；学生的学兴趣盎然，领悟深刻。

课文主线的提炼、教学思路的设计要因文而异，因人而异。常可以从课文的题目、中心、重点、过渡、插图和练习中去发现、去提炼、去设计、去实施。如教学《卢沟桥的狮子》，可以选择三种不同的思路：①以题为突破口。课题简洁明了，具有统摄全篇的作用。教学时可以此为视角，引导学生深入思考：题目告诉了我们什么？通过深入研读"卢沟桥"和"狮子"这对词与词、事物与事物之间的联系，让学生明白题目告诉了我们课文写作的内容、重点、体裁和选材的范围等，并借题入文，居高临下，分步阅读了解卢沟桥的建筑特点、历史意义和卢沟桥狮子的特点。②以图为突破口。课文配了三幅插图，形象鲜明，重点突出。通过观察插图的内容、主次、异同，研究它与课文段落的对应关系，看图入文，看图学文，从而明确重点，提炼思路，理解课文。③以句为突破口。课文的第一句"北京有句歇后语：'卢沟桥的狮子——数不清'"，言简意赅，统领全文。教学时可以此为视角，引导学生大跨度、高容量地层层推进，串联全篇。在学生初步认识歇后语的组成及意思后，围绕"为什么卢沟桥的狮子数不清"的问题放手让学生通读全文，择读重点句段，从概括到具体全面了解卢沟桥狮子的特点：数量很多、大小不一、形态各异。

精选突破口，精设教学思路，就是在阅读学习中给了学生一个"支点"。学生有了这个"支点"，便可揭开课文的重重帷幕而洞悉其中的奥秘。艺术的创作是无止境的，优课的创新设计，表现在突破口的选择和教学思路的设计上同样也可以各领风骚，常教常新，各显"四两拨千斤"之妙。

优化教学：遵循"三论"立体备课

浙江省湖州市吴兴区教育局教研室　盛新凤（特级教师）

关于备课，每个人有自己的理解与方法。我拟从系统论、控制论、信息论"三论"观的基本原理出发，把阅读教学看成"多方耦合的关联系统、和谐统一的审美系统、开放的信息系统、双主互动的活动系统"，谈谈自己在有效进行阅读教学设计和努力探求课堂教学最优化之路方面作的一些尝试。

一、多方耦合形成合力

语文阅读教学系统是个相对独立的系统，更是个多方耦合的关联系统。根据"三论"的整体原理，每个系统要获取它的整体效应，追求最佳的系统功能，必须通过要素间的密切关联，形成系统结构。阅读教学据其要素的表现形式，可分为实体系统与非实体系统。实体系统要素包括教师、学生、教材、教学环境、教学设备等；非实体系统，也可视为深层结构系统，其要素包括教学目标、教学内容、教学程序、教学方式和教学评价。单就"教学目标"一项，语文课程标准根据知识与能力、过程与方法、情感态度与价值观三个维度来设计，三个方面相互渗透、融为一体，注重语文素养的整体提高。故而在进行阅读教学设计过程中，应加强整合，整体设计。

例如对苏教版实验教材《番茄太阳》一文的教学，为了整体落实三维目标，做了以下设计。

（一）披荆斩棘，朝圣的路渐渐显现

阅读课的设计，首先要关注文本，落实语言目标。文本是个丛林，茂盛幽深，那么深邃神秘地诱惑着我们去探险，去走进它的深处。然而我们也很容易在其中迷路。教师解读文本的过程是个"披荆斩棘"的过程。不断地探路，不断地摸索，直到最后，"朝圣的路"渐渐显现。这是一个艰苦、漫长的过程，也是个能让我们不断发现惊喜的过程。你在"丛林"中走得多深，学生跟随的脚步就有多远；你开辟的"路"有多清晰，学生就能走得多轻松。走在文本的"密林"中，教师是个开路人、引路人，永远走在前面。

本课设计找到"笑"这条线切入，让它串起散乱在文本中的语言珍珠，也串起了一条情感的主线。这条"笑"线，引领我们走上了一条"朝圣路"：朝文本的核心走，朝作者的内心走，直至最后走进我们自己的内心，到达风光无限的精神与情感巅峰。

本课第三板块"牵引笑线、感悟内涵"设计的环节如下：

第一回合，感悟笑容纯美。

第二回合，再悟笑中辛酸。

第三回合，领悟笑中温暖。

第四回合，再悟笑中深情。

这样的设计，关注整体、聚焦重点，可以加深对文本主体语言的感悟、理解，在感悟主体语言的同时，捎带背景语言，做到以主带次、以点带面。

（二）引渠灌溉，干涸的心渐渐润泽

学语文的最终目的，是要留下语言，留下形象，留下情感。"形象大于情感。"形象会在每个人的心中无声地言说真理。写人文章阅读的过程便是师生一起重塑形象的过程。本课的教学，就是努力在品词析句的过程中努力塑造明明和"我"的形象。明明和"我"这两条线，一明一暗，相互交织。文路的特点要反映在教路上，时显时隐。本文与其说在学语文，不如说是在感悟人生。"人，应该怎样活?"笑对人生的真理不是靠教师的说教得来的，而是学生千辛万苦从文本中品出来的，从与文本、与作者真真切切的交流对话中悟出来的。心的润泽，悄然无声；灌溉之源，便是那神奇的文本语言。在本课设计的"拓展延伸、升华情感"这一版块中，我进行了这样的情感引领：

1. 观看作者自我介绍录像。

师：同学们，这是你们想象中的卫阿姨吗？谈谈你们对她的印象。

是啊，从头到尾，我们没有看到她笑一下。当她把录像传给我的时候，她很内疚地告诉我：盛姐姐，对不起，我没有笑，我笑不出来。我理解她，对一个花季少女来说，意外地失去双腿，那是怎样的痛苦啊。但是她的内心却是阳光的，坚强的。

2. 师：想进一步走进她的内心世界吗？这是她前两天给我寄来的两篇新作，我截取了其中两个片段，拿出来与你们共享——

如今，10年的时光过去，我终于用手中的笔趟出了一条自己的路，再也不是当初那个绝望的小女孩儿了。但是那个流泪的中秋节，那团流泪的月饼，仍然留在我心最深的地方。我终于明白父亲的话：人生也像月饼一样，要由各种丰富的滋味才能圆满起来。

——《流泪的月饼》

以后，我就穿着这双鞋，在医生的指导和父亲的扶持下，开始了艰苦的锻炼。

后来，被医生断言不能再走路的我学会了扶着双杠走，挂着双拐走，走出绝望，走出封闭，走向了社会，走出了我自己的一片天！

——《两双球鞋》

3. 师：人生的路还很漫长，卫阿姨的人生之路会比我们更艰难，让我们写一两句温暖的话送给卫阿姨，去温暖她好吗？写下来。

4. 生：这些心里话由班长整理后，可以以我们班的名义用电子邮件的方式寄给卫阿姨。

5. 师：卫阿姨曾经在这篇文章前题写了这么一句话："心底有了快乐，光明就不远了。"愿明明的笑、明明的快乐永驻我们心间。再读写明明笑的句子。

这样设计，使孩子们在深深的感动中结课，留给孩子们的是精神的养料，很好地落实了情感态度与价值观的目标。

（三）教给方法，在历练中形成能力

快速阅读，搜集整理信息，是重要的语文能力之一，在当今信息时代，也是最实用的语文能力。在课改轰轰烈烈进行的过程中，我们欣喜地看到教师们关注到阅读，追求书声琅琅、议论纷纷的课堂。然而，真正的阅读是深层次的，是与自己心灵的对话。在与自己内心深层次的对话交流中，我们感动着、收获着，这是一种最真实、最深切的阅读体验。所以，可以说，快速默读，学会从课文中快速获取相关信息，这是非常重要的语文能力。本课教学，试图在一遍一遍的训练中逐步形成快速阅读的能力。在本课的"课前导入"环节，我就作了这样的引领：

师： 盛老师要问一个也许在大家看来是很可笑的问题：你们会读书吗？回忆一下你所用过的读书符号都有哪些？会快速地阅读吗？试试看，你读书有多快。（先后出示几个词、一段话，限定时间快速阅读）你记住了几个词？为什么一下子记住了那么多？读书应该是有方法的，我们可以先扫读，然后用跳读把重要的信息记住。这样就可以提高读书的效率。快速阅读的本领需要我们长期地训练。这节课，我们就要反复练习快速阅读，从课文中搜集重要的语言信息。

（在后面的环节中，设计了四次快速默读训练，每次训练在速度上对学生提出了不同的要求。这样的设计，体现了对语文阅读方法的引领渗透。）

以上设计，学语言、悟情感、教方法，三维一体。这样的备课关注的是三维目标的整体落实。三维目标的耦合设计，着眼于学生整体的语文素养，有助于提高学生语文学习的效率，力图在听说读写等语文能力的训练过程中形成合力。

二、和谐统一关注审美

阅读教学是个和谐统一的审美系统。因为阅读教学只有将作品中美的语言对象化于学生的语感和美感，将作品中美的情感、美的意境对象化于学生的心灵，才能使学生沉潜到作品的深处，对文学的意境进行整体的感受和玩味，从而最终获得对作品深层的美学蕴涵的把握。在备课过程中，教师只有充分挖掘课文的审美因素，实现对文本的最初审美体验，才能在课堂上把美传递给学生。

最有"语文味"的语文课，是不容易说清楚好在哪里的，就像一首诗，令人回味无穷。一堂好课应是教师对诗意的表达和传述。一节成功的阅读课本身应是一个完美的诗化艺术品。它应是一首自由诗，有着洒脱美；一首抒情诗，有着情韵美；一首格律诗，有着对仗美。

（一）自由诗·洒脱美

为了维持课的流畅运行，教师要善于实施"现场备课"，及时根据学情调整原先的设计方案，抓住课堂上生成的资源，进行巧妙的点拨、引领。这样的课堂状态看似散漫，实则集中。师生如同在山间一起闲步登山，或观光赏景，或嬉戏山涧，或歇息山亭。虽然登山的速度或快或慢，路线或曲或直，然而目标却是明确的：登上山顶。这样的课堂，流泻着自由，呈现着洒脱，给人以美的享受。如一位青年教师教学老舍的《猫》，从冯骥才的《珍珠鸟》引入，揭示"信赖创造美好的境界"的主旨，然后引领学生在课文的字里行间去体会老舍给了可爱的猫多少宽容和爱，这份宽容与爱又转化成猫对主人的多少信赖，人和动物之间由此创造了多少美好的意境。课堂上，师生平等对话、交流互动、共同感动，在与文本的切磋对话中逐步走向深层的精神交流。在看似松散的课堂流程中，对文章主旨的领悟却越来越深。一堂好课应是一首优美的散文诗。

（二）抒情诗·情感美

善于"抒情""煽情"的语文教师，会使他的语文课堂魅力无穷，充满磁性与感动，由此会使语文教师本身形象光彩照人、鲜亮无比。情感折射出来的魅力是无穷的，因为人是情感的动物，情是每个人渴望的最诱人的精神食粮。语文教师对每一篇课文都应有情，用语文独有的人性美与人情美去丰化和磁化语文教学过程。当我们在课堂上用心灵去拨动学生的心灵时，我们的课堂中就会流淌出音乐般美妙的旋律，师生在这如歌的美丽中诗意地栖居……精神升华了、人格提升了，语文教学的美、美的语文教学，在这里共同融会交织成一首美的交响曲，在这样美的语文境界中学语文，学生整个心灵都会被浸润，何愁人文素养不能提高？何惧健全人格不能养成？这样的语文课，也是最有"语文味"的语文课。课堂上激情的手段很多，如导语激情、媒体激情、朗读激情等。

《春日》一诗以白描手法向我们描绘了一幅无边无际的春天的画卷，诗人袒露的是喜春的情怀，《游园不值》一诗则通过一枝红杏，传递着春天的信息，表露的是诗人惊喜的心情。尽管写作角度不同，然而表达的都是诗人热爱春天、热爱大自然的感情。在教学过程中，教师应想方设法引导学生体情悟情，去接受诗句中蕴含的情感信息，去贴近诗人的情感，努力找到情感的生发点、契合点，使教师、诗人、学生的情感在同一水平线上共振。

1. 导语激情

语文课姓"语"，学生在语言环境中学语言、用语言；语文课研究的是语言艺术，学生在艺术的语言环境中学语言、用语言。学生凭借语言陶冶情操、提炼精神、升华人格。所以，语文课，语言是根，是本，是一切的凭借与基础。语言能启发感觉、激活思维、燃烧情感。学生的语言学习需要一个良好的环境，而这个良好的环境是多维立体的，其中教师的导语则是其中一个非常重要的元素。课堂上，教师优美的、充满激情的导语，会营造出一个诗意的语言环境，学生浸润其中，语言被催生，情感被催化，师生情感在情意融融的场中激荡、共生，共同生成一个充满磁性与感动的"情场"。

2. 媒体激情

适时使用媒体，能起到很好的激情作用。读"万紫千红总是春"一句时，教师可适时打出图片，当学生一下子看到繁花似锦的景象，好像整个春天呈现在了眼前，情绪会立即激动起来，争相动情朗读，"万紫千红"这个词在学生头脑中活起来了。

3. 朗读激情

在朗读指导中，引导学生读出情——对春天、对大自然的热爱之情；读出形，边读边在头脑中想象、画画，使"无边光景"这个词在学生头脑中活起来；读出神，悟出语言文字的言外之意。如读"一枝红杏出墙来"，学生通过对"出"字的朗读把握，体会"出"为什么显得那么有力，领悟到一切新生事物是任何力量都阻挡不了的。

（三）格律诗·对仗美

一堂好课应像一首对仗工整的格律诗，不论是平仄、韵脚，都处理得非常和谐、舒服，给人以浑然一体、非常圆满的感觉。如浙教版第 9 册《秦始皇兵马俑》一课，可先让学生读第四自然段，体会兵俑的栩栩如生，由衷地感受到秦始皇兵马俑真不愧为"世界第八大奇迹"！当学到第三自然段时，学生体会到了军阵的威武雄壮，还是让他们由衷地感叹，秦始皇兵马俑真不愧为"世界第八大奇迹"！课堂上反复出现"世界第八大奇迹"！前后贯通，浑然一体，给人以情的震撼、美的享受。

语文课堂应是诗意的课堂、审美的课堂。诗意，使课堂飘洒美丽的音符；审美，使课堂流淌浓浓的诗意。语文课，让师生一起沉浸在美丽的、诗意的课堂上，应是我们每个语文教师的教学理想。课堂，因诗意而美丽，也因美丽而充满诗意！教师在课堂上充满诗意地追寻，是真正把课堂看成了和谐统一的审美系统。

三、开放门户提炼信息

阅读教学是个开放的信息系统，必须遵循有序原理进行设计。在备课过程中，每一堂课甚至每一个环节都应是完形的，但完形不等于封闭，应该处处体现开放性。然长期以来，我们抱着"小语文"的教学观念，唯书、唯师，小心翼翼，不敢越雷池一步，反映在课堂教学设计中，便是教学结构的封闭性、无伸展性。语文教学要树立大语文教育观，必须打破固有的模式，大胆拓展，全面开放。设计语文教学的控制系统必须立足于为学生的学习提供更自由、更广阔的空间，帮助学生铺设由知识通能力、由课内向课外、由书本到生活的信息公路。

笔者在《敦煌莫高窟》（浙教版第七册）一文的备课过程中，在充分尊重、利用文本信息的基础上，通过各种途径引导学生搜集、整理、运用课外有关敦煌的信息，使课堂信息开放拓展，取得了很好的教学效果。

《敦煌莫高窟》教学实录片段如下：

师：想了解更多的敦煌信息吗？（生答"想"）刚才盛老师奖励你们的信息，愿意拿出来与大家共享吗？（生答"愿意"）来，你们拿上来，放在这儿与大家共享。

生：莫高窟艺术的特点是建筑、塑像、壁画的巧妙结合。

生：敦煌艺术是人类文明的曙光。

生：莫高窟是一座伟大的艺术宫殿，是一部形象的百科全书。

生：最新研究成果表明，莫高窟有编号记录的洞窟将由 492 个增至 735 个。

（师投影出示信息条。）

师：这是盛老师奖励给大家的信息。你们觉得盛老师和大家合作得好不好？（生答"好"）你们能否也奖励我几条信息？

生：敦煌莫高窟位于敦煌市东南 25 千米处。

生：敦煌莫高窟是在敦煌市鸣沙山的东南面。

师：不错。

生：敦煌莫高窟始建于公元 366 年，后来被道士王圆篆发现的。

师：真好，你都知道是谁发现那个洞窟的。

生：敦煌莫高窟是甘肃省敦煌境内的一个石窟，也是中国的四大石窟之一，是保护规模最大、最完整的一个。

师：真好，有这么多同学都收集了信息。起立，奖励你们，加上这节课还没发过言的同学，请你们一起读第一自然段。

（生读第一自然段。）

师：收集了这么多的信息，又读完了课文，你们对课文的第一自然段有什么意见？你们根据今天咱们的信息，觉得有什么需要改动的地方吗？

生：我发现信息里面石窟有"735"个，而课文里面是"492"个。

师：对啊，最后一条信息告诉我们最新发现的石窟有735个，跟课文内容不符。那这个课文该怎么办？

生：改。

师：要改课文，敢吗？（生答"敢"）真的敢？（生笑）哦，我看到有些同学已经在改了。好，我们就把这个数字改成735。

师：看来，咱们304班的同学真了不起。你们连课文都敢改，你们这是在向课文挑战。

师：学到这儿，你回去还想收集哪些敦煌莫高窟的信息？

生：我还想了解敦煌莫高窟是哪个朝代造的。

生：我想到网上再找一些敦煌莫高窟的图片。

师：你想继续收集图片。

生：我还想看看敦煌莫高窟这个地方旁边有什么东西。

生：老师给我们看的是敦煌莫高窟的壁画，我想再到网上找一些塑像。

师：你对塑像非常感兴趣？

生：我想了解那些工匠们是怎么做出敦煌莫高窟的壁画的。

师：你想了解敦煌莫高窟壁画是怎么制造的。同学们，有那么多的手都举起来了，你们说敦煌信息咱们能收集完吗？

生：不能。

师：因为敦煌艺术的研究者们，几乎每年都在发现新的敦煌信息。也许，未来敦煌信息的发现者此刻正坐在大家中间勤奋学习呢，他会是谁呢？

（生议论纷纷。）

师：有的同学说是自己，有的同学说是我们班上的同学。从你们自信而又充满热情的眼神里，我们有理由相信，也让我们共同相信……

（出示：敦煌艺术在中国！敦煌学也在中国！未来敦煌信息的发现者是——）

生：我们。

师：好，这节课同学们学得非常认真，课外还可以继续收集敦煌的信息。

以上实录片段，融信息的收集、整理、交流、运用和创造于一体，师生在课堂上交流、对话，并不断开发、拓展新的课程资源，课堂成了生生不息的源头活水。

四、双主互动，两极平衡

林崇德教授曾经指出："教学活动是教师教的活动和学生学的活动的结合，教的活动与学的活动是统一的。在教与学的活动中，主体的角色是相对的。"在备课过程中，应根据学情设计教学，即老师要进行生成性备课，备课分三步走，课前备课、课中备课、课后备课，使备课过程贯穿教学的全过程，提倡流动备课。流动的、动态的备课就特别注重教师在过程中的信息反馈，反馈原理是控制论的基本思想，任何系统只有通过反馈信息，才可能产生有效的控制，从而达到目的。一个控制系统，其信息通道必然是一个闭合回路。反馈原理的全部过程如图：

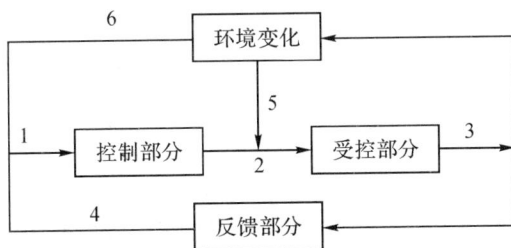

1—输入信息；2—控制信息；3—输出信息；4—反馈信息；5—干扰信息；6—前馈信息

根据反馈原理，在备课过程中，我们应努力做到：

（一）精心预设促生成

时下因为生成的精彩与艺术，大家排斥预设，排斥课前的工夫，这种非此即彼的做法，是违背反馈原理的。预设是生成的基础，没有课前精心的预设，就没有课上精彩的生成。如果课前没有对文本的深入钻研，没有储够"一桶水"，或没有足够的自然水源，那么课堂上即使有生成也是散乱的，盲目的，肤浅的，是一种无质量的生成。语文课应有滋有味有情有趣，这种滋味与情趣的产生，取决于课前老师对文本的深入解读，课前教师入文七分，课堂上才能味浓三分。因为只有教师深入解读文本，才能悟透文里文外的精彩，才能为学生铺就一条走进文本内核的最短程。课堂的呈现其实只是教师与文本碰撞后智慧与情感的外显。如课堂上教师的导语、思路，都呈现了教师自己对文本的解读层次。所以，课堂之功，在很大程度上取决于教师的课前预设。没有了预设，就如同航行的轮渡失去了航向。有了预设，教师在课堂上就会多一份洒脱与从容，多一份自信与深刻。

课堂可以从哪些方面进行预设？

1. 情感预设

有了课前对文本的深入解读，教师已与文本达成了一种情感共识，然而课堂上要把这种独特感受传递给学生，努力使它成为学生的通感，就要在课前进行情感预设。如《去年的树》一文，文本所昭示的主题是模糊的，多元的，如环保、友情、诚信、奉献等，但教师在一堂课的教学中应定下一个情感的主线，否则文本的内涵就得不到深入的挖掘，体现不出人文性的深度与厚度。

2. 话题预设

课堂主要是师生本三位一体对话的过程。对话过程能否成功展开与进行，取决于有无选择好话题。文本是个深邃的丛林，当我们进入林中，如果没有向导为我们指引一条明晰的路线，便很容易迷失。有了话题的引领，就能在丛林中闲庭信步，悠然从容地进进出出。一个经典的话题可以贯通全课，使课堂一气呵成，必然也会同时生成很多的精彩。如《卢沟桥的狮子》一文，篇幅虽不长，但行文比较松散，分别描写了卢沟桥狮子的多、大小不一、形状各异，以及桥是历史的见证。如何把学生的思维、情感进行聚焦？首先应给学生找到一个阅读的"支点"，在教学过程中，笔者大胆地从课外引入了马可·波罗的话："世界上最好的，独一无二的桥。"层层感悟、步步深读，让学生在反复读文中感受到桥的独一无二。教师给学生预设了明晰的话题，等于是帮助学生找到了一条走进文本密林深处的路线。

3. 方法预设

有人说"授之以鱼不如授之以渔，授之以渔不如授之以渔场"。学习方法是学生终身学习的武器。学习方法的获得有多种途径，如自悟、他授，课堂上教师有意识地渗透学法指导，哪怕一课一法，便会让学生得益无穷。

如在浙教版第九册《秦始皇兵马俑》一课中，预设了四种学习方法，使课堂有了精彩的生成。请看课堂实录片段：

师：当我们看到那精妙的军阵布局时，更会为之惊叹呢！请大家自学课文第三自然段，并根据各自的兴趣和对课文的理解，选择一两项学习任务。

（课件出示研究重点：

军事家：画、摆军阵图。

文学家：研究作者观察顺序、写作顺序，并完成课后"习题3"。

导游：练说导游词。

播音员：读出军阵的威武雄壮。）

（学生自学三分钟。）

师：咱们现在来交流一下，请文学家先来。你完成了课后的习题，你研究了什么？

生：这个自然段的写作顺序是从整体到部分再到整体。

师：其他文学家有补充意见吗？（生摇头）那你接着说下去。

生：作者参观兵马俑的顺序是从前面到中间，再是两边的侧翼和后卫。

师： 是不是这样？同意的举一下手。（生举手赞成）

师： 你们先告诉我前面的整体描写是哪句话？

（生齐读。）

师： 最后的整体描写是哪句话？

（生齐读。）

师： 有意见吗？请军事家来介绍一下。

（投影学生画的军阵图，生一旁讲解。）

师： 前面三列横队是什么？（生说不清）你们说是什么？

生：（齐）前锋！

生： 后面是四十列纵队。

师： 是什么？（生说不出）下面请小小军事家告诉他！

生：（齐）主力！

师： 对，也可以说是主体！

生： 边上是侧翼。

生： 最后一排是后卫，面朝外的。

师： 有意见吗？老师还想考考你，为什么这么排列，你有没有研究？

生： 最后一排是后卫，面朝外的。

师： 有画得不一样的吗？

生： 我的和他的不一样。

师： 其实从不同的角度去看，这个示意图可以有不同的画法，课后可以琢磨琢磨。哪个播音员来读描写前锋的句子？

（生读句子。）

师： 哦，很精干的样子，你也来试一试。

（生读主体的句子。）

师： 主体也显得非常强大。这样吧，请咱们播音员都站起来，你们一起来示范一下整体描写的第一句话。

（生读句子。）

师：好，真不错！我看你们长大了，说不定都会超过倪萍、赵忠祥呢！最后一句，咱们一起来读。

（生齐读最后一句。）

师：军队是这样威武雄壮，哪位导游带咱们来游一游？（一学生面无表情地开始讲述）

师：（启发）导游你等一下，请问下面的游客是你的什么人？

生：上帝。（众笑）

师：那面对上帝你能不能微笑服务呢？（众笑）

（生开始放松讲解，内容略。）

预设是根，生成是树，根深才能叶茂；预设是源，生成是泉，源丰才能泉涌；预设是花，生成是果，花红才能果大。在预设后生成，在预设中生成；在生成前预设，在生成后进行再预设，再生成，课堂才能变成生生不息的源头活水，向着精彩的方向流啊流……

（二）效"主导"激"主体"

新课标非常强调发挥学生的主体作用。学生的语文学习不是零起点，他们头脑中潜藏着许多语文信息，有的来自生活，有的来自学前，等等。课堂上要试图唤醒学生沉睡的语文信息，使之与新信息融合，在头脑中进行积极的同化、顺应。这就必须充分调动学生的主动性、积极性。学生主体作用的发挥依赖于在课堂上有良好的心态，而有无良好的心态取决于课堂有无良好的生态环境。生态的课堂是宽松的，民主的，平等的，和谐的，融洽的。教师要真正做到目中有人。老师在课堂上对学生的态度，大致有以下几种：无视、俯视、平视、仰视。当我们真正学会了平视乃至仰视我们的孩子时，师生间的交流是快乐的，灵动的，充满了生机、活力的，激情投入的。当教师有效的主导真正激发了孩子们的主体创造欲望时，课堂便会收获无法预约的精彩。请看《卢沟桥的狮子》教学实录片段：

师：同学们，对于卢沟桥，对于这些狮子，你们还想知道什么？

　　生：我想知道卢沟桥是谁建造的。

　　生：我想知道卢沟桥的狮子一共有多少种形态。

　　生：我想知道卢沟桥有多长多宽。

　　生：我想知道卢沟桥的狮子保存得这样好，和气候有关系吗？

　　师：课后，大家可以组成合作小组，对卢沟桥的地理位置感兴趣的，就组成地理位置组，还可以组成建筑构造组、景物特点组、历史资料组、游人评论组等，继续去网上查询资料……

　　本课的设计意图：把代表老师至高权力的"布置作业"的权力下放给学生，真正把学生当作了课堂的主人。同时，学生有了选择作业的权利和自由，真正体现了因材施教，照顾了学生的个性差异。学生自己设计作业，也体现了语文学科和其他各学科知识间的整合、课内向课外的延伸。

　　课堂上学生充分发扬自主，促进课堂生成，教师根据反馈原理对教学进行有效预设、调控，如此"双主"互控、互动，必定能激活课堂，促成两极平衡融通，使课堂形成一个"活动系统"，从而发挥最优化的系统功能。

有效备课"三字经"

安徽省阜阳市铁路学校　武宏钧（特级教师）

备课是实施教学的首道工序，是教与学活动的先导，是启迪智慧的前锋，也是教师上好课的关键因素之一。但备课不等于只写教案。备课包括钻研教材、搜集信息、了解学生、考虑教学思路和教学方法、写教案等。如何体现"关心学生的内心需求，开发学生的多元智能，注重语言积累，培养学生研究性学习的能力；增加文化积淀，提升学生文化品位"这一语文课程理念，确实需要教师认真把握住备课这一环节，善于发现教材内容的趣味点，善于捕捉教材语言的魅力点，善于寻求教材资源的拓展点，善于开掘教材理解的升华点，通过精心备课以提高教学效率。

一、三凸显

"为了每一位学生的发展"是新课程的核心理念。我以为，备课中应做到三凸显：凸显"以促进学生全面发展为本"的教育理念，凸显"以提高学生语文素养为本"的课程理念，凸显"以指导学生练习运用为本"的操作理念。在教学设计的过程中，应以促进学生的生命发展为核心，着眼于学生的情智发展，提升人的思想境界；以人为本，着力于语文实践活动，以智慧启迪智慧，积淀人的文化修养；以情趣激发情趣，着重于语言的内化进程，塑造人的人格品质。

1. 备课应凸显"以促进学生全面发展为本"的教育理念

语文教学是一项直面生命并以提高生命价值为目的的活动，因此，备语文课应当"以人为本"，涉及人的心灵，应当具有情感关怀的使命，关注人的自然发展、生命的健康成长。传统的教案教学普遍存在两种倾向：一是教学的单向性，以"教师为本"，即以老师和课本为中心，更多的是考虑教师如何把课本知识内容讲得准确无误，精彩完美，并重点突出，难点到位，而忽视了学生的学习情绪、学习的主动性和自主性；教案缺少公开性和透明度，教案是老师自备自用，是专为教师的"教"而设计，而忽视了学生如何"学"。这样学生在上课前对老师的教学意图无从了解，学生上课只能是被动接受，这样的教学与发挥学生的主体性、提高学生素质的要求是很难适应的。备课凸显"以促进学生全面发展为本"的要素，是为了在语文教学中更多地关注学生的生存状态和精神自由，体现语文课程工具性与人文性统一的基本特点。因此，备课应建立在以人为本的基础上，让学生知道老师的授课目标和意图，给学生以知情权、参与权，在所设计的教学过程中，教师扮演的不仅是组织者、引领者，而且是整体活动进程的调节者和局部障碍的排除者。

2. 备课应凸显"以提高学生语文素养为本"的课程理念

"以提高学生语文素养为本"基本内涵有五点：一是培育语言素养。在阅读和鉴赏时，要不断地积累，不断地分析比较，不断地借鉴吸收，不断地加以实践运用。二是提升文化素养。教师在备课的过程中既要全面，又要突出重点，既要细致、具体，又要大胆取舍，一切视学生的实际需要而定。三是拓展心智素养。备课时应想到，在阅读的指导和评价的过程中，必须启迪学生的思维，让学生对感知的过程充满兴趣和热情；必须满足学生的求知欲望，让他们在不断的探索发现中获得更高更深的感悟；必须注意学生的认知方法，让他们以一种理性而科学的态度面对未知的领域；必须注意培养他们积极而健康的人生态度，让他们在不断深化的阅读、鉴赏、审美过程中，能形成对社会和人生的正确的看法；必须让他们具备一种认知能力，在不断分析、归纳、比较、综合中，形成一种敏锐的洞察力和准确的判断能力。四是丰富情感素养。备课时应注意到，在阅读教学的过程中，要使学生对社会、人生有积极健康的态度，对社会生活充满热情，感知领悟文本对象时，情感导向正确。学生在老师的指导和培养下，形成健康而丰富的情感世界。五是升华审美素养。在教学指导的过程中，我们必须引导学生会读会写，学会去感知、发掘、审美。老师必须具体而精当地分析和点拨，学生才能掌握艺术审美知识；老师必须引导学生进行充满个性色彩的阅读，学生才能领略其中的独特之美；师生在对形象的解构中，完成审美的超越与升华，必须不断地进行归纳与总结，才能掌握其中的共性。

3. 备课应凸显"以指导学生练习运用为本"的操作理念

具体体现在有效的科学指导上。一是教学设计应能开启心窍，举一反三地创新练习，并在练习过程中做到"四导四有"：教师导源，使阅读学习有趣；教师导路，使阅读探究有法；教师导悟，使学生开卷有益；教师导评，使学生言之有理。教学设计的重点在"导"，变传统的讲授式的"要我学"为学生积极主动参与式的"我要学"。所以要想到如何才能把整堂课"导"好"导"活，让学生真正学到知识，提高能力。因此教案的编写要能够最大限度地调动学生的积极性，充分体现"学为主体，教为主导"的思想，把学习的主动权还给学生。二是教学设计时要把握住导学的时机，采取有效的手段，真正调动学生的积极性。在设计激发学生释放潜能的活动时，要多站在学生的角度来考虑和预设突破口。如，在学生对文本兴趣所在的集中点预设切入，在多元和有争议处预设切入，在文本主题或理解的关键所在处预设突破口，在学生学习最困惑之处预设切入，等等。兴趣点，可以激起学生的关注；争议点，可以调动学生的自我潜能；主题点，可以诱导学生深入文本重点突破；困惑点，可以召唤学生追问、思索。

综上所述，备课只有做到三个凸显，才能实现三转变：第一，目标转变。变单一的传授知识目标为"三维目标"。第二，评价转变。变只重知识积累，只重学习结果的质量评价体系为重过程、重学生全面素质的综合评价。第三，备课重点转变。变重备"教师教"为重备"学生学"，变"教案"为"学案"，变重"教教材"为重"用教材教"。

二、三了解

在现实生活中，许多老师备课时，并不是去认真了解课标要求、深入分析教材、了解学情，而是急于上网查找与上课课题相关的教学设计、课件以及相关资料，然后花大量的时间去下载和"研究"这些资料，找出每个教学设计、课件的"精彩"之处加以合并，然后稍作修改，一堂课的教学设计就这样完成了。这样的教学设计，不能激发、促进、辅助学生的学习，不能保证教学面向全体学生，不利于教学过程最优化。我们备课的根本任务是通过发现、分析和解决教学问题来提高教学效益。因而备课中设计教和学的方案，应着眼于教学条件与教学策略之间的互动，注重高质量的教学：追求教学效果、教学效率和教学吸引力的统一，达到"减负增效"、促进学生全面发展的目的。我认为，备课之前教师应该做到三了解：了解学生、了解环境和了解自我。

1. 了解学生

教学的根本目的是促进学生的发展，教学过程中最重要的任务是发展学生的主体性，教学设计的过程首先就是深入研究学生的过程。因此，教师备课时要把"假如我是学生"作为座右铭，了解学生应坚持主体性、差异性和发展性原则，了解学生的学科认知特点和规律、知识基础、经验、生活关注点、能力情感因素及身心特征。要树立"教为学服务"的新思想，深入具体地了解每一位学生，了解他们对所学知识是否感兴趣，搜集到哪些相关资料，有哪些学习困难等。在此基础上，准备出几套指导方案和方法，以便更好地为学生的学服务。这样就彻底改变了以往备课时以教师怎样教，学生应该怎样接受为主线的"以教论学"的备课思路，树立起全新的"以学论教、以教促学"的指导思想。

2. 了解环境

语文课程标准明确指出：要"努力建设开放而有活力的语文课程"。这一理念就要求我们的语文课程应植根于现实，面向世界，面向未来，要拓宽语文学习和运用的领域。因此，搜集、整理、合理利用各种资源是我们备课时要考虑的重要问题。其实，语文的学习资源和实践机会无处不在，可以说教师、学生、教材、周围的环境、现实生活、其他学科的相关知识等都是丰富的教学资源，关键看教师备课时能不能"独具慧眼"，发现这些可供使用的资源，海纳百川，使我们备课储备的资源广博而深刻。教师要在教学中给学生一个精彩的学习环境，就应该在备课设计教学的过程中了解环境，且主要应了解学生群体的内环境和课堂教学的外环境。

3. 了解自我

所谓"知己知彼，百战不殆"，一节课能否成功，要看教师是否能够扬长避短，按照自己的习惯把自己的长处发挥得淋漓尽致。因而，在教学设计中教师必须知晓、了解自己的特点，选择适合自己的教学方式。我认为，备课中教师思考的过程就是从狭隘走向广阔的过程。人的胸怀比天大，每一位教师应不断学习新课程理论，把握中国文化和先进生产力发展的方向，努力使自己的思想和国际接轨。这样，我们就能高瞻远瞩、胸襟广阔、视觉开阔；我们的头脑就不会固执，思想就不会僵化。

三、三钻研

我在备课时，总要先放声诵读，反复吟咏，口诵心惟，如朱熹所言"使其言皆若出于吾之口""使其意皆若出于吾之心"。我认为教师在备课中应做到三钻研，即钻研课标、钻研教材和钻研教学资源。

1. 钻研课标，依据课标，忠于课标

在设计一节课时，钻研课标主要应钻研课程目标和课程内容标准，认真研究学生在课堂上知识与能力、过程与方法、情感态度与价值观等方面所应达到的基本要求。

2. 钻研教材，立足教材，超越教材

钻研教材应依据课程教学目标"直读"教科书中直观素材的编写意图：

教材编写者为什么要设计这个内容？其目的对于这节课的整体目标有什么作用？这个题材对我的课堂、学生有用吗？……另外，还应挖掘教科书中直观素材背后的隐义。

3. 钻研教学资源，充分运用，优教促学

教师在选用教学资源时应该从优教、促学两方面出发，提高使用的有效性。优教指教学资源的内容和形式有利于教师科学组织课堂教学。促学指材料内容和形式符合学生的认知规律和学习需求，能激发学生主动学习的愿望，提高学习效益。语文教材前后的联系很密切，要从纵、横两个方面研究它们的内在逻辑，重视知识、能力、智力的提升线路与范畴，促进学生得到切实的发展。然而，传统的教学设计无视这一因素，仅仅把教者、教参和课本作为全部资源。在备课中，学生全部的知识、经验、智慧和学习的内在动力都应当为教师所用，成为教学的动力之源、能量之库。最大限度地发挥和利用学生这一教育资源，是教育的新境界。同时，还要充分利用生活中的语文资源，树立"大语文"的理念，在备课中应充分考虑到，生活的周围时时处处都存在与语文相关的知识，如：学校、商店、广告、商标等上的图文都是学生们学习的资源；电视中的评论性节目、新闻报道、健康的歌曲、报刊上的文章等一并成为学生们学习的好素材。如果把这些内容纳入教学设计，学生不仅学到了活生生的语文知识，更重要的是养成了留心观察身边事物的习惯，开阔了视野，为今后的可持续发展奠定了良好的基础。

四、三读文

一篇新课文摆在案头，我们除了做好观念上的转变之外，首先应该怎么做呢？读课文。动笔备课前应达到三读，即把课文读熟、读透、读宽。

1. 读熟课文

要求学生朗读课文，把课文读活，教师首先自己要做到。因此，教师自己一定要把课文读三到五遍，读出自己的味道来。小学语文课本里的文章大都文质兼美，拿到一篇文章，老师也要像学生一样提前预习，熟读课文，解决生字词，抓住课文的重难点，有时遇到不确定的地方，一定要去查找资料弄明白，这样在课堂上才会做到心中有数，不慌乱。

2. 读透课文

读透课文，也就是要充分解读文本，正确领会文章所展现出的遣词造句的精妙，布局谋篇的用意，细细推敲锤炼文字的独具匠心，找准切入点，以便能够引领学生感悟文本，学习运用。在备课之前，教师必须根据新课程标准反复阅读课文，深入领会，弄清字、词、句、段、篇，指导学生识生字，弄清汉字的基本要素，比如笔画、笔顺、偏旁部首、间架结构等；掌握文章的层次脉络、写作技巧等；紧接着，要更进一步分析各自然段之间的联系，将有内在联系的段落归为一类。在对教材进行精读分析，掌握课文内容、中心思想和写作方法后，根据新课标要求，结合现实情况和学生实际，进行综合的分析、研究，确定教学目的、重点和难点。书读百遍，其义自现。老师读课文，不但要读通，还要做到烂熟于心。这样做的好处是走进文本，把握课文的脉络，掌握课文的重点，体会作者的思想感情。有时候，一个巧妙的教学方法，往往就产生于对文本的熟悉。老师领悟得深，学生才能领悟得深，甚至在老师的引导下，超常发挥。

3. 读宽课文

作为语文教师，培养学生收集整理信息的能力，自己首先要有这种能力，如了解课文写作背景，走进作者的内心世界，作品分析以及与之相关的其他资料，教师都要通过各种方式获得，只有做到心中无疑，才能胸有成竹地帮学生释疑，面对课堂上发出的"不同的声音"才不会责怪这个学生"多事"，有时这种声音也会带给你不一样的精彩。小学语文教材，是精选的文质兼美的语言精品，是美丽而博大的知识海洋，蕴藏着精粹的知识宝藏。语文教师备课的任务之一，就是把教材读"厚"，钻研教材，有自己独特的发现；把教材教"薄"，挖掘以求深，辨误以求真，发散以求活，变换角度以求新，联系相似以求趣，探幽以求奇。

我认为，读得深、品得透、读得宽的境界，才是对教学、对教师最有益的阅读境界。可以说，如果没有教师备课的精读，则一定没有精彩的教读，没有生动的课堂交流。备课，只有教师对文章充分地读，读出意、读出神、读出情、读出个性，才能引导学生在阅读中感悟，从而形成对文章的理解，激活他们的心灵，凸显文本价值。因此，新课程导引下的语文备课过程，不再是静止的跑道，而是教师提炼生活、展示风采、体验人生、追求成功、感受欢愉、发展生命的过程。教师在备课中阅读，应该是为扩大自己生活视野，提升自我人生境界，丰富自身精神底蕴，确认个人价值指向的一种自觉自愿的行为。正是这种自觉自愿，使得我们能够以一种自然的心境和自由的态度去与文本对话。在这样的对话中，有思想的砥砺和碰撞，有情意的体悟与对流，有美感的激发与生成，最终让人至于"真"，达于"善"，臻于"美"的境界，获得精神享受和生命的提升。

五、三设计

1. 设计学习目标

一堂好课应有明确具体的学习目标，学习目标既是课堂教学的出发点，也是课堂教学的落脚点，它支配着课堂教学的全过程，规定着教与学的方向。怎样设计学习目标呢？其一，应依据课标并对课标进行分解，学习目标不是课标要求的重复，而是对课标要求的创造。其二，进行学情分析，调整学习目标，即将操作目标结合学情分析进一步细化。学情分析包括教学起点分析，对学科知识、学生和教师进行的全面分析以及对学习环境和学习资源的正确分析。以往，人们主要把教学目标定位在对知识特别是教材内容的掌握上，对教材以外的目标考虑较少。

当前，在现代教学思想的指导下，课堂教学目标的确立越来越强调以促进学生的发展为根本宗旨。这里所说的学生的发展包含三个层次：一是基础性目标，指国家颁布的教学大纲和课程标准中所明确规定的学生必须掌握的学科基础知识、基本技能及基本学习能力和思想品德。基础目标体现在课堂教学中，应明确、具体，有层次性和可操作性，并能反映各学科的不同特色。二是发展性目标，主要表现为学生的主体性发展。主体性发展目标主要包括自主性、主动性和创造性三方面。主体性强的学生不仅表现出强烈的创新意识，而且具有创新思维能力和动手实践能力。三是体验性目标，主要表现在课堂教学注重通过教师与学生间的情感交流，形成民主和谐的课堂教学气氛，让各个层次的学生都能获得成功的心理体验，感受到课堂生活的乐趣和愉悦。

2. 设计教学过程方法

常用的教学方法有讲授法、谈话法、演示法、实验法、发现法、自学辅导法、引探教学法、合作教学、探究式教学等。教无定法是指在实际教学时，没有固定不变的教学方法，所以教师在教学设计时要根据教学内容、学生的年龄特点、接受能力以及自己的教学风格，选择恰当的教学方法，以达到最佳的教学效果。

一篇课文，在内容上的字词句段篇，在手段上的听读说写书，都可以作为提高学生语文素养的凭借。如何从众多的信息中提取出核心信息，实现教学的最优化，就自然面临处理教材的问题。一篇课文或一堂课的教学，必须切实解决一两个真正需要解决的问题，切忌蜻蜓点水。设计教学过程方法应做到三定：一是"定标"，即确定教学目标的依据，是课程标准，是学段要求，而它直观地体现在教材编者精心设计的课文后面的"思考·练习"中。据此，目标就易做到准确、简明，就能避免教学中面面俱到的现象，有效克服常见的把课文教"肿"了的弊端。要实现"三维"的整合，做到在语文知识获得、语文能力形成的过程中掌握规律方法，形成正确的情感态度与价值观；要突出语文学科阅读教学的个性。二是"定点"，即定点设计具有探究性的学习过程，精心设计具有实践性的语文活动，巧妙设计具有开放性的问题。例如备课中的备读：读书的形式要多样（默读、范读、快速浏览、集体读、自由读、分角色读、熟读、精读）；读书要有层次，每次解决什么问题要有目的；重点部分、优美片段要鼓励学生熟读、精读，直到背诵；学生读后给以评价；养成良好的读书习惯，边读边划，不动笔墨不读书；每节课读书的时间不少于 15 分钟；等等。要确定落实目标的凭借点、支撑点，支点确定要准确、精当。在训练学生读正确、流利的基础上，重点在哪儿训练读得有感情；应在哪几个"点"引导理解、感悟；着重在什么地方组织学生探究；着力在哪儿让学生深入对话，活性生成；哪些语言应让学生积累或者运用……都应了然于胸。每个"点"必须为达"标"服务。科学定点，是防止教学面面俱到、把课文教"肿"，实现高效教学的又一有效措施。三是"定法"：选择确定教学方法。方法要科学、管用。学字、解词、懂句、读段、学篇，用哪些方法、采取哪种手段最能调动学生学习的积极性？这就是"定法"的内容。科学地教，适时地点拨揭示，持之以恒地潜移默化，学生语文能力的提高自在其中了。

3. 设计教学情境

教学情境就是以直观方式再现书本知识所表征的实际事物或者实际事物的相关背景。创设情境既要为学生的学习提供认知停靠点，又要激发学生的学习心向。教师在教学设计过程中可借助实物和图像、动作、语言、新旧知识与观念的关系和矛盾、问题等创设基于生活、注重形象、体现学科特点的教学情境。

总之，备课过程中的三个设计要过好两关。一是学生关：学生的学习基础、学习兴趣及学习能力，是教师设计教学的出发点，了解学生的学习意向，体察学生的学习情绪，诊断学生的学习障碍，从而确定有效的、切实可行的教学对策。二是教材关：吃透和挖掘教材的育人因素，立足学生的全面发展，解决全面育人问题；吃透教材的编写意图、知识体系，解决知识的结构问题；吃透教材中对不同层次学生的学习要求，解决因材施教、"差异教育"问题；吃透让学生参与知识发生、发展与应用全过程的脉络和布局，把握住知识的停靠点、能力的生长点和思维的激发点，解决学生思考、参与、探求的问题。

六、三备出

备课质量的高低将直接决定课堂教学质量的优劣和课堂教学效率的高低。教师占有、消化了教材和教辅，在充分研究学生的学情、学力、个性、兴趣、意志等智力因素和非智力因素后，如果做到了有效备课和高效备课，那他所备的课至少有以下三个显著特征：

1. 备出教师的独特感受

在备课时，教师必须研读教材和教辅，熟悉文本和与文本相关的作者、背景、前后文以及他人对文本的解读。只有对这些烂熟于心，教师在课堂上才会胸有成竹。教师的备课，是在研读教材和大量教辅的过程中，结合自己的知识结构和认知结构，结合学生的智力和非智力因素，结合特定环境下特定的人和事，备出自己独特感受的一个再创造过程。备出教师自己的独特感受是教师备课的较高境界，它不仅是教师创新课堂的需要，更是教师自我发展的需要，也是新时代课程理念的需要。

如在备《凡卡》一课时，文中有这样一句话"……我原想跑回我们村子去，可是我没有鞋，又怕冷。"我读到这里，心里一颤，与插图相对照，设计了两个问题："为什么鞋店有那么多鞋，而凡卡却说没鞋穿呢？""当老板看到大冷天凡卡不穿鞋时，为什么不送他一双鞋穿呢？"上课时，第一个问题一提出，就一石激起千层浪，学生主动探究的热情被调动起来了，他们七嘴八舌，纷纷议论，有了独特的感悟。有的说："他那样穷，哪能买得起鞋，只有有钱人才能穿上鞋。"有的说："课文中说莫斯科是个大城市，房子全是老爷们的，自然，鞋店也是有钱人光顾的地方。"接着我又问："当老板看到大冷天凡卡不穿鞋时，为什么不送他一双鞋穿呢？"经过讨论，学生很快就明白了：那些有钱人是不会可怜、同情、帮助穷孩子的，可见那个社会是多么的黑暗。这一教学细节，让每一个学生体验、感悟到了生命的精神世界，拨动了学生情感思维的琴弦，打开了学生思维和想象的空间，让他们发出属于自己的心声。

当然，语文教师不可能都能备出自己的一家之言，但在消化教材和教辅时，应该有自己的哪怕是很微小的一丁点感悟：一个字、一个词、一个句子，甚至一个标点符号！"教师本身对文本的理解有多深，学生对文本的理解才会有多深"，就是这个道理。

2. 备出巧妙的教学抓手

在语文教学中，一个好的"教学抓手"就是一根省力的杠杆，抓准了它就会轻而易举地走进文本，从而轻松愉快地感知文本、欣赏文本；一个好的"教学抓手"就是走进文本的钥匙，抓准了它就找到了走进文本的捷径，就会收到"四两拨千斤"的效果。

例如《凡卡》的结尾之处写道：凡卡寄出没有贴邮票的信。把无尽的思索和回味留给了读者，凡卡未来将走一条什么样的道路呢？我们可以以此为契机引导学生进行对话：凡卡以后的命运会如何？引导同学们运用求异思维进行"对话"，多方求答，结论也是多姿多彩：有的说他疯了，住进了疯人院；有的说他继续遭受老板的毒打；有的说他被迫离店出走……多角度求答，拓开了学生的思路，活跃了学生的思维。我认为，备课时找准了课堂的"教学抓手"，课堂就不再死气沉沉，学生就不再无精打采。因为这个"教学抓手"的撬动，课堂活跃灵动，朝气蓬勃，学生自主学习的欲望无限膨胀，自主学习能力也迅速提高，从而高效率地达成教学目标。

3. 备出学生的课堂兴奋点

课堂教学的主体是学生，满足学生的需要就是教学的首要任务。现代课程论之父拉夫尔·泰勒认为："学习是通过学生的主动行为而发生的，学生的学习取决于他自己做了什么，而不是教师做了什么。"为此，教师在备课时，有一个重要任务就是"备学生"，从学生学习的角度考虑怎样引导学生学习，怎样去激发他们学习的欲望，调动他们的学习兴趣。教师在备课时要有预谋地在一堂课里埋下几个促使学生兴奋的"包袱"。当然，兴奋点的预设是别具匠心的，是一环扣一环的促使课堂教学向前推进的助推剂，而不是师生俗气的玩笑话、逗趣话。由此看来，学生在课堂上的兴奋点更多的是指教师有意预设的某一个或几个别具一格的"问题""步骤""环节"等；是能引爆学生情绪，迅速引起学生大脑亢奋的"教学点"；是深受学生喜爱，促使学生乐此不疲的"引力场"。学生兴奋，课堂气氛就会活跃，课堂效率就会提高，教师预设的教学内容就会增值。

笔者在备《詹天佑》一课时，发现"詹天佑是我国杰出的爱国工程师"是全文的中心句子。句子中有两个重点和难点，一是"杰出"，二是"爱国"。文章对于如何"杰出"有生动的描述，在教学中容易讲明。关于"爱国"这一重点的突破，我备出的课堂教学兴奋点是：在引导学生充分理解课文的基础上，从课文最后一节入手进行创新设计，设计了请学生"从课文里找依据，给'京张铁路'重新起名字"这样一个教学环节。课堂上有的学生说这是中国的第一条铁路，故起名"中国第一路"；有的学生说詹天佑设计的"人字形"达到了当时国际一流水平，故起名"创新路"；有的学生说纪念詹天佑，故起名"天佑路"；有的学生说因这条路为中国人民争了一口气，故起名"争气路"；有的学生说京张铁路修筑之成功，是因为詹天佑爱国，故起名"爱国路"；有的学生根据这是中国人设计修筑的第一条铁路的事实，故起名"中国路"；有的学生说这条铁路充分体现了中国人民的智慧与力量，故起名"智慧路"……各种各样，不一而足。这一教学环节，使学生既加深了对课文主题的认识，升华了学生的思想境界，又进一步锻炼了学生的探究能力，发展了学生思维，培养了学生的创新精神，陶冶升华了学生的情感。教学实践证明，由于这个教学兴奋点的设计，学生异常兴奋，反应非常强烈。

七、三延伸

备课有道（规律和方法），但无定道（统一的路子）。教师要备出有特色的课，应将备课活动延伸到课中、课后和生活。

1. 课中延伸：备课不等于教案书写

以往，我们的教师仅仅把备课截止到教案的书写完毕，其实，这是一个误区。再好的备课也只是一种框架、一种指向、一种假定的方案，它都需要在课堂实践中不断丰富、不断改造、不断创新，更需要在课后不断反思、不断完善。在开放式的课堂教学中，学生的思维一旦被激活，他们的学习热情和创新能力就会不断释放出来。这时，学生的一个议论话题、一句发言、一段材料、一段表演、一段声情并茂的朗读，都会激起创新的火花，我们课前准备的多套方案也都将产生变化。这时就需要教师用灵活的教学机智，充分的课前准备，来尊重学生的"异想天开"，接受学生的挑战，及时调整思路，使课堂真正地活起来，开放起来，成为学生乐学的"天堂"。

例如《田忌赛马》一课，课前我准备把"田忌为什么能转败为胜"作为感悟题，引导学生对文章的内容进行深入理解，从而体会孙膑的足智多谋。但在课堂中却出现了意想不到的事情：学生对第二场比赛齐威王到底有没有可能赢产生了浓厚的兴趣。有的同学认为，齐威王只要能在田忌用下等马对自己的上等马赢了一场后，再用自己的中等马对田忌的中等马，还是可以稳操胜券的；有的同学则认为齐威王的种种表现足以证明他不可能胜。显然，齐威王第二场比赛到底能不能赢，一下子成为学生关注的焦点。这时我尊重学生，从学生的意愿出发，让同学们或独立，或自愿结组为自己的观点寻找充足的理由来说服对方，然后全班交流，为自己进行有理有据的辩论。这种"让辩论走进语文课堂"的做法，是一种大胆的尝试，也是一种创新，这一点教师在备课中是绝对没有想到的，但在这种开放性的课堂中，学生学得积极主动，学得兴趣盎然。因此，我们就有必要对备课进行重新调整，将备课活动引向课中、课后的调整和完善。

2. 课后延伸：学会写教学反思教案

教师需要在课后及时反思，认真记下课上的"典型事例"，总结出成功的经验，认真反思自己教学的得失。认真写三年教案的人，不一定能成为优秀教师；但认真写三年教学反思的人，必定成为有思想的教师。那么，怎样撰写课后延伸的教学反思呢？大致可从以下几个方面着手：

（1）写成功之处。

将教学过程中达到预先设计的教学目的、引起教学共振效应的做法，课堂教学中临时应变得当的措施，层次清楚、条理分明的板书，某些教学思想方法的渗透与应用的过程，教育学、心理学中一些基本原理使用的感触，教学方法上的改革与创新，等等，记录下来，供以后教学时参考使用，并可在此基础上不断地改进、完善、推陈出新，达到光辉顶点。

　　（2）写不足之处。

　　即使是成功的课堂教学也难免有疏漏失误之处，对它们进行系统的回顾、梳理，并对其作深刻的反思、探究和剖析，以吸取教训，更上一层楼。

　　（3）写教学机智。

　　课堂教学中，随着教学内容的展开，师生的思维发展及情感交流的融洽，往往会因为一些偶发事件而产生瞬间灵感，这些"智慧的火花"常常是不由自主、突然而至，若不及时利用课后反思去捕捉，便会因时过境迁而忘记，令人遗憾不已。

　　（4）写学生创新。

　　在课堂教学过程中，学生是学习的主体，总会有"创新的火花"在闪烁，教师应当充分肯定学生在课堂上提出的一些独特的见解，这样不仅使学生的好方法、好思路得以推广，而且对学生也是一种赞赏和激励。同时，这些难能可贵的见解也是对课堂教学的补充与完善，可以拓宽教师的教学思路，提高教学水平。因此，将其记录下来，可以补充、丰富今后教学的材料。

　　（5）写"再教设计"。

　　一节课下来，静心沉思，摸索出了哪些教学规律，教法上有哪些创新，知识点上有什么发现，组织教学方面有何新招，解题的诸多误区有无突破，启迪是否得当，训练是否到位，等等。及时记下这些得失，并进行必要的归类与取舍，考虑一下再教这部分内容时应该如何做，写出"再教设计"，这样可以做到扬长避短、精益求精，把自己的教学水平提高到一个新的境界和高度。

3. 生活延伸：备有生命的语文课

语文备课有狭义、广义之分。我们通常的写教案最多只能算作狭义的语文备课，其基本要求是三备：备教材、备学生、备方法。广义的语文备课是大备课，终身备课，它以语文教学为核心，向师生生活的方方面面辐射，既包括写在备课笔记上的有形教案，更指融入教师心田的无形教案。写教案绝不等于备课，备课也绝不等于写教案。在课程改革大背景下的语文备课，不仅要备教材、备学生、备方法，更重要的是备理论、备生活。对语文教师而言，有形教案固然有用，但更重要的是把课备进自己的心灵深处。

综上所述，备课，无论从教材、学生的角度，还是从教法、学法的角度，都有值得探究和一直钻研的价值，它是教师永久学习和创造的源泉。备课是为了上好课，而不是为了写教案。备课是一个老师的良心、责任心、文化底蕴、教学能力的综合体现。在备课中，教师钻研的心血和汗水，构建出具有个性特色的教学方案，然后教师在个性化解读的基础上实施个性化教学。从这个意义上来看，愚以为不应该给备课限定框架模式，也不应该要求所有教者千篇一律，甚至优秀的课案也是不能拷贝的，而应该大力提倡有创意的、独特的备课风格，使教师的备课和课堂教学更鲜活起来。

备课：实现自我通灵教材的奇妙历程

浙江省宁波市高新区实验学校　罗树庚（特级教师）

下面，我想就"教师在上课前的教学准备"谈点自己的经验。也许这些经验与"备好一节课"有点远，但我觉得这是语文教师教学经验的积累、积淀，同样重要。

一、在生活中积累

（一）做个有心人，广泛收集资料

一位哲人曾经指出：语文学习的外延与生活的外延相等。对于从事着母语教育的语文教师来说，不仅要教育学生懂得"生活中处处有语文"，而且自己也要努力做一个有心人——时时处处想着语文教学。不论是外出学习、考察，还是旅游，我都不忘收集一些富有特色的小纪念品，拍一些与教学有关的照片等。北京香山的红叶、海边的贝壳、绍兴的小毡帽、南京的雨花石……这些东西收集着，没准哪天上课就能派上用场。

记得有一次到黄山旅游，我被一本《黄山摄影导游》吸引住了，精美的图片，配上简短的解说，就像一本精致的"小人书"。这是上《黄山奇石》最好的补充资料。我一下子买了二三十本。后来在教学《黄山奇石》这篇课文时，它不仅成了学生的课外阅读拓展材料，而且成了我激励孩子们的奖品，孩子们在学习这篇课文时，特别入情，教学效果更是不言而喻。

为了充实自己的信息，我的另一个爱好就是"剪贴"。每当在报纸、杂志上看到好文章，我都会把他们裁剪或复印下来，然后分类粘贴到我的剪贴本里。在我的书房里，我分门别类地整理了许多剪贴本：适合儿童阅读的短小精悍的精品文、与教科书有关的珍贵资料、社会见闻、重大事件，等等。

语文课本中有一篇经典课文《飞夺泸定桥》，文中插图画的是红军战士冒着敌人的枪林弹雨以及敌人点起的熊熊烈火攀着铁链冲锋的场面。泸定桥仅仅剩下 13 根铁链，红军战士竟然不用攀扶，有的手握双枪，有的一手拿枪一手在扔手榴弹。上课时，学生们对插图有所质疑。我适时地拿出了自己平时读报时看到的一则资料《我趴在木板上爬过了泸定桥——长征老人钟发镇再忆红军情》，"'我趴在木板上爬过了泸定桥。'……'泸定桥对我是个艰苦的考验。桥高水急，湍急的水声震耳欲聋，一站到桥面上，铁索桥就晃个不停，让我晕头转向。而且，我个子小，抓不牢桥两边碗口粗的护栏。我吓得心扑通乱跳，只好闭上眼睛，趴在先头部队铺好的木板上，像蜗牛一样爬着过了桥。'……"（详见 2005 年 4 月 19 日《宁波日报》）学生们在阅读了相关资料以后，对插图发表了各自的看法，懂得了对权威不能迷信，要敢于质疑但要注意收集有力证据。

（二）博览群书，充实自己

于漪老师说："眼睛如果只盯着一本教科书加一本教参，思路打不开，教起来就会捉襟见肘，学起来就会索然无味……"朱永新教授在他的著作《我的教育理想》中说："我心中的理想教师，应该是一个勤于学习、不断充实自我的教师。勤于学习，充实自我，这是成为一名优秀教师的基础。一个理想的教师，一个要成为大家的教师，一个想成为教育家的教师，他必须从最基础的做起，扎扎实实多读一些书。你不读《论语》、不读陶行知、不读杜威、不读苏霍姆林斯基，恐怕很难成为教育家。"大量的、有品位的课外阅读是提高语文学习的不二之法，可是，如果教师自己是厌恶读书的，他又怎么可能有兴致有激情作为榜样去督促和影响学生读书呢？他又怎么可能有足够的能力去深入课文，挖掘课文，并把课文的美传递给自己的学生呢？如果一个教师忙到没有时间去读书、思考，那都是在挥汗如雨经营那无本之木、无源之水。所以，我觉得要当好一名语文教师，就要博览群书，不断更新自己的知识，做一个终身学习者。这些东西看起来距离备好一节课很远，其实，它是备好课的坚实基础。

浙江版小学语文教材中有一篇课文《两块银元》。这篇课文主要写的是解放战争时期，刘伯承司令员和邓小平政委住在农民孙老汉家，有一次，孙老汉给两位首长倒茶时，不小心把茶壶打碎了。两位首长主动承担责任赔孙老汉两块银元，孙老汉不肯收，让老伴把银元缝进了刘司令员的衣领里，刘司令员和邓政委又派人把银元送还给孙老汉。文章反映了两位首长关心群众、严守纪律，同时也反映军民的鱼水之情。这类题材的文章就像珍珠般散落在描写伟人的书籍中，因为平时我比较注意阅读收集，因此，备课时，我就很自然地想起了描写任弼时的《一张芦席》和描写陈毅的《陈毅拜年》。教学时，我适时将这些题材相类似的文章补充进来，进行链接拓展，不仅拓展了学生的阅读，而且加深了学生对课文的理解，对伟人的认识。

二、在实践中探索

（一）通读教材，俯视教材

语文课程标准指出：加强语文课程与其他课程以及与生活的联系，促进学生语文素养的整体推进和协调发展。教育是个系统工程。作为教育工作者，我们既是系统中的部分，又是一个系统的负责人，只是系统的大小不同而已。我比较喜欢用哲学的观点来看待和思考自己的工作。我觉得当一名教师，要备好课，一定要有系统的思想、全局的观念，要站在系统的高度来审视眼前要完成的教学内容、教学目标。因此，我非常注重利用寒暑假通读教材，这是备课的重要环节。通读教材有利于掌握教材的编排体系，有利于合理安排语言训练，有利于融会贯通地审视一册、一个单元、一篇课文的教学。除了通读小学阶段的语文教材外，我还采用浏览的方式阅读初中语文教材以及其他学科的小学教材，特别是和语文教学关系比较密切的品德与生活、品德与社会、科学教材。

（二）利用网络，借鉴经验

信息时代网络资源的丰富性为我们备好课、上好课提供了强大的保障与支持。在备课过程中，广泛浏览相关信息，筛选自己认为有价值的教学设计、案例、资料、课件等。闭门造车的时代已经一去不复返，我们只有在广泛了解相关信息的基础上，才能更好地把握教材、处理教材、设计教学方案。尽管浏览信息、筛选信息会花费教师大量的时间，对于教学工作繁忙的一线教师来说，甚至有些不现实，但这是成就专家型教师必须经受的"炼狱"。

《五月端阳》是浙教版第十册的一篇课文，文章主要对端午节的习俗进行了介绍，分姑娘们做香袋、小伙子们赛龙舟、妇女们包粽子和老人们讲屈原的故事等几块内容。文章想告诉读者：在我们欢度喜庆、祥和的美好传统节日的同时，不要忘记那些一心为国家、时时处处想着百姓、像屈原那样的先辈。

备课时，我感到难以找到一条比较鲜明的主线，提纲挈领地组织教学。如何找准切入口，有效地实施教学呢？依托网络，我把相关的教学设计、背景材料等都进行了搜集、整理和阅读。有的教师设计了以向联合国教科文组织申报"端午节"为我国文化遗产的方式，组织教学；有的教师则把重点定位在缅怀屈原上……通过反复比较，我从"香——响——想——祥"（即：姑娘们做香袋散发出的是一种怎样的"香"呢？妇女们包粽子弥漫的是一种怎样的"香"？小伙子们赛龙舟充满了怎样的"声响"？老人们讲屈原的故事是怎样的"想"？）切入设计教学。课上下来取得了非常好的效果。下面摘录部分教学设计片段：

1. 谈话导入。

课前谈话：我们伟大的中华民族有着五千多年的悠久历史。在这五千年的历史长河中，形成了一些具有中国特色的传统节日。你们所知道的中华民族的传统节日有哪些？

上课后，我启发学生：再过二十来天，我们就要迎来端午节了。端午节是农历几月初几？端午又叫端阳。端午节，我们宁波有哪些习俗。

师：今天我们要提前走进端午节，去看看课文里向我们介绍了哪些习俗。请同学们自由读课文，边读边思考。动笔填一填课后习题三。学习速度比较快的，可以把你填的写到黑板上。在自学过程中，看看你还有什么感到比较生疏的或不懂的，等会儿提出来。

2. 学生自学课文。

（1）画出不理解的词语或句子。

（2）思考课文里向我们介绍了哪些习俗，并填表。

3. 师生交流。

（1）解答疑问。

（2）在端午节里，人们都要做些什么呢？（姑娘们缝香袋、妇女们包粽子、小伙子们赛龙舟、老人们讲故事）

提问：这些就是端午节的习俗？老师觉得，你们好像还漏了一个很重要的习俗。（门上挂菖蒲、艾草）你能根据板书，用自己的话简单地说说这篇课文的主要内容吗？

（3）再读课文，说说你从端午节里体会到了什么。（欢乐、吉祥、思念、快乐等）

（4）端午节，家家户户挂菖蒲、艾草，整个村子、整个城市都散发着——香。

（5）昨天，老师拿到这篇课文反反复复地读，端午节的每个习俗都给我不同的感受。这些感受可以用一个和"香"同样读音的字来概括。同学们一起商量商量是什么字？（香、响、想、祥）

（6）学生汇报，并谈谈自己是怎么想的。

4. 围绕"香、响、想"深入研讨课文，品味端午节的欢乐和意义。

（1）姑娘们做香袋散发的是一种怎样的"香"呢？你们从这种香中体会到了什么？妇女们包粽子弥漫的是一种怎样的"香"呢？你从这种香中体会到了什么？小伙子们赛龙舟充满了怎样的"声响"？你从这种声响中体会到了

什么？请轻声读课文第三至五自然段。还可以和小组、同桌交流交流。

（2）学生读书、交流，师巡视。

（3）汇报交流。（根据学生汇报顺序，教师随机出示有关段落。）

5. 总结提升。

师：是啊，这诱人的幽香、四溢的浓香、淡淡的清香、响彻云霄的热闹不正是我们伟大民族传统节日带给人们的欢乐、喜庆、祥和吗？当我们在欢度这些美好节日时，我们也不要忘记那些一心为国家、时时处处想着百姓、像屈原那样的先辈。因为有了他们，我们的国家才变得富强、祥和、平安。在即将结束今天的体验前，罗老师想送给大家一份礼物。是什么礼物呢？（师板书画香袋，把板书内容用香袋套起来）对，是一个大大的香袋。希望同学们回去做一做。

6. 作业。

（1）学习缝香袋、包粽子。

（2）搜集有关屈原的故事，讲故事。

（3）把自己喜欢的句子摘抄到积累本上。

借助网络，在广泛学习、借鉴别人成功经验的基础上，我们备的课会更加精彩。

三、在反思中提高

不同的人对好教师的描述各不相同，但有一点是共同的，那就是要学会反思。备课也一样，课后反思是备课的重要环节，也是一个教师走向成功的重要手段。不善于反思的教师，可能有十年八年的教学经验，但不过是把一年的经验重复了十次八次而已。我们可能总是埋怨自己的工作太忙太累，忙得连认真备课都来不及，还有时间写什么课后反思？不知不觉地走入了一种简单的循环往复之中。这种现象心理学称为"磨道效应"：路走了很多，实际却没有走出很远，自身的素质并没有得到长足的提高。而善于反思的教师，他通过总结、反思与持续学习，每节课、每天、每年都会有不同的积累与提高。工作十年就会有十年的经验。

从教 15 年，我体会最深的就是写课后反思。反思自己课堂组织的策略，反思自己课堂中对教材的处理、对学生的即时反应，反思教学目标是否明确、切合实际，反思教学方法是否达到最优化，记录学生课堂中即时生成的问题、理解，等等。每当我第二次执教同一个教学内容时，这些反思都是我进行新一轮备课的重要资料。这些反思也是我提炼教学观点，撰写心得体会、论文和案例的重要的第一手材料。

例如，我上《两块银元》这篇课文时，通过反复研读课文，觉得这篇课文教学的主线应该是引导学生围绕"刘司令员和邓政委要不要赔孙老汉两块银元，孙老汉该不该还银元"这两个问题进行分组辩论。

可是上完这节课后，我总觉得学生在情感方面没有与文本所表达的情感真正达成和谐统一。分组辩论应该是比较适合这篇课文的，而且许多听课老师都觉得课的设计比较新颖，辩论这种形式运用得好。但为什么学生辩来辩去，没辩出个东西来呢？经过课后反思，我终于找到了问题的症结：这节课之所以失败，关键是我对教材理解还不够深，辩论点的选择出了问题。"两位首长要不要赔银元，孙老汉该不该还银元"不是这篇课文教学的重点，这是一个没有辩论价值的问题。有的人认为要赔该还，有的人认为不要赔不该还，其实，双方都有道理。关键的问题是两位首长在这种可赔可不赔的情况下，却选择了赔，而且是主动、坚决要赔。孙老汉在这种可还可不还的情况下，却选择了还，而且是想方设法地还。这才是要引导学生深入研讨的地方。应该让学生抓住描写两位首长和孙老汉的有关语句深入、认真地品读课文："两位首长在这种可赔可不赔的情况下，却选择了赔，而且是那么主动，那么坚决。这是为什么？""孙老汉在这种可还可不还的情况下，却选择了还，而且是想方设法。这是为什么？"

辩论可以作为教学的一小部分，但不是主体，只要粗略地议一议即可。

主体应该是引导学生抓住重点词句去品味、感悟两位首长"主动承担责任，严格遵守革命纪律，关心群众"的高贵品质，孙老汉"关心首长"的军民鱼水情谊。

经过课后反思，我修订了自己的教学设计，在别的班级又重新上了一次，收到了良好的教学效果。学生的认知水平与情感认识都远远好于第一次上课的班级。

朱永新教授多次在演讲中"推销"他的成功"保险"，谁能够坚持每天认真写一篇教育反思，十年后必成大器，否则他赔偿损失。因此，我觉得反思是汲取经验教训的最有效手段，在繁忙的工作中坚持反思，是专家型教师的一个普遍特征。

备课是一种个性化行为，教师在钻研教材的过程中，会根据自己的兴趣、爱好、需求、生活体验和人生经历对教材进行独特的处理、浸润，备课的过程也就是教师实现自己人生价值、赋予教材灵性的过程。关于备课这一话题的讨论以及围绕备课阐明的观点，全国各地的经验有许多，我只是根据自己十几年的教学经历，谈了几点粗浅的认识。

备课前要学会"五问"

江苏省南京市栖霞区教研室　陈道佩（中学高级教师）

备好课才能上好课，才能有效地提高教学质量。备课有道（规律和方法），但无定道（统一的路子）。"凡事预则立，不预则废"，只有在备课前学会智慧地反思，才能在备课时事半功倍。因此，教师备课前应从五方面反问自己。

一、自己的优势在哪里？

要想获取最佳的备课效果，必须在备课前对自己的能力素质进行一次全方位的审视，真正找到自己的优势，认清自己的短处。每个人都有自己的优势，如记忆优势、表达优势、朗读优势、人际优势、年龄优势、表演优势、书法优势、绘画优势、音乐优势等。备课前（尤其是公开课备课前）系统地解剖自己，找出自己的优势，可以扬长避短（不是取长补短）。罗斯金说过："自助是成功的最好方法。"学会自我扬长的人成功的希望就大。如教学《狐狸和乌鸦》时擅长绘画的，就在黑板上画一画；擅长表演的，就带学生演一演；擅长朗读的，就当堂示范读一读……自己的优势不就凸显了吗？苏格拉底有句名言值得我们深思，他说"最有希望的成功者，并不是才干出众的人，而是那些最善利用每一时机去开拓的人"。例如，有位教师教学《二泉映月》时，恰好酷爱音乐的他业余时间刚练过这首名曲，于是灵机一动，上课时对学生们说："老师想把这首名曲拉给同学们听，你们给老师这个机会吗？"于是在学生们的掌声中，这位老师拉出了曲子，不仅感染了学生，也给前来听课的同行留下了"音乐才子"的好印象。所以，教师要努力发挥出自己的优势！

二、自己的方向在哪里？

"教法一年一个样，怎么学也学不像。刚刚学得有点像，谁知来年又变样。"这是时下教师们流传的口头禅。面对千变万化、千姿百态的教海航程，每个人都容易迷航。此时要切记："比知识更重要的是方法，比方法更重要的是方向。"李吉林老师认准的是"情境教学法"；孙双金老师擅长的是"课堂辩论法"；于永正老师拿手的是"课堂表演法"；王崧舟老师出彩的是"情感体验法"……邹韬奋曾说过："无所不能的人实在是一无所能，无所不专的专家实在是一无所专。"

那么，自己应该认准的是什么教学方法呢？自己的奋斗方向在哪里呢？这是我们每个教师在备课前应该反复追问自己的。

三、自己的突破口在哪里？

贝弗里奇说过："认识到困难或难题的存在，可能就是认识到知识上令人不满意的现状，它能够激励设想的产生，不具好奇的人很少受到这种激励。"有些教师常常在备课前会为自己的备课没有新意、没有创意而发愁、焦急、犹豫、彷徨，好像"山重水复疑无路"了。有的甚至暗暗怀疑自己的备课能力。这种症状，心理学上称为"平面徘徊现象"。处方是：赶快聚焦找准某一点作为突破口，争取以点带面。所谓聚焦，就是在某段时间集中进行某一专题或某一方面的研究。比如，研究如何设计"导入语"——须知"好的开头就是成功的一半"；又如，集中研究低年段学生的有意注意时间——如何有效地进行兴趣转移，采用什么方法；再如，专门研究新课标精神下的作业如何设计；还有诸如读的三层次的研究——感读层、理解层、品位层，如何有效地引导学生走进文本和文本对话，"对话型阅读教学"话题的寻找，等等。

雷·怀尔德说过："罗马并非一日造成，成功也非一蹴而就。"

经过长期的多方面多层次多角度的探索，或许，就会像登泰山一样，只要选择好一条道（上山的"突破口"），看准最高的目标（山顶），每爬一节石梯就能领略到一幅美景，就会有所发现；每登一级台阶就能品味到一处乐趣，就会有所收获。最后，当我们登上玉皇顶时，那我们就能真正感受到"会当凌绝顶，一览众山小"的千古诗蕴和美妙境界！这时，自己的教学艺术自然也就能炉火纯青了。

四、自己的创新在哪里？

备课设计，只有创新才有活力。普拉斯说："所谓创新，往往只是将早已存在的东西加以变化。"因此，小学语文教师备课前应当有"三见"：新见、远见、创见。

许多教师十分崇拜名师教案，不是自己在独立钻研备课，而是在"复制"名师的课。但令他们苦恼的是，"复制"的名师教案，用在课堂上效果却很差。这是什么原因呢？教师是一个特殊的职业，其学习与培训需在反复活动中作行为自省与调整的跟进才能见效。事实表明，"教案不能复制出效果"，教师备课不仅要考虑课前的预设，还要预见到课堂的生成变化（尽管许多生成变化是不可预测的）。我们的教师在备《蝙蝠与雷达》时，是不可能想到学生会在课堂上提出："既然蝙蝠夜间飞行靠的不是眼睛而是嘴和耳朵，那么蝙蝠的眼睛是干什么用的呢？"在备古诗《枫桥夜泊》时，你怎么也想不到学生会提出"半夜乌鸦不是睡觉了吗，怎么会叫"这一问题。

因此，教师在备课前要善于浮想联翩，既要备教材，又要备学生，深入钻研教材教法，精心设计每一步教学环节。不能"复制"名师的课，要把别人的东西加以变化，创造性地提出自己的见解。像康德说的那样，"自己思索，自己探索，用自己的脚站着"，使备课教案富有自己的新见、远见和创见。

五、自己的胸襟在哪里？

备课前教师思考的过程就是从狭隘走向广阔的过程。人的胸怀比天大，教师应不断学习新课程理论，把握中国文化和先进生产力发展的方向，努力使自己的思想和国际接轨。这样，我们就能高瞻远瞩、胸襟广阔、视觉开阔；我们的头脑就不会固执，思想就不会僵化；我们就能清楚地知道《大森林的主人》之所以从人教版教材中被删除是因为它不符合"人与自然和谐相处"这一新时代理念；我们就能从《未成年人保护法》的角度，从尊重生命的高度上去理解"赖宁救火"不值得学；我们就能从多元化的角度尊重社会生活的多样性，珍视每一个活生生的学生的灵性和个性；我们就能领悟到宇宙的广袤与无穷，感触到人类心灵的复杂与深邃，感知到现实生活的多样与新奇；我们就能容纳与习惯"一个世界，多种声音"——就不会在教学《三袋麦子》（苏教版）时，在价值观问题上一味地去赞美小猴聪明，夸奖小牛节俭，又囿于成见，理所当然地去批评小猪的贪吃，而应像"土地爷爷"那样在评价时觉得小猪"很会生活和消费"，它和小猴、小牛同样可爱。

有效备课：从教学目标入手

山东省威海市塔山小学　田苗苗（优秀青年教师）

备课是教师在课堂教学之前进行的设计准备工作，它是课堂教学的起点和基础，是课堂教学艺术的重要组成部分。40 分钟的课堂教学上得是否高效流畅，是否大气自如，与课前的备课是息息相关的。从某种程度上说，备课的有效与否，关系到课堂教学的生命力，决定着课堂教学的效率。

备课的重要性不言而喻，但是怎样有效地备课却是大家一直面临的问题。笔者在教学一线从教多年，无论是教学研讨，还是听课评课，都发现教师在备课方面存在着一种误区：备课时往往只关注教学过程或教学环节的设计，或者借用某位名师的教案，直接拿来主义进课堂。虽然也精心上课，但由于教师在课堂上完全不知道"为什么而出发"，最后只能是浮云流水，收效甚微。这种备课现象，追根求源就是教师在备课时忽视或淡化了教学目标的拟定，或者说不知道怎样去确立教学目标。整节课没有明确的教学纲领，自然课堂就失去了生长力和生命力，课堂的有效性也就大打折扣。

所以有效备课，应从教学目标着手。

一、教学目标的重要性

课堂教学是非常复杂的工作。其中备课这个环节，是艰苦的准备过程。要备学生、备教材、备教法，也包括备自己。但在"艰苦"的学习或备课之后，我们就会发现自己对所解读、钻研的知识，由一无所知，到知之甚少，到恍然大悟，到铭记于心，备课的视野就会由点到面、由窄到宽。在这个漫漫的备课过程中，首先出炉的不是教学环节的设计，不是教学方法的取舍，而应是教学目标的拟定。

教学目标包括三个维度：知识与能力、过程与方法、情感态度与价值观。每节语文课的教学都是以知识与能力为主线，渗透情感态度与价值观，并充分地体现在过程与方法中。在备课的过程中，我们应该明确教学目标，只有确定好了科学、明确、操作性强的教学目标，才会有创新、连贯、完整的教学环节设计，才会有教学重点的确立，才会有教学细节的推敲和打磨。也就是说语文课"教什么"要比"怎么教"更重要，教学目标决定教学环节，教学内容决定教学方法，所以第一步是确定教学目标，而后才是针对教学目标确定教学重点，设计教学环节。

二、如何确立教学目标

综上所述，我们知道教学目标是一切教学活动的出发点和最终归宿，对于课堂教学的深度、广度以及教学的长远效应都将起到核心作用。那么，怎样才能正确、高效地拟定教学目标呢？笔者有以下四点思考：

1. 以深度解读定目标

每一篇文本，每一个单元的设计，知识结构都是相关联、成系统的。所以不同的文本，在不同的教师手里，经过一遍遍地研读，就会"百花齐放，各显其彩！"但不论怎样，都不能偏离中心和本质，这就需要教师深入到位的解读。取解读文本来说，我每一次阅读之前，不查看任何评论，不搜索任何与之相关的资料。静下心来努力深入到文本的字、词、句，甚至标点中去了解，去发现。以"读者"的身份思考怎样体现文本的"原生价值"后，还要以"教者"的身份思考怎样体现文本的"教学价值"。这样的阅读过程，是艰难的爬坡。这样做，不让别人的观点左右自己，不带着"现成经验"去批判文本，而是使自己努力成为文章的知己。整个过程中，由于教师不断地研读，不断地浸入，不断地思考，不但会读出课文的情感，读出感动点，找到与学生共鸣的琴瑟，而且对于课文编写的意图、教材的重难点安排都会清晰了然。在对文本的深度解读中，自然会沉淀出自己的思考和价值判断，这有利于对教学目标作出合理取舍、安排。

2. 以学情前测定目标

儿童不是白纸，是特殊文化的携带者。这些逐渐成长起来的学习者，是带着家庭甚至社会的某些"经验"走到学校的。在这个瞬息万变的信息时代，教育者应该能感受到每一个孩子的认知水平是不一样的。因此，在面对不同的儿童时，我们必须改变课堂教学的方式。在拟定教学目标时，就要充分估测到学情，一定要深入了解学生实际，找准学生真实的学习起点，从学生的实际出发进行思考，做到基于学生的经验，"以学定教，因学而导"。在拟定教学目标时可以考虑以下三点：

（1）哪些内容是学生已经掌握了的？

（2）哪些内容会引发学生的兴趣和思维，成为课堂的兴奋点？

（3）哪些内容是重点、难点，需要教师在课堂上点拨和引导？

教师要想对自己的每一节课心中有数，明白哪一处应让学生运用已有的经验学习，哪一处可以强化以往的基础，更重要的是哪一处可以是获得新知识的引线，就要在备课中想学生所想，急学生所急，让教学目标的达成直指学生的内心。这样的课堂上学生才能不断地发现问题、解决问题，始终处于学习主体的地位。

3. 以文本特点定目标

我们在制定教学目标时，一定不能忽视每个单元的"导读"和语文园地的"回顾·拓展"，这样才能全面明确教材的位置、作用、训练点。因为每一个单元的内容有明确的主题，教学目标有重点的提示。每个单元四篇课文还有从精读到略读，由扶到放的学习过程。所有这些训练点，在进行教学目标拟定时都要作充分考虑。

还有课后思考练习，往往就是一篇课文的教学目标，是"编者意图的集中体现"。所以我们教学时不妨以课后的思考题引导学生理解课文，提出一些少而精的能够统领教学全过程的问题，达到举一反三的目的。

以鲁教版三年级上册《给予树》一课为例，课后习题让学生思考：金吉亚为什么在回来的路上"沉默不语"？

对于一篇长达一千多字的课文来说，为什么单单要抓住"沉默不语"这个词语呢？我们一起进入。

"沉默不语"是对小女孩金吉娅神态的描写，那这是什么时候的神态呢？就是在买圣诞礼物回来的路上，金吉娅看着自己手中几十美分一大把的棒棒糖，沉默不语。大家想一想：如果是你，这个时候本来应该给家人买礼物，结果呢，却给一个素不相识的人买了贵重的礼物，给家人买了如此便宜、普通的礼物。这时你的心情会怎么样？是高兴吗？不会太高兴。很难过吗？不会太难过，因为做了一件好事。这时她实际的心理状态是很矛盾的，所以她内心的矛盾表现出来以后就是沉默不语。抓住了这个关键词，通过一系列的品读、探究，就可以完全走进小女孩矛盾、复杂的内心世界去，就能读出文中所蕴含的美好的情感——仁爱、同情、体贴。整篇课文的教学就可通过一个词语提挈全篇，直指教学重点。所以读懂课后习题，就可以帮助我们在拟定教学目标时大胆取舍，进行长文短教。

4. 以课程标准定目标

在拟定教学目标时，我们还要立根课标，把握教学方向。每一个学段的学生在"识字与写字""阅读""写作"等方面应达到什么要求，课程的性质与地位、课程的基本理念、课程目标、实施建议等，我们老师应该具有高度的敏感性和自觉性，应该养成读课程标准的习惯。例如，"初步学会默读，做到不出声，不指读"是语文课程标准中第二学段的学习要求，而不是第一学段的要求。再例如，同样是标点符号的运用，第一学段的要求是认识常用的标点符号，第二学段就要体会句号与逗号的不同用法，了解冒号、引号的一般用法。这里面的"认识"与"了解"，教师拟定目标时一定要注意好"度"的把握。

总之，课程标准是教学的依据、准则。我们弄清楚了、搞明白了，教学就不会偏离正确的方向。我们可以把课程标准中各年段的教学目标复印下来，然后贴在备课本的首页上，作为"教学指南"。经常翻看课程标准，"温故而知新"。

　　教学，仅仅有一种感觉，不够；仅仅写在教案上，更不够。要想实现有效教学，就要找到一个核心词，即教学目标，然后走到文字里面，走到立体情感里面，透过文字的理解，体会到主题的内涵。于是，教学目标就带动了全篇，文字就有了"真正的生命"。有效备课，让我们从教学目标入手吧！

2

创新备课

老师们在同一节课的备课过程中，或多或少都有过这样的体会：第一次备课，通常是拿到教材后，凭着自己的认知水平，对课程标准和教材的理解、分析和挖掘进行备课。第二次备课，则是在查阅参考资料、教学参考书后，对自己的备课进行反思，进一步加深对教材的理解，真正读懂编者对教材的编排意图，把握本学科知识体系，掌握教学要求、重点、难点。第三次备课，则是根据课堂上教学的实践认识和亲身体验，总结上课中的成败得失，再反思总结，实现跳出教材教教材，进行创造性备课，从而达到一种新的境界。

在不断创新的基础上备精品课、设计精品教案，是教师透过教材，对课标、对自己、对学生进行分析，再经过深思、反思后的创造性劳动，对一个教师的教学水平的提高和专业成长，将起到重大的促进作用。

"磨"你千遍也不厌倦

——对《只有一个地球》的三次创新备课

　　我认为，教师只要具有了备课的意识，就时时处处都可以备课，生活中时时处处都有备课的资源。在我的眼里，自己创作的教案更是有生命有灵性的。这正如画家之于他的绘画、音乐家之于他的乐谱、作家之于他的小说、设计师之于他的时装……很多时候，自己创作的教案往往是以溪流、璞玉、小白杨、丑小鸭等意象呈现的。因为是溪流、是璞玉、是小白杨、是丑小鸭，所以它们就有了属于它们自己的成长诗篇和流转旋律。

　　于是，我的《只有一个地球》就有了这样的成长轨迹和生命节律。

一、起——孤帆一片日边来

2003 年 4 月，第一版本的《只有一个地球》的教案出炉。

第一课时：

第一，创设问题情境。

讲述《时代周刊》评选"年度新闻人物"的故事，然后导入本课教学。

第二，初步感受课文内容。

学生自由朗读课文，读后畅谈自己的心情。

第三，了解课文的主要内容。

引导学生初步读悟写地球资源的两段话和写人类别无去处的两段话，然后借助课文的最后一段来归纳课文的主要内容。

第四，回归课文整体。

引导学生将课文的最后一段跟课文的内容、课文的结构、《时代周刊》评选地球为特殊新闻人物等联系起来，说说自己的发现。

第二课时：

第一，创设想象情境。

（课件呈现"地球"图片。）

师： 同学们，这就是我们的地球，这就是人类的母亲。是她，无私地养育着我们；是她，精心地保护着我们。曾经，我们的地球母亲是那样的美丽壮观；曾经，我们的地球母亲是那样的和蔼可亲。但是今天，就在今天，就在科学技术迅猛发展的今天，就在人类生活日益富足的今天，我们的地球母亲却止不住发出了悲惨的哭声。这哭声，是从课文的什么地方传来的呢？

第二，品读重点语段。

1. 从倾听地球母亲哭诉的角度切入，补充《地球上的一天》，引导学生品读第四自然段。

2. 从倾听地球母亲哭诉的角度切入，补充《生物圈2号》，引导学生品读第八自然段。

第三，倾诉读后感。

从向母亲诉说这一角度切入，引导学生写话并朗读，同时播放满文军演唱的《懂你》。

地球，我亲爱的母亲！

……

你的孩子：×××

第四，点题结课。

我讲授的《只有一个地球》首次登台亮相后，我作了以下反思：

第一，将与地球的对话转换成与母亲的对话，这个对话角度是新颖的、独特的。我以为，阅读教学中的对话，基础在教师与文本的对话。倘若教师与文本的对话能够"见人所之未见，发人所之未发"，那么课的成功就有了一半的根基。

第二，以感情为主线构筑对话的流程，避免了常识课的嫌疑。文本中的有关地球环保的知识点成了培植、激荡、融化学生感情的支撑点，课有了活的气韵和美的意境。同时我又体悟到，语文课中"知识与能力、过程与方法、情感态度与价值观"这三维目标的融合，感情是一个不错的平台。许多课文，知识是浸润着感情的知识，过程是流淌着感情的过程，能力因为有了感情才有动力，方法因为有了感情才有灵性。如此一来，感情就成了一个场，融入其中的有知识、有能力、有过程、有方法，当然更有态度与价值观。

第三，补充的两个课外资料典型而具有震撼力，它们既是一种对文本的拓展，又反哺了对文本的感悟。这在拓展阅读的理论上，是一种具有原创意义的概括。从某种角度看，拓展阅读是基于文本、为了文本的，拓的是文本深藏着的意蕴，展的是文本包裹着的内涵。

第四，遗憾的是，这个版本对课文的感悟缺乏层层剥笋似的深入，必要的咬文嚼字、字斟句酌因为缺乏点的开掘而显得过于表面。语文意识、语文味道反而被知性的拓展和感性的激荡给稀释了。

二、承——桃花潭水深千尺

第二版的《只有一个地球》教案，在我经过灵魂的涅槃之后，悄然再生了。我在想，语文味是怎样烹调出来的呢？烹调语文味的油盐酱醋又是什么呢？诵读应该是的，品词应该是的，写话也应该是的。第一版的《只有一个地球》教案，诵读占了它足够的分量，写话也有了它恰当的位置，缺的就是品词了。

品哪些词？为什么要品这些词？

品词里的什么？

怎么引导学生去品好这些词？

品词与感情这条主线怎样融合起来？

品词与知性的拓展怎样结合起来？

品词能否使对课文的感悟层层深入？

此时的我，面对着《只有一个地球》的第二版教案，"欲说还休，欲说还休，却道天凉好个秋"，而心里却"别是一般滋味在心头"。在"品词"的问题的萦绕、煎熬中，直到2003年9月18日，我终于完成了第二版的《只有一个地球》教案，大体思路如下。

第一课时：

第一，创设问题情境。

讲述《时代周刊》评选"年度新闻人物"的故事，然后导入本课教学。

第二，初步感受课文内容。

学生自由朗读课文，读后畅谈自己的心情。

第三，品读第一至四自然段。

1. 用反诘法引导学生品读"很小很小"。（跟茫茫宇宙比、跟浩浩大海比、跟芸芸众生比）

2. 品读"生态灾难"。说说你知道的生态灾难，想象你看到的画面，补充《地球上的一天》。

3. 品读"不加节制"。由这个词你联想到了哪些词？

第四，读悟课文最后一段。

1. 面对生态灾难，作者是怎样呼吁的？（读最后一段）

2. 面对生态灾难，《时代周刊》是怎样呼吁的？（读最后一段）

3. 面对生态灾难，我们又该作怎样的呼吁呢？（读最后一段）

第二课时：

第一，创设想象情境。

（课件呈现"地球"图片。）

师：同学们，这就是我们的地球，这就是人类的母亲。是她，无私地养育着我们；是她，精心地保护着我们。曾经，我们的地球母亲是那样的美丽壮观；曾经，我们的地球母亲是那样的和蔼可亲。但是今天，就在今天，就在科学技术迅猛发展的今天，就在人类生活日益富足的今天，我们的地球母亲却止不住发出了悲惨的哭声。这哭声，是从课文的什么地方传来的呢？

第二，品读第五至八自然段。

1. 品读"40万亿千米"，猜想：时速为1万千米的宇宙飞船要飞多久？

2. 品读"移民基地"，补充《生物圈2号》。（播放课件）

第三，再次读悟课文最后一段。

1. 面对生态灾难，作者是怎样呼吁的？（读最后一段）

2. 面对生态灾难，《时代周刊》是怎样呼吁的？（读最后一段）

3. 面对生态灾难，我们又该作怎样的呼吁呢？（读最后一段）

第四，倾诉读后感。

从向母亲诉说这一角度切入，引导学生写话并朗读。（播放满文军的《懂你》）

地球，我亲爱的母亲！

……

你的孩子：×××

执教第二版的《只有一个地球》后，我作了以下反思：

第一，咬文嚼字、浓墨重彩的处理，终于炮制出一堂语文味十足的课来。单就"生态灾难"这一看似貌不惊人的词语，就大有点石成金的味道。"生态灾难"一词，平平淡淡的四个字，却写出了《只有一个地球》的全部忧患和震撼。但如果不加品味，其中的信息、形象、情感、意蕴是难以生成的。怎么品？一是调取积累以丰厚信息，让学生说说自己了解的某种生态灾难；二是展开想象以彰显形象，让学生说说随着生态灾难的降临，仿佛看到了怎样的画面、怎样的情景；三是拓展背景以激荡感情，通过教师声情并茂地朗读每天发生在地球上的污染数据，激起学生的情感共鸣；四是奇特联想以强化语感，让学生说说现在读着"生态灾难"四个字，它们仿佛变成了什么。正是字词句篇将语文和人文牢牢地连在了一起。

第二，对地球、对人类的忧患和珍爱之情依然让人荡气回肠。感情依然是那样鲜明、那样执著地成为第二版《只有一个地球》教案中最亮丽的一道风景线。有所不同的是，这一版的感情更深地植根于语文这片广袤而肥沃的原野上。学生的感情是在品味和咀嚼文本的重点词句后油然而生的，不表面、不架空、不做作。而教师充满着强烈的抒情色彩的话语风格，也为课堂上诗化情感场的营造提供了强有力的支架。

第三，相比第一版的《只有一个地球》教案，第二版对第一至八自然段的处理，采用了相对集中、层层深入的板块策略，避免了第一版由于分散感悟、螺旋递进带来的不必要的重复和烦琐。而对课文最后一段的感悟，则采用了一唱三叹、螺旋上升的复沓回环结构，大有"余音绕梁，三日不绝"的课堂韵致。

第四，问题呢？我茫然四顾，却只见"竹影扫阶尘不动，月穿潭底水无痕"。等着瞧吧！

三、转——惊风乱飐芙蓉水

转的机缘终于来了！正当我茫然的时候，我偶遇上海师范大学的吴立岗教授。吴教授的"阅读教学中质疑问难和感悟积累的关系"的观点，对我很有启发，如"要辩证地理解感悟和质疑的关系""要在阅读教学中腾出时间让学生质疑问难""感悟和质疑的安排，要因文而异、灵活处理""要教给学生质疑的方法"……

思考中，第二版《只有一个地球》教案的问题就这样被我发现了：悟则有余、疑却不足，正是大问题所在。两个课时，纯而又纯的感悟，看似通达，实则平庸。我猛然想起了清人唐彪的话："凡理不疑必不过悟，唯疑而后悟也。小疑则小悟，大疑则大悟。故学者非悟之难，乃疑之难也。"学生在课堂上能主动质疑，不正是一种"惊风乱飐芙蓉水"的课堂审美意象吗？它们溅起的是一圈圈思考的涟漪，是一层层好奇的波纹，是一朵朵才情的浪花。说来惭愧，我自1998年任教以来，大大小小上过500多节公开课，却从未上过质疑型的语文课。对感悟型的语文课可谓驾轻就熟、游刃有余，但也大有"青山依旧在，几度夕阳红"的感喟了。我突然产生了试一试质疑型语文课的冲动。说不上为什么，也许是静极思动、物极必反吧。第三版的《只有一个地球》教案，就这样被催生了。

第一课时：

第一，创设问题情境。

讲述《时代周刊》评选"年度新闻人物"的故事，然后导入本课教学。

第二，初步感受课文内容。

学生自由朗读课文，读后畅谈自己的心情。

第三，深入感悟课文内容。

1. 学生自由读课文，画出带给你这种心情的文字。

2. 组织交流，根据学生的发言，随机抓住下列几点引导学生深入感悟：

(1) 人类活动的范围就很小很小了。

(2) 但是，如果不加节制地开采，地球上的矿产资源必将越来越少。

(3) 造成了一系列生态灾难，给人类生存带来了严重的威胁。

第四，读悟课文最后一段。

1. 面对生态灾难，作者是怎样呼吁的？（读最后一段）

2. 面对生态灾难，《时代周刊》是怎样呼吁的？（读最后一段）

3. 面对生态灾难，我们又该作怎样的呼吁呢？（读最后一段）

第二课时:

第一,激发质疑兴趣。

古人说过:读书贵在有疑。小疑则小进,大疑则大进,无疑则不进。读书,一定要学会主动提出问题,自主解决问题。但是,也不是随便什么问题都有意义。读书的时候,一定要注意两点:一是要提真实的问题;二是要提自己确实难以一下子解决的问题。

第二,引导学生自主质疑。

学生默读课文,发现并提出问题。(限6次提问)估计学生的问题有:

1. 为什么说地球是人类的母亲、生命的摇篮?

2. 为什么说地球像一叶扁舟?

3. 为什么说地球是渺小的?

4. 为什么要用很小很小来形容人类的活动范围?

5. 前面说地球所拥有的自然资源是有限的,后面又说这些资源可以长期给人类作贡献。这样不是矛盾了吗?

6. 到底是怎样的威胁呢?

7. 40万亿千米之外有没有适合人类居住的第二个星球呢?

8. 为什么说建造移民基地是遥远的事情?

9. 为什么说地球太容易破碎了?

10. 宇航员为什么会发出这样的感叹呢?

……

根据学生的问题,教师随机点拨:哪些问题书上没有答案、哪些问题之间有联系、哪些问题需要重点思考……

第三,引导学生自主释疑。

让学生选择最感兴趣的一个问题读书并寻求答案,组织学生汇报,在随机汇报中引导学生深入感悟以下几点:

1. 为什么说地球太容易破碎了?

2. 为什么说地球是人类的母亲、生命的摇篮?

3. 为什么人们要随意毁坏地球资源?

以上问题可以通过引导点拨,让学生的注意力集中到对课文第四自然段的感悟上去:

1. 读第四自然段,想象自己看到的画面。

2. 补充《地球上的一天》。

第四,倾诉读后感。

从向母亲诉说的角度切入,引导学生写话并朗读,并同时播放班得瑞的《夜曲》。

地球,我亲爱的母亲!

……

你的孩子:×××

反复修改后得出第三版的《只有一个地球》教案。以后我又多次试讲,并有一些细节上的改动。以下是我的反思。

第一,第三版的《只有一个地球》教案,将当前阅读教学最典型的两种模式即感悟型和质疑型融为一体,这对自己是巨大的超越。从一定意义上说,所有阅读教学模式都可以放在感悟型和质疑型的坐标系中加以考察。感悟型的阅读教学是一种以感性、感受、感情为基本取向的教学,质疑型的阅读教学则是一种以理性、理解、理智为基本取向的教学。这两者在阅读教学中既是对立的又是统一的,它们在阅读教学中的地位和作用都是不可替代的。两者是互补的,需要求得平衡。抓住了感悟和质疑这两个维度,我们就可以变换出千姿百态、气象万千的阅读教学模式。

第二,过去我之所以不敢上质疑型的课,是因为存有这样几个担心:①学生的质疑是无限的、无底的,课堂却是一个常量,两者的矛盾如何调节?②学生一旦放开来质疑,教师很容易被学生的问题牵着走,教学目标和教学重点如何保证?③带有强烈的理性色彩的质疑教学,很容易导致语文感性和感情的失落,滑向情节分析的泥坑,如何保证语文感性和感情的洋溢呢?④一旦教师被学生的问题牵着走，课堂教学节奏必将走向松散拖沓，课堂效率怎样提高呢？第三版的教案，我自以为比较好地解决了上述几大问题，我的应对之策是：①限制学生提问的数量，一堂课由一开始的 15 个提问调整到后来的 6 个。②课堂上引导学生梳理问题，告诉他们哪些问题书上并无答案、哪些问题研究意义不大、哪些问题值得认真思考，同时教师要敏于发现学生的质疑与教学目标和教学重点的内在的、隐含的联系。③问题的解决不能就事论事，不能满足于答案的呈现。要把问题当作诱饵，引导学生去深入感悟语言文字背后的种种形象、感情、意境、气韵，还语言以画面、声音、旋律，赋予语言以呼吸、心跳、体温。④教师要以自己的教学经验和教育智慧，根据学生五花八门的问题，动态生成新的教学结构、教学模式、教学策略、教学节奏，确保课堂上科学适度的教学效率。

第三，在文和意的转换过程中，需要"象"这一中介。像《只有一个地球》这样的课文，因其以叙述和说明为主要表达方式，其话语风格是准确、凝练、理智、沉静的。学生要解读这样的话语风格，困难很大。理解这样的"文"，难在文的深层意蕴而非表层意思，尽管"意思"和"意蕴"都属于"意"的范畴。我这里谈到的"象"，有形象、表象和想象的多重含义。"文"若不经过"象"的转化，其内含的意蕴是很难为学生所感悟和理解的。第三版的《只有一个地球》教案，其中有较多的"披文以显象，显象以悟道"的环节，引导学生将语文文字还原、再现、想象成各种情节之象、场面之象、情绪之象、细节之象、环境之象、物体之象……从而去感悟文中的意蕴。然后再走一个来回，由意通过象再回到文义上来，从而使学生更真切、更敏锐、更深刻地把握文义。

这一回，我有种脱胎换骨的感觉。

四、合——欸乃一声山水绿

磨了那么多遍的《只有一个地球》教案，是否什么都被磨去了呢？总有一些被沉淀下来了吧？我究竟是凭着什么去磨的呢？磨的背后，潜藏着一种怎样的意识呢？思考中，我想起了艾青的诗句："为什么我的眼里常含泪水？因为我对这土地爱得深沉。"是的，我一直在追寻语文教学中"欸乃一声山水绿"的境界。语文、语文课堂、语文教学，是我心中永远的山水。

1. 这是一片闪耀着人性光辉的山水

《只有一个地球》本是一篇纯粹的科学小品文，地球本是一个纯粹的星球，尽管它美丽壮观。但是，在我的课上，《只有一个地球》已经不再是一个纯理性的文本，我力图和学生一起，借着文本的指引和召唤，去触摸作者的那颗滚烫而焦灼的心；地球已经不再是地球，地球是人类的母亲，是可爱、可亲、无私、慷慨的母亲。于是，与文本的对话成了与作者的对话、与母亲的对话。于是，我和学生一起惭愧着作者的惭愧、担忧着作者的担忧、愤慨着作者的愤慨、呐喊着作者的呐喊；于是，在学生的眼里，地球是一位穿着白蓝两色的纱裙、身材苗条、步履轻盈的母亲。随着对话的深入，学生能感到，母亲变了，变得面容憔悴，变得愁眉不展，变得伤痕累累。随着沟通的拓展，人们后悔的心情产生了，心痛的感觉找到了，幡然醒悟的滋味尝到了。这不是人性又是什么？

2. 这是一片洋溢着感性气息的山水

在我的语文课上，没有琐碎的要点分析，没有干瘪的内容概括，没有机械的逻辑演绎。课堂上听到的是洋溢着感性气息的话语："轻声读书，用心体会，看看哪儿打动了自己，碰响了心底的哪根弦儿。""大家边听边看，用自己的心去看，要看得真切、看得仔细。""受伤的母亲，苍老的母亲，青春不再的母亲！此刻，我们重温她昔日的美丽，心情还会像当初那样轻松吗？""其实，我们什么都不用说了。面对地球母亲哀伤的眼神，我们，作为她的孩子，又该如何应答呢？这是每个地球的孩子都必须直面的问题啊！"我的课上，以形象为径、用感情作舟，在语言和意蕴之间架设起对话的通道。老师的话语激起的是学生无限的想象、无尽的心痛、豁然开朗的顿悟、情思勃发的智慧，课堂上始终洋溢着浓浓的感性气息。

3. 这是一片彰显着个性色彩的山水

都说语文是人的自由精神的载体，是人的精神家园。在我的课上，这种自由个性的抒写力图让其浓烈起来、真切起来。语文教育要重视精神的熏陶感染。但熏陶感染不是强行灌输，而是要唤醒、激励和鼓舞学生去自信地学、自主地学、自觉地学。情要自己在读中感，理要自己在读中悟，法要自己在读中明。作者的语言以及语言要传递的内涵，自会调动学生已有的生活积累和情感体验。在学生与文本的对话过程中，学生通过读书，视通万里，思接千载，对作者的认识、思想、情感、追求、人格、志趣、品位等，或认同，或发问，或共鸣，或陶醉，这都是生命与生命之间的平等交流。那是学生用心在说，用情在说，用自己对地球母亲全部的爱在说。没有做作，没有矫情，天真烂漫，浑然天成。

"趣"与"新"，"情"与"活"

——结合三教《海上日出》兼谈预设与生成的效果

北京师范大学实验小学　　陈延军（特级教师）

综观语文阅读教学，我们不难发现，步履维艰的多年阅读教学曾给我们带来多少不解、多少窘境，又给我们带来多少思考、多少顿悟。我们从知道的不多到知道的很多，从迷惑不解到朦朦胧胧，从若有所悟到渐渐清醒。其间，随着从教学大纲到课程标准的渐变，语文阅读教学也开始逐渐趋于完善，走向成熟。本人也和大家一样，是站在改革潮头的弄潮儿，是语文阅读教学一起走过的见证者。本文借《海上日出》的教学来谈点新的感受。

本学期此课我教了三遍，第一遍是在本校督导课上上的，第二遍是在海淀区巨山小学的约请下上的，第三遍便是在北部新区骨干教师培训班上上的。地点不同，每次都有新的感悟。在"简简单单教语文，本本分分为学生，着着实实求发展"（全国小语会理事长崔峦语）的前提下，遵循汉语言的规律，明白一个"准"字，激发一个"趣"字，牢记一个"新"字，抓住一个"情"字，铸就一个"活"字。

一、明白一个"准"字

"准"就是把握准教材，吃透教材。我们通常说理解教材要有深度，若没有深度，教学时任由老师怎样变换方法也是没有多大效果的，犹如蜻蜓点水，学生的理解也会搁浅。

《海上日出》是现代著名作家巴金先生的一篇散文。通过对海上日出情景的描写，表达了作者热爱大自然和追求光明前程的思想感情。五四运动后，出生于四川成都一个封建家庭的巴金开始接受新思想，萌发了"离开家庭，到社会中去，到人民中去，推翻现在的社会秩序，为上辈赎罪"的进步思想。1923 年 5 月，巴金离开家庭到上海求学，目睹公园前"华人与狗不得入内"的告示，目睹黑暗社会外欺内患的惨状，更加意识到：国家需要主权，人民需要自由。1927 年 1 月 15 日早晨，巴金同几位有志青年乘船从上海出发，2 月 20 日到达巴黎，在海上历时 37 天。在漫长的旅途中，巴金常常清晨起身凭栏观看日出。于是文中有"为了看日出，我常常早起"的说明。在浩瀚无垠的大海上，光芒四射的红日喷薄而出，这自然界的伟大奇观深深地打动了他，使他看到了光明和希望。巴金在写《海上日出》这篇文章的前几天曾说过："我看见了种种人间的悲剧，在这里我认识了我们所处的时代，在这里我身受了各种的痛苦。我挣扎，我苦斗……我下决心做一个社会运动者，要用人群的力量来把这个世界创造，创造成一个幸福的世界。"《海上日出》充分体现了青年时代巴金的进步思想和政治信念：新社会要到来，光明要把黑暗驱逐干净。

这就是巴金写就《海上日出》这篇文章的背景。根据写作背景，我们再来审视原文，就会发现"这不是很伟大的奇观么"是全文的魂，是统领全文的"宗"。"文不离宗"，全文就是围绕这个"宗"来展开叙述描写的。分析教材，吃透教材，不能脱离时代大背景。这是备课必须考虑的。"以意逆志"是阅读教学的根本依据，意思就是教学中，教师要引领学生凭着自己的经验情感去揣摩、猜度作者的思想情感。我们做教师的和学生一道距离作者的心境越近，课文的理解就越深刻，所得就越多，阅读质量就越高。

二、激发一个"趣"字

兴趣是最好的老师。教《海上日出》这课时，我始终把兴趣当成第一大重任。从开始的谈话，到读课文、理解、感悟，都紧紧抓住"趣"字，使学生对课堂周围的环境，包括一切教学资源以及非教学资源产生兴趣。如，开始谈话，从老师的衣着（穿着红汗衫）入手，结合红彤彤的海上日出画面，让学生喜气洋洋地进入学习状态。接着从了解巴金其人其事入手，拉近学生与巴金的距离。这样，学生于惊讶中感受到了巴金爷爷的坚强意志和乐观精神。自然而有意识地引导学生在学习本课后去主动阅读巴金爷爷的文章和书籍。一步步对巴金其人其事产生兴趣，进而为学习与现在的儿童仍有距离的课文打下了基础。

目前，学生在课堂上普遍对朗读课文兴趣不浓、态度敷衍，使教学不能深入。"以读为本"是最好的阅读教学方法。考察阅读教学成功的教师，大都在本人的朗读素养和指导学生朗读上见真功夫。而现在听课堂上孩子们读书背书的味道，千篇一律，众人同声，什么文章都一个味。多见整齐，少见差异，失去了童年的趣味。另外，学生对课文的朗读提不起调子，课上，我就尽力造势，掀起朗读高潮。如在读"一刹那间，这深红的圆东西发出夺目的亮光，射得人眼睛发痛"时，同学们都读不到位，慢慢吞吞的。于是我及时提醒："你读得正确流利，但读的变化还不够迅速。再来试试。""还是不够，谁能再突出变化的迅速？"当学生还是读不出感情时，老师范读引路，让学生扎扎实实过好朗读关。考查学生对于语言文字理解与否，听他的朗读是最直接的方法。好的朗读应是"正确朗读"和"流利朗读"。所谓"正确朗读"就是指能用普通话朗读，读准字音，不丢字，不加字，不读错字，不读错音调，不颠倒字词顺序，不来回重复，不读破词儿，句读分明，能根据不同的标点符号，读出恰当的停顿。所谓"流利朗读"就是指在读的过程中，在正确朗读的基础上，能够连字成词，连词成句，不读破句，不结结巴巴，不破坏文章的表现力，不唱读；能把词和句的关系、意思读出来，能对作品的基调把握准确，让听者听明白；还能读出抑扬顿挫、轻重缓急，有一定的速度，这个速度应尽量接近自己平时说话的速度。总之，朗读标准不能降低，降低了标准，学生就会怠慢朗读。

对情感浓烈的课文，在朗读的基础上进一步引导学生"诵读"。"从前人们读书，多数不注重内容与理法的讨究，单在吟诵上下功夫，这自然不是好办法。现在国文教学，在内容和理法的讨究上比从前注重多了，可是学生吟诵的功夫太少，多数只是看看而已。这又是偏开了一面，丢开了一面。惟有不忽略讨究，也不忽略吟诵，那才全而不偏。吟诵的时候，对于讨究所得的不仅理智地了解，而且亲切地体会，不知不觉之间，内容与理法化而为读者自己的东西了，这是最可贵的一种境界。学习语文学科，必须达到这种境界，才会终身受用不尽。"（《叶圣陶教育文集》第 3 卷）诵读什么时候进行，视教学具体情况而定。一般在阅读理解、讨究完毕之后，学生对于文章的细微曲折之处都清楚了，就不妨训练"诵读"，即"有感情地朗读课文"。所谓"有感情地朗读课文"，就是指读出文章中作者表达的情感和意境，这是朗读的最高境界。在对课文内容有较深的理解后，要能把握作者思想感情发展的脉络，运用声调、音量、速度、停顿等变化，并注意运用适当的神态或表情，生动地表达自己对作品的理解，表达喜怒哀乐各种感情。基本上做到情动于中，而形于外，以言动人，以情感人。指导学生的"朗诵"，要根据学生自己的理解为本，不要教师给一个模式，让学生机械模仿，全班一个调子。提倡个性诵读，反对趋同是朗诵的教学要求。因为各人的感受不同，理解不一，"朗诵"的效果也各异。

"美读"是叶老在"阅读举要"中提到的重要阅读方法。"所谓美读，就是把作者的情感在读的时候传达出来。""这无非如孟子所说的'以意逆志'，设身处地，激昂处还他个激昂，委婉处还他个委婉，诸如此类。""美读的方法所读的若是白话文，就如戏剧演员读台词那个样子。所读的若是文言，就用各地读文言的传统读法，务期尽情发挥作者当时的情感。美读得其法，不但了解作者说些什么，而且与作者的心灵相感通了，无论兴味方面或受用方面都有莫大的收获。"（《叶圣陶教育文集》第 3 卷）"美读"强调在充分理解课文的基础上，用作者当时的情感把文章境界表现出来，但在日常教学中受重视不够，这点在"精讲多读"的前提下是我们要加强的。

《海上日出》是一篇经典的文质兼美的好文章。它意境开阔，文风朴实，自然清新。诵读和美读作品应是不可或缺的环节，所以我每上一次课，都适时地创设学生一遍一遍地不同格调地读的氛围，使"读"贯穿于整节课的始终。

三、牢记一个"新"字

一篇课文，对一个老师来说，可能教过几遍，甚至十几遍，几十遍，如果教学总是走自己原来的路，教学就会失去活力；如果机械模仿，总是重复他人的路，教学就谈不上创新。教学的真谛就在于不断超越自己，超越文本，超越他人，不断创新。《海上日出》我也是教过数遍的，以往，我总是束手束脚，把教学目标锁定在教参提到的高度上，似乎不敢逾越一步。这次，我在北师大版巴金原作的基础上，重新审视北京版教材。让我体会最深的是点明中心的语句只有一字之差：原作是"这不是很伟大的奇观么？"北京版是"这不是伟大的奇观么？"一个"很"字启发了我。正是这个"很"，使得作者眼中的"海上日出"景象区别于一般的奇观，区别于其他自然景物，正是这自然景象使作者联想到了中国的前途和命运，给了巴金以希冀，所以才有了这恢弘之作。也正是象征"光明"的"海上日出"，使文章富有博大精深之神韵。过去我们的教学多停留在赞颂自然的层面上，而今天在语文"人文性和工具性的统一"的性质前提下，只满足于热爱自然的层次上，还远远不能够理解"很伟大"之意。有老师说，孩子小不理解。但不理解不是普遍现象。我三次执教，遇到的三个不同班次的学生，理解程度有所不同。有的学生读书兴趣广泛，体会较深；有的学生开始似懂非懂，但在老师的启发下能有所悟。这使我想起"取法乎上，仅得其中；取法乎中，仅得其下"的真正含义。因此，教师要尊重作者的原始创作思想，营造一种语文学习的大背景，使教学变得大气、开放，记忆尤深。为此，我到文章快要结束时，在学生已经对自然之情体会得较深的基础上，把时代背景介绍给学生，学生们体会到这篇文章不仅仅是在赞美自然，更使作者看到了光明，看到了中国的希望。这种奇观不是一般的黄山奇松、泰山日出、黄果树瀑布、火烧云等，引导学生一遍一遍地重读这句话，使学生读出《海上日出》的奇观气势，感受《海上日出》带给巴金渴望光明的精神力量，使"很伟大的奇观"之内在神韵得以充分挖掘，它使拯救中国的光明火源在学生心田打下了烙印。备课思路在原来的基础上向前恰当地拓展了一步，就显得新了。

另外，北京版教材的思路是突出观察顺序：日出前、日出中、日出后，而这次，我在北师大版教材教参的基础上，仔细体会，分晴朗时的日出壮观景象和两种特殊情况下的日出景象安排教学。为了区分两种景象，我又采取不同的教学方法对待，在讨究晴朗时的日出景象时，采用朗读、思考、体味、鉴赏、吟诵的方式，即引导学生感受日出壮观景象；在讨究太阳躲进云里和太阳透出黑云重围两种异景时，我采用任选一个异景，用"讲述海上日出异景"的形式教学，效果显著，也使教学科学、合理、新颖。

四、揪住一个"情"字

文章本是有情物。任何一篇文章都是作者之情的外在体现。情有大小之别，有深浅之分。生活是创作的基础和源泉。作者有激情才有创作的灵感，才有创作的欲望。我们要引领学生去阅读鉴赏一篇篇作品，理智地了解揣摩作者的情，然后才能用和作者一样的情去感悟语言文字，用真情和语言文字碰撞出火花，引起共鸣。

《海上日出》一课的情不难体会出，应是饱满的、喜悦的、兴奋的、愉快的、激动的、豪放的……所以，从开始的导入，到朗读课文，到鉴赏课文，我们应该始终引领学生以饱满的情绪学习课文。欲做到使学生有情，教师必须先有情。备课时教师就要用情感去备，不能做冷漠旁观之态，自己不被文章打动，教学语言就不可能发自肺腑。教师要学生读得有情，自己先要动情地诵读。这样，教学中教师才可能用有声的语言传情，以饱满的激情带动学生入情。只有师生情、作者情相机融合，阅读效果才是最佳的。上课的过程中，我经常鼓励学生"带着高兴的心情去读""要把喜悦的心情写在脸上"，以此使学生的情洋溢在课堂学习的整个过程中。整节课在情趣盎然的听说读与讨究过程中进行着，互动着，达到教与学的和谐一致。

五、铸就一个"活"字

语文教学的艺术特质，在于"从心所欲不逾矩"，这就是教学的一个"活"字。"活"表现在教学不能"千人一面"，即不能一个教案来回搬用。即使同一人上课，也不能"百课一面"。语文教学最忌平铺直叙，应追求常教常新，要注意继承和发展的关系，在原有备课的基础上扬长避短，在原有基础上唯是求新。这才是教学的真谛，才是教师追求的境界。今年的教学用去年的教案，现在的教学仍用过去的教案，就是不合格的课。时代在变，学生在变，要创设让学生常学常新的"活"的教与学的氛围，这就需要对每一课精心设计，确保对每一个教学环节的处理，对每一句的剖析和欣赏，都灵活自然。另外，教学要在预设的前提下，讲求生成的质量。上课老师要勇于"放下教案，忘掉自己，关注学生"，把精力用在倾听学生的回答上。要善于听出学生回答问题的闪光点，善于发现学生回答问题的不足。尤其对学生说得不好或不完善的地方，要善于纠偏。纠偏的标准是内容的讨究以"宗"为本，围绕"宗"展开思维，表达见解。如，我在教学时，"这不是很伟大的奇观么"这个提纲挈领的"宗"句，反复出现四次，讨究"晴朗的景象"时，应明了哪些地方体味出是"伟大的奇观"，在"讲述异景"时，围绕"伟大的奇观"来讲述，主体分明，魂体相依，这样的教学才言而不散，讲而不乱，才可能达到高效阅读。这点应作为教师的责任。

总之，在阅读教学中，教师要在"整体入手""文不离宗"的前提下，引领学生朗读、吟诵、思考、体味、鉴赏一篇篇作品，让学生充分体验语言文字的魅力，让学生体会到文章蕴含的情和意，在思想、品德、情操等方面受到陶冶。要始终明白一个"准"字，激发一个"趣"字，不忘一个"新"字，牢牢揪住一个"情"字，铸就一个"活"字。这是语文阅读教学应该追求的艺术概括。

巧妙的"二度创造"

——《詹天佑》一课备课谈

浙江省杭州市下城区教师教育学院 张祖庆（特级教师）

2009 年，对于京张铁路来说，是一个特殊的年份，因为一个世纪前的这一年，在铁路史上有着开创意义的京张铁路建成通车。弹指一挥间，京张铁路通车已经有整整一百年了！为了纪念这个特别的日子，北京市政府和河北省政府举行了一系列大型的纪念活动：播放电影、举行展览、发行邮票、举办庆典、重塑铜像……场面隆重而热烈。

事实上，詹天佑修筑铁路这个史实，假如不是因为《詹天佑》这篇课文，今天，又有多少人能够知晓？对于为我们的民族作出过杰出贡献的伟人，却知之不多，这不能不说是一个遗憾。现代著名作家郁达夫说过："没有伟大的人物出现的民族，是世界上最可怜的生物之群；有了伟大的人物，而不知拥护、爱戴、崇仰的国家，是没有希望的奴隶之邦。"由此想到，在教学《詹天佑》这篇课文的时候，我们不能仅仅让孩子们知道詹天佑的"爱国""杰出"，而是要借助文本，让孩子们对这段历史有所了解，进而唤醒他们对伟人的尊崇之情。这种唤醒，不是靠教师告诉，而是通过与文本的对话，让詹天佑的形象矗立在学生的心中。

如果说"教材"是作者的一度创造，那么"教学设计"是教师的二度创造，"课堂呈现"则是师生合作的三度创造。因此，在设计《詹天佑》教学预案的时候，我从以下几点进行了巧妙的"二度创造"：

第一，让孩子以自己的方式慢慢地走近詹天佑。对于这样一个离我们比较遥远的历史人物，我们不要妄想通过一篇课文就让孩子通晓詹天佑，也不要试图让孩子透彻地感受复杂纷繁的社会。我们所能做的，就是按孩子们所处的年龄阶段，结合他们的人生阅历、心理特点，让他们试着对詹天佑和当时的环境有一些了解，有一些感受，并能保持一种探究的动力和浓厚的兴趣，或许这就足够了。我们老师所要做的，便是交给学生一张入场券，指给他们通向音乐会天籁之音的那条路，剩下的，便是让孩子们自己去聆听——让他们以自己的人生经历和阅读积淀不断地认识，去构建和完善自己心中的詹天佑！

第二，丰富文本资源，降低理解难度。《詹天佑》一文描述的年代及事件本身和学生的社会生活距离遥远，如果仅凭文章本身，孩子们很难和詹天佑沟通，也无法真正体味到那种危难中的奋进、成功中的悲壮、辉煌中的辛酸；倘若仅仅局限于课文，抓住课文的词句开掘太多的微言大义，学生是很难与文本产生共鸣的，即便是对"爱国"和"杰出"这两个词语的理解也是甚为肤浅的。这时只有对作者生平事迹，对中国当时被瓜分的情势，对当时清政府的腐败，对帝国主义的恶蛮，对詹天佑在修路过程中遇到的更多的鲜为人知的史实有所了解，才能更全面、更深入地建构自己心中的詹天佑。此外，文中一些建筑上特定项目开发的阐述，孩子理解起来有一定的困难。作为教师，需要丰富文本资源，采用一些符合学生心智发展的方式方法引导孩子去理解，去感受。比如在理解开凿隧道、设计线路等工序时，运用一些简洁的箭头、图示，也许能降低学生的理解难度，从而腾出更宝贵的时间让学生进行读写实践，以充分表达对詹天佑的尊崇之情。

第三，拓展感人事迹，丰满人物形象。《詹天佑》这篇课文，如果从写人这个角度来审视不是很成功，因为人物形象不是很鲜明。教师如果仅仅局限于修筑京张铁路这件事情本身进行开掘，学生对詹天佑的认识只能是浮光掠影。其实，詹天佑伟大的人格，不仅仅体现在修筑京张铁路这一历史事件中。要想让詹天佑的形象在学生心头更加丰满，教师就要立足文本、适度拓展，对教材进行二度开发，构建一个开放的大文本——教材＋声像＋学生自己搜集的材料，进而让孩子鸟瞰式地了解詹天佑的丰功伟绩。之前，有幸看到

《詹天佑》电影，我对詹天佑的丰功伟绩有了进一步的了解，尤其是詹天佑抱病时说的一番话，让人潸然落泪。我想，将这些视频资料有机穿插在教学过程中，也许能弥补文本不够丰满的遗憾，这样学生对詹天佑的认识，也许不再是概念化的"爱国"与"杰出"了。

第四，立足语文本体，追求本色语文。语文课不同于历史课也不同于思想品德课，因此，在上《詹天佑》这课时，我力求做到既大气又细腻——大气的教材取舍，细腻的语言训练。对于一些学生非常难理解的建筑术语，我采用媒体辅助以降低理解难度。而对于文中最能反映詹天佑人格魅力的词句，如"遇到困难，他总是想……"等，则重锤敲打，让学生"沉入词语的感性世界"，与文本进行深度对话，进而体味文本的意蕴，洞察人物的内心，感受詹天佑人格的高尚。而这些，都是在品词析句中，以语文的方式进行的。再如结尾设计的学生对詹天佑说心里话的训练，既是情感的自然流露，又是语言的积累运用。

构建生态课堂实现生命对话

——三教《田忌赛马》的启示

黑龙江省哈尔滨市花园小学　曹永鸣（特级教师）

《田忌赛马》是一篇传统课文，这是一个有关人生智慧的故事，文章以田忌赛马转败为胜的历史故事，揭示了一种科学的思维方式。该文语言平实、说理透彻、文字干净，是不可多得的精品课文，也是在公开课上大家耳熟能详的一篇老课文。从1992年至今，我前后执教多次，每一阶段都因教学理念的不同而产生迥异的教学效果，它们就像一个个脚印，见证着我在实践中的探索，集中反映了我在小学语文教学改革的征途中走过的每一段路。

一、一教《田忌赛马》：解读教材，带着学生走向教案

第一次教《田忌赛马》是在1992年，这是我在花园小学开始我教育生涯的第二年。四年的师范教育，对我而言绝不仅仅是知识的增加，最重要的是给了我从事小学教育不可缺少的人文素养。还记得那时，我们一群师范生整天唱呀、跳呀、读呀、写呀，琴棋书画样样都学，学校文学社、记者团、朗诵小组、合唱队、微机班，只要有活动的地方就有我的身影。毕业后，由于我嗓音甜美，有文艺特长，到花园小学不久就被确定为教学骨干重点培养，非常幸运地有了一次又一次执教公开课的机会。第一次执教《田忌赛马》是一次区级公开教学课，我的教学设计大致分为五部分：

（1）导入课文，介绍文中人物及相关历史背景。

（2）教师范读课文，指导学生学习生字新词，归纳课文主要内容。

（3）学生自读课文，给文章分段。

（4）逐段讲读课文内容，弄清两次赛马的过程。

（5）归纳文章的中心思想。

那时我非常重视教学导语、过渡语、小结语和总结语的设计，每次备课都要反复推敲"台词"，以做到烂熟于心。课堂上我时而提问，时而讲解；学生时而回答，时而倾听。讲到生动处我慷慨激昂，学生也群情振奋。课堂上我千方百计地诱导学生钻到我预先设计好的答案中，来个"请君入瓮"，最后师生"不谋而合"，"圆满"完成教学任务。一节课下来，我口干舌燥。可能是老师们把我的课堂教学当作诗歌朗诵会或讲演会来欣赏的缘故吧，每次公开课后都能听到老师们评价我讲得精彩。

现在看来，那时的课堂气氛虽热热闹闹，但学生缺少自主，我也只是充当教案的执行者罢了。学生是被动听会的，被我讲会的，而不是自己学会的，教师的"一厢情愿"，只突出了"教"的地位，而忽视了"学"的作用，一味地牵着学生鼻子走，是一种虚假的表面繁荣。因为我的教学过程、学生的学习过程充其量是对教材的解读，教材、教参是课堂的"最高主宰"，教案是"上帝"的化身，在这样一种状况下，我和学生都是对教材顶礼膜拜的"臣民"，自然只好"心无旁骛"地读解教材了。

二、二教《田忌赛马》：重组教材，带着教案走向学生

如何变讲为导？带着这个问题我翻开了《学与教的心理学》（皮连生著）一书，理论学习使我认识到，课堂教学是一个动态的过程，是教与学相互作用、同步协调的过程。巴班斯基的"教学过程最优化"，追求低耗、高效、整体结构优化的现代教学理论，让我深刻认识到"课文无非是个例子"，因此，应把每一课看作是对学生进行语言训练、情感陶冶、创新意识培养的载体。教学设计应该从整体着眼，精选训练点，优化课堂结构，通盘考虑影响教学过程的各个要素，使语言文字训练由单一型向整体型、综合型方向转变，才能真正提高教学的效率。结合每课的特点，充分利用自己的优势，我在教学

设计中至少落实"五个一"：嚼透一个词、引发一次争论、美读一段话、教会一点儿方法、写一段文章。理论的滋养，实践的体会，把我带入了阅读教学的新阶段。

第二次教《田忌赛马》是在 1998 年。那时"加强学生的主体作用"的提法正在全国范围内被倡导，我的课堂生活也在悄然发生着变化。在学习和实践中，我领悟到教学既要凭借教材，又不能囿于教材。为达成教学目标，要充分发挥教材的"例子"作用，要对教材作适当的重组、拓展和延伸。课堂教学中，我不再对教材进行类似外科手术似的逐句逐段的梳理，变老师提问为学生质疑问难，变老师设计教学流程为师生共同梳理疑问，最后围绕几个问题开展学习活动。由于问题是学生提出来的，我无法再牵着学生的鼻子走，课堂上我的注意力分配从教案转向了学生。教学步骤大致如下：

1. 以学定教

初读阶段：学生自由读书，师生对话交流，确定教学目标。

精读阶段：教师组织讨论，共同梳理疑问，点拨、自悟疑难。

巩固阶段：运用迁移规律，注重个体感悟，产生新的疑问。

我让学生读书质疑，师生梳理疑问，共同确定教学目标；以疑问产生为开端，以疑问的解决为过程，以新疑问的产生迁移至课外，收到了良好的教学效果。

2. 以读导读

如果说"以学定教"确保了学生主体地位，那么"以读为导"则确保了教师主导作用的发挥。在教学过程中，我以学生质疑问难产生的问题为"经"，以读书实践活动为"纬"，引导学生反复读书，学生经历了"读准""读通""读熟""读会""会读"的全过程，读出了语感，领悟了语言规律。

3. 练中悟法

一篇课文中训练点很多，不可能面面俱到，只有依据学情慎选、精选，方可达到"教是为了不教"的理想境界。学习的方法不在"全盘授予"，而应力求渗透，重在感悟。如在教学"胸有成竹"一词时，我没有让学生从正面入手去逐字分析，而是利用教材的"空白点"，引导学生发散想象当时齐威王会说些什么、做些什么，在语言与思维的同步训练中相机点拨，使学生领悟到发散想象也是一种理解词语的学习方法。

现在看来，那时学生的主体地位已经被"唤醒"，这非常明显地表现在课堂上教师的讲问少了，学生读书的时间多了；教师的"权力"减少了，学生的"自主"增多了。

三、三教《田忌赛马》：活化教材，让教案跟着学生走

第三次教《田忌赛马》是在2001年。语文课程标准发布后，哈尔滨市掀起了学习新课标的浪潮。用老教材实践新课标，把老教材上出新意来，让老教材的教学设计在新课程理念的指导下也能熠熠生辉，成为我这次教学《田忌赛马》的基本指导思想。新课程倡导"全面提高学生的语文素养"，"全面提高"既不是对教材的线性梳理，也不是每堂课零打碎敲的训练内容的简单相加，而是综合性言语实践活动的整体推进。为此，我精心创设了四大板块的语文综合实践活动，用学生感兴趣的方式将书本的语言符号世界与学生多姿多彩的生活世界打通，将语文的知识与能力、过程与方法、情感态度与价值观巧妙整合，使学习不再是一种枯燥无味必须完成的任务，而是一种乐在其中的有趣活动，转变了传统意义上教与学的方式，有效地改变了师生的课堂生活。

1. 导读板块：纸牌游戏，初涉文本视界

语文课程标准把转变学生的学习方式，倡导自主、合作、探究的学习方式作为一个基本理念，明确提出："教学内容的确定，教学方法的选择，评价方式的设计，都应有助于这种学习方式的形成。"要想使课堂成为学生自主实践的乐园，而不是人为强制的场所，就必须关注学生的内在需求，从调动学生的探究欲望入手。

在引入新课时，我准备了六张纸牌，分成两组，一组是红牌10、8、5，

另一组是黑牌9、6、3。在讲清比赛规则后，我邀请学生到讲台前边和我玩牌。第一位学生在想赢心理的驱使下选了红牌，他先出，结果输了；第二位学生换了黑牌和我比，结果也输了。面对跃跃欲试的学生，我用挑战的口吻说："比两次了，都是你们输。不服气的同学，你们能不能想办法赢我？"有一个学生举手，说："我持黑牌，可是我有一个要求。"我问："什么要求？""您先出。"他说。"为什么让我先出？""因为按排序对应，红牌每一张都比黑牌大，黑牌要想赢，就得您先出。"这个学生用6对我的5，用9对我的8，用3对我的10，结果以2:1赢了我。面对异常兴奋的学生，我不失时机地引导他们总结自己的发现。有的说："输赢和牌大牌小没有什么关系。"有的说："谁先出谁就难赢。"学生亲历了或输或赢的比赛过程，已经初步感悟到牌的大小与比赛结果的关系以及比赛结果不确定的原因。与学生玩纸牌的游戏情境，把课堂教学的意图和痕迹隐蔽了起来，将传统意义上听、说、读、写的语文活动"异化"为综合性言语实践情境。学生在完全放松的状态下，不知不觉地进入了文本视界。

2. 初读板块：给动画配音，进入文本视界

语文教学要想为学生的终身发展打下坚实的基础，就必须使学生成为"语言的富翁"，尤其是正处于积累语言黄金年龄段的小学生。因此，语文课必须重视学生对范文语言的感悟、积累和内化。

我在第二板块安排了以复述为主的言语实践活动"给动画配音"。课堂上，我播放了田忌和齐威王第一次赛马的一段动画，并煞有介事地说："今天老师给大家带来了一段动画，可惜只有画面没有声音，不知道你们能不能看懂。"有的学生建议："给动画配上解说词吧！"我说："好主意。在正式配音之前，老师建议大家先读读书，然后练习着用自己的话把这段故事讲给你的伙伴听。"

在接下来的配音练习中，学生们遇到了不少麻烦，有的学生一紧张说错了字音，有的学生说话的速度和画面播放的速度不一致，有的学生没能完整地把故事讲完，有的还丢掉了其中的一些细节，还有的几个人合作创造性地为画面配上了锣鼓声、马蹄声……学生在自评与互评中交流着各自的看法和

独特体验，不仅熟知了课文的内容，更内化了课文的语言。

　　3. 精读板块：学生辩论赛，深入文本视界

　　弄清第一场赛马输的原因和第二场赛马赢的方法与道理是本课教学的重难点，要想突破这一重难点，必须引导学生深入读书，才能有所感悟。于是我以"第一场比赛，田忌到底该输还是不该输"为话题组织学生展开辩论。

　　师： 让我们听听双方的意见。请正方同学陈述理由。

　　生： 我方认为，这场比赛田忌应该输。书上说，"齐威王每个等级的马都比田忌的强"。

　　师： 这句话能把它分成三句说吗？

　　生： 齐威王的上等马比田忌的上等马强，齐威王的中等马比田忌的中等马强，齐威王的下等马比田忌的下等马强。所以，这场比赛田忌应该输。

　　师： 正方理由充分，说得很清楚。（反方学生喊："反对，反对。"）让我们再听听反方的意见。

　　生： 我方认为田忌不应该输，因为书上是这样说的，"还是原来的马，只调换了一下出场顺序，就可以转败为胜"。

　　师： 能说说你的理解吗？

　　生： 正方只说了文章的前半部分，而后半部分进行了第二场赛马比赛。

　　师： 你能联系上下文说，真了不起。

　　生： 第二场比赛田忌用他的下等马对齐威王的上等马。（师把黑板上的3和10用线连起来。师插问：用田忌的下等马3对齐威王的上等马10，实力相差这么多，这不是拿鸡蛋碰石头吗？）

　　生： 可以理解为三局两胜。首先，用田忌的下等马对齐威王的上等马，这样田忌先输了。然后，用田忌的上等马对齐威王的中等马，用田忌的中等马对齐威王的下等马，连胜两场，这样就可以转败为胜了。

　　师： 原来用田忌最弱的马对齐威王最强的马，不是拿鸡蛋碰石头，而是战略战术呀。

教学至此，学生已经明白了两场比赛一负一胜的原因，但对"齐威王的马比田忌的快不了多少"这一决定比赛结果的重要条件并没有注意。于是，我又出示了两组牌：红牌10、8、5，黑牌7、4、3。我让学生拿这两组牌代表齐威王与田忌的马，用孙膑的方法对阵，看看结果会怎样。学生反复试验，结果都是黑牌输。

师：不是调换一下马的出场顺序，就可以转败为胜吗？孙膑的办法怎么不管用了？看书上怎么说的？

生：（纷纷举手，争相发言）书上说，"齐威王的马比你的快不了多少呀"（出示在大屏幕上）。现在黑牌最大的是7，比红牌10、8都小，最多只能赢一场，所以怎么比都是输。

师：你能从课文众多的语言信息中提取出最关键的信息，阅读水平真不赖。老师给最后一段话加上了关联词（虽然……但是……反而），请你们再读一读。（生自由练读）看来，"齐威王的马比田忌的快不了多少"是调换马的出场顺序就可以转败为胜的重要条件。

4. 拓展板块：给文中人物写信，拓展文本视界

我在第四板块设计了让学生"以不同的身份给齐威王写信"的情景，并把写信、提建议、分析人物性格和续编故事等多项读写活动巧妙地整合，这是一项融观察、分析、想象、推理、判断为一体的多维度、高效率的思维活动。让学生以不同的身份给齐威王写信，旨在促使学生学会从不同的角度看问题，与历史人物同惊喜、共悲欢，感受个性化体验。

生：齐王，你好！今日看到你与田大将的比赛，我觉得你一定要得到孙膑，不仅江山可保，将来还有望成就霸业。请你把握这次机会，祝你健康长寿。

师：你向齐王推荐孙膑，其实这件事田忌早就做了，后来齐威王也用了

孙膑，你和田忌是不谋而合。

生：尊敬的齐威王，臣孙膑特向大王请罪。臣用调换顺序之计，打败了大王，使大王有失体面，万望包涵。臣平时观察，大王虽然连连出兵作战，但由于军纪不严，所以屡战不胜。臣愿用臣愚智使大王强大。

师：你说齐威王军纪不严，看样子你挺了解他的，你怎么知道的？

生：我在一些书上看到的……

生：我是以他女儿的身份写的。尊敬的父王：最近国事可忙？父王身体怎样？女儿远离他乡，耳闻田忌与父王赛马……其实田忌略施小计使自己转败为胜，希望父王今后做事谨慎一些，这样许多小人就不会从中得益了。祝父王身体健康。

师：你认为谁是小人？

生：我把"许多小人"改成"这些人"。

生：我以齐威王儿子的身份写的。父王：你好！儿臣暗地里偷看了这次比赛。

师：为什么是偷看呢？

生：因为当时跟大臣比赛我怕父王输就躲在一旁偷看……父王输，是因为孙膑在幕后给田忌指点，田忌才转败为胜。儿臣斗胆向父王推举此人。此人乃孙武的后代，当年父王重用孙武，父王得半壁江山，如今父王重用孙膑必将成就霸业也。

生：老师，我斗胆骂了他。

师：先听听你骂得有没有道理。

生：我先尊敬他一下。尊敬的大王，我是观察你和田忌比赛的一个普通百姓，虽然你的每一个等级的马都比田忌的强，但你却没有赢他，让田忌那个小子赢了。我不管你看了这封信生气与否，我还是要对你说，首先你可以规定出场顺序，用上等马对上等马，中等马对中等马，下等马对下等马，田忌就不会赢了。我还是认为你太笨……你还可以采用孙膑的办法，也调换马的出场顺序。只要让孙膑先出，怎么比都能赢。

师：你虽然骂了齐威王，可是话粗理不粗。

生：我以齐威王孙女的身份来写。尊敬的爷爷，我是您的孙女××。（众笑）听说您跟田忌赛马输了，很没面子。您要想挽回面子，我有两计：一是可以保密马的出场顺序，这样田忌就无从下手了；二是可以派人去探听田忌的马的出场顺序，然后调整一下自己马的出场顺序，这样就必胜无疑。

师：也就是说知己知彼才能百战百胜。此计甚妙。

语文课程标准在阅读教学建议中指出："阅读教学是学生、教师、文本之间对话的过程。"它含有两层意思：一个是"学生与文本之间的对话"，另一个是"教师与学生之间的对话"。"对话"的本质不是把一种观点强加给另一方，而是一种共享，共享知识、共享经验、共享智慧、共享人生的意义与价值。当学生以大臣、女儿、儿子、草民等身份，站在各自的立场，从不同的角度与文本展开对话时，对话已经跨越了时空，不仅是和文本对话，而且是与历史交谈，实现了学生的"现实视界"与文本的"历史视界"的融合。对话内容大多充满了儿童的情趣，有的还比较深刻，道出了学生在阅读理解中的独特体验，显示了多元价值取向。

一堂令人难忘的好课，必然会激发起师生个体生命的鲜活。课堂上师生在合作中交流互动，在充满人文关怀的背景下实现生命的成长。这样的课堂是充满智慧的、连接学生生活的生态课堂。在这样的生态课堂里，教师不再是教材的解读者，教案的执行者，而是一个善于创设教学情境、富有教育机智、充满教育智慧的人。生态课堂给予学生的不单单是知识的传授、技能的形成，更多的是学习动机的唤醒、学习习惯的养成、思维品质的提升。为此，教师在课堂上注意力的分配顺序，首先应是关注学生的学习愿望、学习习惯，然后才是语文能力、语文知识；应给学生以紧张而饱满的智力活动空间，使学生能够主动、充分、自由并富有创意地学习。

以生为本，以学定教

——《海底世界》教学设计的三次飞跃

　　教师的教学基于什么来展开，这往往不是读读教参，背背教案就能获悉答案的事情。每一个曾经有过磨课经历的老师都深有感受，以什么来定"教"这个问题需要我们在一遍遍的试教、一次次的修改、不断的连续的磨砺中去寻求解答。我个人认为，好课不是上出来的，而是磨出来的。在磨课的过程中方能参透这个问题的真正答案。下面笔者将联系《海底世界》这一课例谈谈自己在磨课过程中的实践与思考。

一、以文本类型来定"教"

　　《海底世界》是苏教版语文三年级下册的一篇课文。这是一篇科普类课文，以简明的结构和浅显又不失趣味的文字向我们介绍了海洋的声音、动物的活动、奇异的植物、丰富的矿产，把我们带进了一个光怪陆离、奇妙有趣的世界，孩子在阅读时不仅可以获取知识，解答他们心中一直以来对海洋的好奇，同时又可以激发他们探索海洋的兴趣、保护海洋的意识。所以不仅孩子非常爱读这类科学型课文，老师也喜欢教这类课文。这大概就是《海底世界》这篇课文历久弥新，十几年来依然入选现行教材的主要原因。基于《海底世界》的文本特点，笔者在第一次教学"动物活动"这一部分时，十分关注动物们的不同的活动方法，生怕孩子们读不懂什么叫水的反推力，肌肉伸缩是什么样，于是在阅读了大量专业知识，请教了科学老师以后作了如下设计：

1. 同学们自己读读描写动物活动的这个部分，看看这一段一共写了哪几种动物，它们分别是怎么活动的。

2. 你们能各用一个字来概括这些动物各自不同的活动特点吗？（慢、快、退、巴、闪）

3. 动作演示，感受海参行动的缓慢。观看视频，体会梭子鱼行动迅速，深水鱼一闪一闪。实验操作，感受乌贼利用水的反推力后退。合作表演，体会贝类依靠外力活动。

4. 刚才我们用不同的方法了解了海洋动物们的活动特点，你们发现了吗？课文里是怎么把这些动物的活动说得这样有趣的？看看课文中有哪些说明方法。

5. 你们能读好这些句子吗？

不难看出，在这样的设计背后，教者关注到这是一篇科学型课文，把科学知识的渗透、说明方法的使用作为教学的主要内容，所以花费了大量的时间来研究、探讨科学知识。显然，这样的课更像科学课。教者只是在进行科学知识的传授，而忽视了带领学生深入文本的字里行间去体会语言描写之妙。说明方法的感受、语言的品读更是蜻蜓点水，把语文课上成了科学课。其实文体教学并不等同于文体知识的教学。如果教学一篇说明文就是将说明方法和事物进行对号入座，历史故事教学就是关注历史事件，诗歌教学就是走了解诗意—感受诗情—品读诗句的套路，那必将违反阅读教学的规律。

二、以课堂气氛来定"教"

第一次试教总感觉是教师牵着学生的鼻子在走，课堂上听不到孩子的心声，就算是表演、实验环节都是笑场、闹场，孩子没有自我获得。怎么让课堂气氛活跃起来，让孩子在课上动起来、活起来？现代教学理论认为：教学过程既是学生在教师指导下的认知过程，又是学生能力的发展过程。因此教师应把主要精力放在为学生创设学习情境，提供信息，激发学生积极思维上，关键是提高学生的课堂参与度。第二次试教，教者在教学过程中，特别注意充分调动起学生的积极性，创造良好的问题情境和学习氛围，使学生积极主动地参与到教学的整个过程中。依然是教学"动物活动"这部分，这一次作了以下修改：

1. 海洋动物是怎么活动的呢？让我们走进这光怪陆离、奇妙有趣的海底世界。（播放海洋动物活动的视频）

2. 观看了视频，你们有什么不懂的地方？（相机以不同的手段了解这五种动物的活动特点，过程同第一次设计。）

3. 课文中是怎么写的？出示相关语句，圈出关键词，朗读。

4. 真有意思，你们愿意来当这可爱的海洋动物向我们进行自我介绍吗？为了介绍得更好，可以先读读老师给你们准备的资料。（出示事先准备的关于五种海洋动物的补充资料，学生任选一种进行准备。）

5.（结合学生的介绍相机点评，渗透说明方法）老师觉得这位同学介绍得特别好，他把梭子鱼的速度和火车作了比较，这么说好在哪里？

6. 这种说明方法就叫作比较。还有谁能点评其他同学的发言，说说他的介绍好在哪里？（相机板书：作比较、列数字、打比方）

纵观这部分的设计，凸显了一定的层次感，环环相扣，层层递进，一定程度上解决了懂得科学知识、品读语言文字、了解说明方法这几大问题。学生具备了一定的自主性，尤其是在"担当海洋动物自我介绍"这一情境中充分参与，思维能力、处理信息能力、语言组织和表达能力都得到一定训练。课堂气氛轻松活跃，师生、生生多向对话。课后对学生进行了调查，其中有一道调查题是这样的：在学习这篇课文之前，你对海底动物的活动有哪些了解？学完了这篇课文，你能试着用所学会的说明方法来介绍一个你喜欢的小动物吗？调查结果为：有80%的孩子表示许多海洋动物的活动早在平时的阅读和生活中就知道了，另有40%的孩子对于运用说明方法来描写一种动物没有很好掌握。在这个结果面前，教者再次客观地审视自己的第二稿教学设计，看出了这样几个问题：①没有充分考虑学生的已有生活经验和知识储备，大肆宣讲学生已懂的内容，将20%的孩子作为了全部听众，而无视那80%的学生的存在。②在把教育当作重复和炒冷饭的时候竟披上了"自主""有效"的华丽外衣。③更可悲的是，学生竟端坐了40分钟，浪费了40分钟，学了些自己原本就会的知识，而应该学会的却依然不知。面对这样的结果，只有从头再来，这需要勇气，更需要智慧。

三、以学生实际来定"教"

教育是为学生服务的，脱离了学生的实际，教育从何谈起。既然问题出在学情方面，那么教者首先换了一个班，对学生进行问卷调查。调查结果是对于五种海洋动物的活动，学生有的了解，有的不了解，特别是深水鱼和乌贼的活动，98%学生没有看到过。还有在回答"对于海底世界，你想知道些什么？"这一问题时，答案是非常丰富的。面对这份调查报告，教者对学生"已知什么""想知什么"有了充分了解。以此为参考，立足高于学生的教学视野，整合文体教学的需要，新的教学设计也在逐渐明晰：

1. 一读，引导质疑。

（1）读了这一小节，你有什么不理解的地方吗？再来问一问。

（2）让我们带着问题再次潜入海底世界去探索研究。（播放视频，配上解说。）

2. 二读，品读语言。

（1）刚才的问题弄懂了吗？好，那现在就请你向我们介绍自己最感兴趣的一种动物的活动，把它的活动特点介绍出来。

（2）相机指导。

①海参。

●介绍，评价——他介绍出海参的活动特点了吗？谁来评一评？

●他刚刚提供的数字让我知道了海参行动非常缓慢。（相机圈出"每小时只能前进四米"）

●瞧，这一伸一缩的，真慢呀，难怪每小时只能前进四米，四米大概就是从黑板这头到那头这么长，我们几步就走到头了，可是海参却要爬上一个小时，能读出这种慢吗？

②梭子鱼。

●介绍，评价。

●这样一比较，我们就知道梭子鱼游得到底有多快了。（相机圈出"比普通的火车还要快"）能读好吗？

③乌贼和章鱼。

●介绍，评价。

●那什么是水的反推力呢？（相机圈出"水的反推力"）我们再来看看。（播放视频）你们看，章鱼喷水的同时，水也在推着他后退，这就是水的反推力。谁想读？

④贝类。

●介绍，评价。

●你用了个"巴"字（相机圈出"巴"），怎么不用"靠""贴"？"巴"这个字用得多么准确。能读出贝的聪明劲儿吗？

⑤深水鱼。

●介绍，评价。

●（相机圈出"像闪烁的星星"）这样一打比方，我们就好像看到深水鱼一闪一闪的样子。

●瞧，这就是深水鱼（出示画面），这亮亮的地方就是它的发光器官，你们看，深水鱼一闪一闪的，除了像星星，还像什么？多美呀，也能美美地读好吗？

3. 三读，会用写法。

（1）你们这些小研究员不仅弄懂了海洋动物的活动，而且介绍得很生动，很有趣，那你们是怎么介绍得这么有趣的，用了什么好办法？（相机板书：列数字、作比较、打比方）原来你们用上了一些说明方法。连起来读。

（2）研究员们，海底的各类动物加起来有十几万种，那你们为什么只介绍这五种呢？（抓住典型）

（3）那你们还知道哪些海洋动物的活动？能用今天学到的说明方法来介绍吗？

（4）生写话，交流。

面向儿童的实际，创设学习情境，在"带着问题去思考""你读懂了什么""还有什么不明白的"等情境中激发学生的探索欲望和学习兴趣。让孩子走出带着假问题和已知答案的问题来揣摩教师意图的怪圈，还儿童以本来面目，还学习以本来面目。当然，我们不能从"牵着学生走"的极端一下子来到"被学生牵着走"的极端。作为教师，还应该具有一双慧眼，更应该具有高于学生的视野。在一些学生看似懂、以为懂其实却一知半解的问题上将之陌生化，从已知转向未知，引导学生真正走入课文的内在天地，感受课文表达的精妙。

这次磨课的经历让笔者受益匪浅，从《海底世界》教学设计的三次改变中，逐步洞悉了语文教学的实质，那就是"以生为本，以学定教"。我的具体体会是：

只有走出"唯文本论""唯教参论""唯个人论"的误区，才能避免"反语文""仿语文""伪语文"的倾向，才能真正让儿童获益，才能让语文教学鲜活而生动，精简而高效。"以生为本，以学定教"，这不是口号，更不是潮流，这八个字回归到语文教学的源头，道出了语文教学的本质。

绽放"多元解读"之花

——从三上《哲学家的最后一课》谈起

江苏省无锡市玉祁中心小学　沈晓新　范莉芳

在一次校本教研的现场活动中，为了准备苏教版六年级《哲学家的最后一课》，教案在备课组中几经修改，最后呈现了一堂多元解读的精彩纷呈的课，受到了与会专家的一致好评。回顾三次试上，觉得颇有玩味之处，每一次的备课我们在争论中碰撞理念，不同的理念又引导出不同的课堂。如何看待教材，在我们的脑海中一步步地清晰起来。

一、尊重教材，在"美德"中起步

刚拿到教材时，感觉情节简单，道理明了。文章记叙了一位哲学家以"如何根除旷野里的杂草"为话题给学生上最后一课，他的弟子们悟出了"只有用美德占据灵魂"才能净化人们的心灵的哲理。显然，文章的主旨是美德，于是围绕美德展开教学。在导入和总结时创设了一位博士在国外招聘时由于有逃票记录而被解聘的故事情境，让学生从中明白美德的重要，教学环节上也以突出美德为主，其他段落基本未用力。这样的设计，我们自认为已把教学目标吃透。

上下来大家的感觉像一堂思品课，学生对美德的感悟似乎早就成竹在胸，课堂上雷同的口号此起彼伏，没有思维的碰撞，没有意外的生成，更没有鲜活的语文味。而且，大家有一种强烈的感觉是：教教材。以教材为本忠实地执行的味道很浓。怎么办？我们陷入了深深的思索。

二、尊重学生，在"实践"中探索

集体备课时，我们争论：到底是从教材出发，还是从学生出发？从教材出发，这篇课文还能否挖掘出什么来？从学生出发，学生从中到底应获得些什么，才对他的发展最有利？争论的结果是，我们认为应多考虑学生的实际。理由是：教材是为学生服务的，对学生有用的才是我们要教的，这就是用教材。于是我们再次走进教材，发现文中哲学家用独特的上课方式，让弟子们通过自己的实践懂得道理的本身，这不印证了实践的重要意义吗？我们便在"美德"的基础上渗透"实践"，在教学设计上倒着教，先揭示道理，然后让学生探究道理得来的过程，让学生同样经历一个充分实践、体验的学习过程。

然而上下来我们的感觉是主旨不够明确，美德没突出，实践又不明显，不伦不类，两头不着实。教教材不好，用教材不行，是哪儿出了问题呢？这让我们犯难了。

三、两者兼顾，在"多元"中绽放

我们又一次认真研读教材。我们感觉，这个故事虽然简单，但留给人们的启示却很多，不是美德和实践两个词所能概括的。美德是哲学家的弟子们悟到的，实践是我们老师悟到的，而我们的学生究竟会悟到些什么呢？这正是以前备课所忽视的地方。所以，我们认为，应该创造开放的教学，让学生去进行多元解读，自主建构，而不是在教材或老师的暗示下去揣摩。于是，我们决定把文章最后一个点出美德的自然段删去，改到五年级去上。这样，学生能不受限制地去解读文本。而对于文本的最后一段，则在学生多元解读后出示，在对比中得到启迪。这样，既尊重了文本，又大胆进行了自主建构。

第三次的课堂上，前半堂课着力于语言文字的学习，让学生在朗读与说话训练中理解哲学家的弟子们的所说所为，力图上出语文味。后半堂课学生的解读百花齐放，有的说"知识不仅在书本中，还在生活中"，有的说"不能小看这个问题，要三思而后行"，有的说"任何事情都要实践"，还有的说"事物是相生相克的"……最后出示原文，引出美德，让学生把自己得到的启示跟哲学家的弟子们的启示作比较，学生的思维火花又一次点燃，正确的价值观逐步完善。

四、反思

多元解读彰显了学生的个性，激发了学生的思维。纵观这三次教学，我们对多元解读有了以下认识：

1. 钻研文本——多元解读的基石

课堂上精彩纷呈的阅读对话，是以教师为阅读主体的，是以对文本的深入解读为前提的。所以教师的责任在于让学生领悟到文本中蕴含着的丰富信息。让学生去发现，教师首先要去发现、去钻研教材，才可能更好地引领学生获得知识与价值的提升。

在备课组不断的集体研读中，我们感觉到《哲学家的最后一课》这篇教材本身蕴含着丰富的信息，原文的答案是哲学家的弟子们悟得的，哲学家的弟子们和我们的学生有着不同的基础与经验。而且从本体论和认识论来讲，同一个人在不同的时间也会有不同的解读。所以可以让孩子从其他观点去解读，文章也留下了空白，学生能通过自己的经验来进行个性化的解读。

2. 放飞思维——多元解读的平台

"横看成岭侧成峰，远近高低各不同。"多元解读切忌先入为主，只有将学生的思维打开，才能真正进行多元解读。如果非要学生按固定的模式达到预设的某个目标，其结果只会扼杀学生的灵性，泯灭学生心中的求知之火。

本课前两次的教学，就存在着让学生钻口袋的现象，另外课文最后一个自然段的出现一定程度上限制了学生的思维，所以第三次上时删去最后一段的课文资料。整个教学过程中也不有意识地进行强调或暗示，这样才能让学生打开思维，为学生提供了一个开放的、多元解读自主建构的空间。

3. 提升求佳——多元解读的方向

学生个性化的阅读体验，应该得到尊重。但学生对文本的解读，对语文教材的多元反应往往是良莠并存，更多的是没有读懂，甚至误解误读。教师不能为了培养学生的创新精神和尊重学生的个性化体验，为了一味地强调"多元"，而无视学生的思维发展。这时应把学生的思维再引导到"求佳"的方面，让学生不断地体会多元，感受差异性，并最终建构真正的有意义的创造性见解。

第三次教学时，让学生把自己得到的启示跟哲学家的弟子们得到的启示作一番比较，从中得出哪一个启示对学生自身发展更有意义。多元解读不排斥尊重教材，教材毕竟是个很好的范例，原文的主旨"用美德占据灵魂"是一个耐人寻味的道理，对学生的发展有着良好的启迪作用。在个性解读之后安排这样一个比较，从开放走向另一个层次的开放，让学生在选择中不断反思，最终使学生的多元解读有了一个"求佳"的提升过程，也使学生深刻地体会到了文本潜在的人文精神，形成正确的价值观。毕竟，无论如何多元解读，都得注重文本的情感传递，都必须忠实于文本原有的情感。

语文学习是一个充满生命活力的活动过程，"一千个读者会有一千个哈姆雷特"，但哈姆雷特还是哈姆雷特。作为一名教师，应赞赏学生具有独特性和富有个性化的表达，努力追求多元解读！

在设计中超越

——三教《九色鹿》

江苏省盐城市第二实验小学　于一平

　　《九色鹿》（苏教版四年级上册）讲的是九色鹿救了落水人调达，调达发誓永不说出九色鹿的住处，但在金钱面前，调达背信弃义，出卖了九色鹿，最后受到了应有的惩罚。教参指出本文的重点是："通过反复朗读有关语句，体会九色鹿见义勇为的精神以及调达见利忘义、恩将仇报的卑鄙灵魂。"

　　第一次教时，我按照故事发展顺序，逐个提出问题："九色鹿的名字是怎么来的？""九色鹿是怎样救调达的？""调达是怎样背信弃义的？"……让学生读课文找答案，相机指导朗读，最后让学生说说学完课文懂得了什么道理。一篇情节生动感人的文章在我的满堂提问下，学生学得索然无味。后来经过反思，我认识到自己是在教教材，在课堂上教师完全处于主宰地位，以知识传授为核心，条分缕析地讲解，学生只是被动地接受，配合我执行教案，协助我完成教学任务。教学过程充斥着灌输与束缚，学生根本谈不上独立思考，更谈不上悟性、灵性与创造性的发挥。

　　第二次教《九色鹿》，为了激发学生的兴趣，突出学生的主体地位，我在设计上动了一番脑筋。先让学生轻声读课文，用横线画出描写九色鹿的外形、动作、语言的句子，用波浪线划出描写调达动作、语言的句子，反复阅读，想想从中体会到了什么，可以在句子旁边批注，写出自己的读后感。学生认真地读、画、思、写，然后同桌交流，最后集体交流。学生说出了自己的感受后，我引导他们通过朗读把自己的爱憎感受表达出来。这种设计，教师讲得少了，学生成了学习的主体，主动地与文本对话，品味语言文字蕴含的情感，体会人物的内心世界，受到了情感的熏陶和心灵的震撼，与第一次教这课相比，有了很大进步。

第三次再教《九色鹿》，我抛开教参，首先对课文作了个性化的深入研读，越读越喜爱美丽善良的九色鹿，越读越憎恶背信弃义的调达。我觉得如何理解这两个人物形象是文章的重点。于是，我创设了"这是一只_____的九色鹿""调达是一个_____的人"这一心灵对话的平台，引导学生探究，不但要说出人物的性格特点，还要找出反映人物这些特点的语句，做上记号，用自己喜欢的方式读一读，好好体会。学生边读边思，交流时你一言我一语地补充，课堂气氛异常活跃。有的说："这是一只美丽可爱的九色鹿，我是从'它双角洁白如雪，身上有九种鲜艳的毛色……'看出来的。"有的说："这是一只见义勇为的九色鹿，我是从'这天，九色鹿在河边散步……立即纵身跳进河中，将落水人救上岸来'看出来的。"有的说："调达是一个忘恩负义的卑鄙小人，我是从他前后变化的语言、动作中看出来的。"……我让学生自由表达，跟着学生的思路，学生说到哪，我就用电脑显示书上相关的语句来品读感悟，指导学生读出自己的理解、体会，学生读得入情入境。

在学习有关句段时，我又抓住文本空白处，引导学生想象，充实了课文内容，使学生对文本的理解更为深入和透彻。如：调达会怎样郑重起誓呢？调达看了皇榜，心里会怎样想呢？学生联系自己的生活经验，回答很精彩，如"调达我对天发誓，上有天，下有地，中间有良心，如果我泄露您的住处就天打雷劈，死无葬身之地，坠入十八层地狱……"

在抓住重点语句品读感悟人物形象后，学生纷纷要求分角色表演课文，我让他们先组内练习，然后请小组上台表演。学生表演得绘声绘色，俨然成了文中的角色，教室里不时发出一阵阵热烈的掌声与欢笑声。

在总结全文后，我设计了这样一个环节：我想对_____说（九色鹿、调达、国王、王妃）。有了之前的课文学习与分角色表演，学生已有了很好的情感体验。因此，个个跃跃欲试，畅所欲言。有的想对九色鹿说："你真是太美丽善良了，奋不顾身地跳水救调达，还不要酬谢，你是爱心天使。"有的想对调达说："你好无耻，九色鹿救了你，你却背信弃义、恩将仇报，真是罪有应得！"

围绕核心问题，让学生自主阅读、自主探究，一次次触摸文本、亲近文本，学生发表了自己个性化的见解，教师予以点拨、引导，和学生一起品味赏析语言文字的深刻内涵，深入感悟体会人物的思想感情。最后又通过分角色表演，整体体验文本的语言之美、人物的精神世界。课尾的拓展，源于文本，高于文本，巧妙地实现了三维目标的整合，使学生受到了情感的熏陶、精神的洗礼、人生的启迪。

通过三次教《九色鹿》，我认识到阅读教学是教师、学生、文本之间的对话过程，教师要精心设计具有探究和启发价值的问题，把阅读的权利还给学生，把阅读的时空还给学生，自己则充当"绿叶"，让"花儿"尽情绽放，展现自我风采，让课堂成为师生平等对话、实现生命成长的乐园。

"爱"在"工具"和"人文"中徜徉

——三教《爱之链》的思考

江苏省太仓市朱棣文小学　刘　浩

新课程的改革，使我们高兴地看到小学语文教学人文性的回归，语文教学不再是运用范畴的语文，而是更多地关注了学生的情感态度与价值观，关注了每一个学生的生命，语文课堂成为了学生生命的有效历程。从我们的语文课本来看，许多篇目的确是文质优美，蕴含着丰富的人文精神。教师作为课堂教学的引领者，就应当引领学生运用各种方式感悟文本中蕴含的丰富的人文精神、文化底蕴。但语文——我们的母语，它的工具性更是我们每个语文教师所不能忽视的，"培养语感，注重感悟"并不是指不要语文训练了。那么，在教学实践中，到底如何引导学生去感悟？怎样使语文的工具性与人文性融为一体，和谐统一呢？我思考着，尝试着，于是就有了《爱之链》的三次教学。

一、一教《爱之链》：少了点语文味儿——"人文"精神大放异彩

认认真真地解读了《爱之链》这篇课文，又反反复复地阅读了语文课程标准，我确定了执教《爱之链》的宗旨：注重感悟，让学生沐浴"爱"的光辉，感受"人文"的回归。我的初步认识是：语文教学要注重感悟，注重教学内容中的人文内涵，注重对学生的熏陶和感染，尊重学生在学习过程中的独特体验和多元反应。一篇文章，往往给我们留下深刻印象的就是文中所折射出来的"情""理""意""趣"等，即人文感受。基于这样的认识，我确

定了以下的教学流程：

（1）创设情境，想象说话。

（2）细读课文，谈感受：文中的哪一幕场景最让你感动？为什么？

（3）思考：你是如何理解"爱之链"这个课题的？能用笔画画这条"爱之链"吗？

（4）延伸升华：在生活中，你还了解或经历过哪些"爱之链"？

在实际教学中，我充分发挥教师的主导作用，注意捕捉"战机"，又不失时机地"煽情"，孩子们的学习非常投入，特别是一次次地朗读，一次次地感悟，学生被文中浓浓的"爱"包围着，那发自内心的表达令在场的老师和同学都深受感染。

学生们有这样几段精彩陈述：

乔依的行为无疑是雪中送炭，他无私无畏地帮助老妇人修车，需要的不是一点点勇气，一点点爱心啊！

无私、主动、热情地帮助别人，却从没想得到金钱的回报，他认为帮助有困难的人是一件天经地义的事，一个"天经地义"，需要的是多么宽大的胸襟啊！

啊，是乔依！老妇人想起了乔依，想起了乔依一句句暖人心房的话语，想起了乔依修车时的一幕幕，想起了乔依说的话："如果您遇上一个需要帮助的人，就请您给他一点帮助吧！"正因为如此，这份爱在传递着，感染着老妇人，她又伸出了援助之手，帮助了一位女店主。

学生们激烈争论，画出了这样一条"爱之链"：

乔依→老妇人→女店主→乔依……

得出这样的感悟：爱是可以相互传递、相互感染的，这条"爱之链"将永不中断……

学生的语言，学生的思想，学生的真情流露打动了每一个人的心。

这样的场面，当时的我确实也陶醉其中。但后来在与几位同行老师的交流中，我隐隐感觉到一种不安：这样的教学似乎少了一点"语文味儿"。虽然学生说得比较充分，但课文中大量的规范的语言文字却没能让学生反复诵读、积累和运用。这样的"说"即使再精彩，也还是停留在一种浅层次上。看来，这样的"感悟"未免太虚空了些。语言文字毕竟是我们民族文化的载体，是学生感悟人文的基础，语文课怎么能把"语言文字"丢了呢？画画"爱之链"不是仅仅在追求形式，搞搞花架子而已吗？联系生活，说说生活中的"爱之链"不也是学生在"无病呻吟"吗？语文课就是这样感悟人文吗？这是语文学习还是"爱之链"主题中队会呢？越琢磨越不对劲，又与同行老师切磋，于是就有了《爱之链》的第二次教学。

二、二教《爱之链》："得意"的爱之味——"工具、人文"平分秋色

语文课程标准颁布以后，我们研究的焦点立即转移到语文课程中"人文"教育的一面，似乎把我们的语文训练丢得一干二净。其实，语文教学中的人文教育主要是在语文学习的过程中完成的，学生是在语文能力培养的过程之中潜移默化地接受的。如果离开了语言文字这个载体去放大"人文"，那么，语文课程的性质就变了。无论如何，语文教学的基本任务仍然是学习语言，提高听说读写的能力。没有语言文字，也就失去了人文感悟的基础。基于这样的思考，我开始了《爱之链》的第二次教学：

（1）创设情境，想象说话。

（2）感悟文本，内化语言：课文中哪一幕最让你感动？结合具体的语句说说你的感受。

（3）细读结局：从这段话中，你读懂了什么？

（4）回归课题，拓展延伸：

①你是怎样理解《爱之链》这个课题的？

②试着创编"爱"的经典之言。

纵观整个课堂，去掉了初教《爱之链》时的"说教味儿"，孩子们的语言立刻变得生动、鲜活起来。孩子们这样运用语言，感悟文本：

乔依为了帮老妇人修车，脚蹭破了，手腕也蹭破了，两只手上沾满了油污，衣服也更脏了。从乔依的这些动作、神态我感受到乔依的确是尽心尽力地帮助老妇人修车，就好像在修自己的车一样。

读了文章的结尾我才知道，原来女店主和乔依是一对夫妻。他们家庭困难，乔依没有了工作，妻子将要生孩子了，多么需要钱啊！可乔依却还是不收老妇人的一分钱。这样的文章读来远比一开始就告诉我们来得更出人意料，更感人！

"如果您遇上一个需要帮助的人，就请您给他一点帮助吧！"我觉得这句话才是文章中最关键的一句，是乔依的这句话让爱不断地延续，让老妇人也奉献了自己的爱心。我想：这就是"爱之链"吧！

学生还有这样的经典之言：

这是一份无私的爱，这是一份永恒的爱。相信有了爱便有了一切。

爱是可以互相传递的，生命是可以互相感动的。奉献你的爱心吧，我们会沐浴在一片"爱"的海洋之中。

人生贵相助，何必金与钱。

爱是人类最美丽的语言，爱是正大无私的奉献。播撒一缕"爱"的阳光，便会灿烂整个人间。

反思自己的第二次教学，让学生关注文本语言，关注课文的细节描写，关注文本中情节的独特构思，学生自然立足文本，文思如泉涌。借助文本语言，发展孩子们的语言，给他们提供一个表达感受、运用语言的平台。这样的课，"语文味儿"就厚重了一些。

但事情往往是这样的：当一种倾向出现的时候，往往会掩盖另一种倾向。矫枉过正，或许是历史的必然。这样的语文训练与这样的人文感悟似乎成了两大"帮派"，"平分天下"，你说你的，我说我的。这样的语文训练似乎也少了一些东西，教师只是给学生提供了一个表达的机会，一味地让他们去表达，学生没能从文本语言中汲取营养，来丰富自己的表达。一句话，吸收内化的问题还没有解决好。如何让学生更好地感悟文本，运用文本？如何让语文的"工具性"落实得更实一些？如何将语文的"工具性"与"人文性"结合得更加自然、和谐呢？我和同行老师又陷入了沉思。

三、三教《爱之链》：充盈"爱"的味道——"两性"在课堂上自由徜徉

经过前两次教学，我不得不坐下静静地思考：语文是什么？母语教育学什么？"感悟"中如何渗透语言文字的训练？困惑中我有幸聆听了上海师范大学教育科学学院吴忠豪教授的讲座，恍然大悟：工具性是人文性的基础，是人文性的载体，人文性蕴含于工具性之中，没有工具性就没有人文性。人文是工具性的"精、气、神"，没有了人文性，工具性也失却了灵魂，成了毫无意义的"死工具"。小学作为母语学习的起始阶段，应努力追求工具性和人文性的和谐统一，引导学生正确理解和运用祖国的语言文字，进而感悟文字背后蕴藏的人文内涵。

基于这种理念，我又在"感悟文本，内化语言"这一环节中增添了这样一个学习活动：此时此刻，你就是付出不求回报的乔依，你就是内心充满感激的老妇人，将要分别，你们会说些什么？其他环节和第二次一样。我想让

"感悟"落得更实一些。

第三次执教《爱之链》，没想到这看似简单的一个转换，却让孩子们的语言更加令人欣喜。他们这样对话：

生1（老妇人）：乔依先生，真是谢谢您。如果没有您，我现在真不知是何种处境了！

生2（乔依）：不用谢，这是我应该做的。

生1：（满脸激动，握住"乔依"的手）您知道吗，我在这荒无人烟的乡间公路上已经等了一个多小时了。我又冷又怕，几乎完全绝望了。是您的安慰让我备感温暖。您瞧，为了帮我修车，您的手、脚都蹭破了，衣服也弄脏了。我该怎么感谢您呢？

生2：您不用谢了。我以前遭遇困难的时候也常常得到别人的帮助，况且帮助像您这样有困难的人是一件天经地义的事。谁碰上都会像我这样做的，您不必放在心上。

生1：（往"乔依"的手中塞"钱"）这点钱您收下吧！

生2：不要不要。如果您真的要报答我，那么，在您遇到一个需要帮助的人时，也请您给他一点帮助吧！

……

要知道，人文绝非语文一科能够独担其任，谁能说数学、音乐、社会、科学、美术中没有人文？因此，语文应当保持其固有的个性，它首先是作为一种语言存在的。对于小学生而言，语文学习就是理解、积累和运用祖国的语言文字，练就扎实的听说读写各方面的语文能力，濡养深厚的文化内涵。通过一篇篇凝聚着作家思想、灵感，负载着人类文化内涵的文章，潜移默化地接受价值观和人生观的熏陶。这种浸润人文精神的语文教育，才是语文学科性质的完整体现，才能实现语文教育的最终目的。

总之，我们的语文教学既不能简单否定语文训练，片面强调"人文性"，又不能置"人文性"于不顾，一意孤行地抱住"工具性"不放。只有在夯实语文"工具性"的同时，科学合理地进行"人文精神"的教育和熏陶，才能全面实现语文课程"工具性"与"人文性"的和谐统一。

　　相信，《爱之链》的教学还没有完，我们的母语教育会越走越好。

拓展"读写结合"的新天地

——苏教版《第八次》的备课思路

江苏省南京市南师附中仙林学校小学部　胡　彧

小学语文的阅读教学的核心应该毫无疑问地指向写作。笔者试图以苏教版《第八次》为例，谈如何通过三个课时的备课，在教学中逐步将读与写巧妙结合起来。

一、"以写为本"——第一节课备课切入点

备《第八次》第一课时，在设计教学时我围绕"以写为本"的总目标来进行：第一课时，学习生字新词，理清课文脉络。开头以名言"有志者事竟成"引入别出心裁的讲故事，其实就是范读的华丽转身，通过老师字正腔圆、感情饱满的朗读，给学生以美的熏陶。初读课文环节，出示了不同层次的"三读"要求——一读：自由轻声朗读课文，要求读准字音，根据拼音把生字多读几遍；二读：大声朗读课文，要求读通句子，长句子、难读的地方多读几遍；三读：默读课文，标出自然段号，不理解的地方做上记号。之后，抛出"三问"——一问：为什么会有第八次？二问：是什么使布鲁斯王子恢复信心决心再干第八次的？三问：第八次的结果是什么？在"三问"的串联下，整堂课采用了多种朗读的方式，让学生在书声琅琅中初步了解了课文的内容，即故事的前因后果及发展经过。最后，带领学生按事情发展的顺序，辅以板书，概括出课文的主要内容。

《第八次》教学的开头如下：

出示励志名言"有志者事竟成",听说过这句名言吗?一起读!坚持就是胜利,老师给你们讲一个发生在外国的有志竟成的故事吧——引入课文内容。故事的起因是:"古时候……"边播放课件边朗读课文第一、二自然段内容。听到这里,谁能用自己的话简单地说说故事的起因是什么吗?有了这样的起因,故事进一步得到发展,经过是:"布鲁斯躺在木板上望着屋顶……"随课件朗读课文第三、四自然段内容。到"他猛地跳起来,喊道"停顿,随课件的出示,学生接"我也要干第八次!"板书课题。故事的结果……

备课反思:

普通的范读变成了讲故事,这样设计的目的就是在学生的脑海中初步植入构篇的意识,让学生知道,叙述一个事件是要按怎样的顺序有条理地进行的,解决学生写作时不知如何入手的问题。

理清文章脉络是第一课时的目标之一,教学中设计了:回顾全文,谁来尝试着根据"起因—经过—结果"的顺序,先填空,然后概括一下课文的大意?"布鲁斯王子率军_____,七战七败,几乎_____。从蜘蛛受到启发,布鲁斯王子_____,终于_____。"

指向写作的阅读,需要培养的核心能力之一就是概括能力,此环节设计的意图即旨在培养学生阅读的概括能力。考虑到三年级孩子的实际,所以设计了填空环节,这样,就给了孩子一个达成的阶梯。

二、"以读促写,以写促读"——第二节课备课关键点

在备第二课时,我将重点放在"理解课文重点段内容,引导学生在理解课文内容的基础上,进行言语的表达和写作,将静态的文本还原为动态的写作行为"。写什么?写演讲稿。写演讲稿对于三年级的孩子来说有一定难度。设计教学过程时,我安排了通过引言,领着孩子回顾文章内容,挖掘其中蕴含的精神,这样,孩子们轻松地就完成了写的任务。

第二课时在联系上下文理解了重点词句、段落之后，我把目标指向了培养学生读懂言外之意和联系生活来理解的能力，作了如下设计：

1. 看到这永不放弃的蜘蛛结网终于成功了，你就是布鲁斯王子，现在的心情怎样？会想些什么呢？会有什么动作？想一想，说一说，做一做。

2. 布鲁斯王子，现在要动员你的军队和人民起来与你一起抵抗外国侵略者。你会怎样动员他们？想一想：他们与你一样一连失败了七次，也几乎失去了信心啊！说什么话才能说服他们，激励他们，振奋他们？说什么话才能使他们和你一样有信心再去抵抗外国侵略军？

备课反思：

通过巧妙补白设计，加深了学生对布鲁斯王子内心世界的体验，当时，布鲁斯王子受到蜘蛛结网的启发后，对战争充满了信心，他一定会非常激动地向士兵们讲述他的所见、所思。这样的教学再次强化了课文的教学重点，培养了学生的想象力和表达力，更拉近了学生与主人公布鲁斯王子的距离。

请问你的动员书里一定会写什么？四人一小组进行交流讨论。师相机指导，出示要求：称谓、内容写完整、语言具有鼓动性。

学生写好后，问：谁愿意来发布自己的动员书？注意，其他同学认真听，现在你们就是苏格兰的人民，你们听了这位王子的动员，有信心赶走外国侵略者吗？（学生的表现非常精彩！）当我们遇到困难时，我们只要心中留存着那份信心，鼓起奋进的勇气，坚持不懈，我们就一定能走向成功，看到光明！同时，当别人遇到困难、挫折失去信心的时候，我们就给他讲讲这第八次的故事。好吗？

备课反思：

这一环节的设计主要以朗读、表演等活动形式为主，目的主要是为了创设情境，把学生带入课本中、带入人物中，让他们用自己的心去碰撞人物的心，把自己的情融入人物的情，亲身体验他们的喜怒哀乐，这样的教学方式符合学生的年龄特征和心理特点，学生乐于接受，学得必然积极主动、生动活泼，也使课堂教学变得有声有色、有情有味。学生在情境中体会的情感真实且丰富，此时，将"读"与"写"有机地结合起来，以读促写，以写促读，写是读的扩延和加深，读为写积蓄了一定的写作方法和材料，读与写互相促进、互相提高。

三、从"表现本位"到"写作本位"——第三节课备课核心点

备第三课时，我通过指导学生读同主题的拓展材料——《爱迪生的故事》《甩手的故事》，来扩大学生的识字量，丰富孩子语言文字的积累。在教学的过程中用批注式阅读的方式选择《爱迪生的故事》进行有效指导。通过指导，学生渐入佳境，再引导学生结合生活实例说出自己的读后感想。然后在说的基础上，再用书面语言写出同主题材料的读后感。学生在大量的感性材料面前，水到渠成地下笔成文了。

第三课时开头，在回顾并概括课文主要内容的基础上引出名言：上节课我们认识了布鲁斯王子，他英勇地抗击外国侵略军，可一连打了七次仗，都失败了。就在他几乎失去信心的时候，他看到一只蜘蛛，一连七次结网都失败了，可蜘蛛并不灰心，从头干起，第八次却成功了。布鲁斯在此启发下又一次进行了顽强抵抗，终于成功了。这真是——有志者事竟成！其实，生活中还有很多这样的例子，请同学们看两则故事：《爱迪生的故事》和《甩手的故事》。

备课反思：
立足阅读教学目标定位，找准拓展材料与文本的有效链接，让有效拓展

适时融入学生的读写实践中。

读了文章之后，我们一定会有很多感受，请同学们拿起笔，在材料单的空白处作批注。(学生批注)

下面我们来交流感悟。

文章一：全班评议

师：谁来说?

1600 种材料、6000 多种材料：说明爱迪生实验材料数量之多。

实验 7000 多次：说明爱迪生做事很有决心，不达目的不罢休。

13 个月：说明爱迪生试验时间之长。不放弃。

面对失败和冷嘲热讽没有退却：说明爱迪生信心不动摇，决心坚定。

不适合家庭使用：说明爱迪生想为人们生活提供方便。

同学们发现了爱迪生在困难面前毫不退缩，坚持不懈，最后取得了成功。你们在生活中有过类似的例子吗?

备课反思：

在此基础上，让学生讲述自己身边的相关故事。通过阅读和讲述真实的故事，学生自然深化了课文《第八次》的思想主题，从而觉得，文本蕴含的道理不是遥远的、空洞的、虚无的，而是真实的、亲切的。说、写自己心里有感而发的话，写自己的笑、自己的哭、自己的闹、自己的叫……学生不自觉间就平视了言语表达，就亲近了写作。

通过同学们的批注，我们加深了对文章的理解，体会到爱迪生给我们带来的正能量，下面请同学们在小组内交流第二个故事带给你的感受。

文章二：小组分享，学生交流、写读后感

同学们阅读感受很丰富，我们把这宝贵的感受写下来，好不好?

写之前老师给大家两个提示，请看仔细。

1. 题目为：读《……》有感。

2. 最好能举一个自己生活中的事例谈一谈。

学生写读后感—全班展示—总结。

不动笔墨不读书，希望大家养成读书批注的好习惯，享受读书的快乐。

备课反思：

2011 版课标中提出："语文课程是一门学习语言文字运用的综合性、实践性课程。义务教育阶段的语文课程，应使学生初步学会运用祖国语言文字进行交流沟通，吸收古今中外优秀文化，提高思想文化修养，促进自身精神成长。工具性和人文性的统一，是语文课程的基本特点。"这一课程性质的定位，毫无疑问，明确地为我们提出语文教学应更多地指向"语言文字的运用"。读"完"（就是读"懂"）一篇文章，阅读教学才完成一半。另一半更重要，这就是使学生学以致用，就是要让学生把从读中学到的用在文章写作中；让他们把对文本的理解、感想说出来，或者写出来。这才能算是真正完成了阅读教学的一个完整过程。潘新和教授也曾提出"写作是阅读的目的"，"写作才是语文能力的最高呈现"，"阅读，应指向言语表现、指向写作"，这一读写观正是"表现本位""写作本位"的体现。

备课，基于课程标准最有效

——谈两种备课设计的区别

山东省淄博市临淄区晏婴小学　李文强　孙艳艳

学校提高教育质量培养优秀人才最重要的途径之一就是课程实施。国家允许各地"一标多本"，就是鼓励老师在课标指导下开发出适合学科特点的课程，有效实施课程标准规定的各项任务，达到缩减不同教师、不同学校教学质量差距的目的。但这项工作在基层学校落实得并不理想：多数老师缺乏课程意识，教学仅是为了完成教材规定的任务，课程标准也成了摆设，失去了其应有的作用。

华东师范大学崔允漷教授指出，课程是一种通过教师、方案、学生三者互动以实现教育意义的专业活动，至少要包括目标、内容、实施、评价四个要素。而课程标准是由国家权威机构制定的课程教学实施的量化标准，是教师教学的指向标、推进器和衡量表，为教师提供了"为什么教""教什么""怎么教""教到什么程度"的指导。教师根据课程标准对学生规定的学习结果来确定教学目标、选择教学内容、设计教学活动、明确评价方案，实施基于课程标准指导下的教学设计，才能够更加关注学习结果的质量，确立教与学的方向，提高课堂教学的有效性。

下面，以同一课题为例比较两种备课设计的区别。

语文鲁教版四年级上册第八单元课文《鱼游到了纸上》和《全神贯注》，都是讲述对自己喜欢的事情热爱痴迷、忘我投入的故事。按照课本编制体例，分别是精读篇目和略读篇目。

一、传统设计与基于课标的备课设计呈现

（一）传统备课目标设计

以下是人民教育出版社网站刊发的《鱼游到了纸上》和《全神贯注》两课的目标设计。

1. 《鱼游到了纸上》学习目标

（1）认识4个生字，学会11个生字。结合上下文体会"一丝不苟、融为一体、赏心悦目"等词的含义。

（2）有感情地朗读课文。

（3）理解"鱼游到了纸上"和"先游到了我的心里"的关系，体会课文所表达的思想感情，培养做事勤奋、专注的品质。（学习作者观察和描写人物的方法）

2. 《全神贯注》学习目标

（1）认识本课6个生字，结合上下文体会新词的意思。

（2）正确、流利、有感情地朗读课文。

（3）体会并学习全神贯注的工作态度及通过具体事例表现人物品质的写法。

总教学课时：3课时。

（二）基于课程标准的备课目标设计

（1）通过自主读文，结对子互相感受并交流，能用简单的词语说出对聋哑青年的初步印象；默读课文，画出描写聋哑青年看鱼、画鱼的句子，结合至少两处关键词句交流聋哑青年的品质；通过师生合作、生生合作，结合课文插图想象周围人的赞叹，进行角色体验，能用自己的话夸一夸青年；通过文本对比读，体会其对刻画人物形象的作用，能理解至少两种写法的表达效果。

（2）利用学到的阅读方法默读《全神贯注》，能独立找到动作、神态、

侧面描写的句子，用自己的语言说出至少两种表达方法对刻画人物形象的作用。

（3）观察图片中人物（运动员、观众）的动作、神态，利用习得的至少两种表达方法，写出一个100字左右的片段，做到内容具体。

教学课时：2课时。

二、传统设计与基于课标备课设计的同异比较

以上两种备课设计都结合了课文的基本内容，注重落实重点词语的理解，在表达情意方面的作用以及对人物形象的感受。设计的最终目标都是为了落实语文课程标准中规定的学段要求，培养学生的语文素养。

（一）传统备课设计过程浅析

传统的语文教学中，老师首先根据课本内容制订教学计划，然后根据课时安排按部就班地进行备课、授课。教师教学考虑较多的是什么时间完成什么篇目，怎样完成这些篇目，"课文学完了，我的任务也就完成了，学会学不会是学生的事"。这是多数老师的共同想法。至于在某个学段某个阶段"教会什么"不是老师首先考虑的问题，备课制定教学目标时多数老师参考教参、网络资源中的设计，至于课程标准多数是放于一边，很少关注。教学过程中评价设计更是缺少系统考虑。教师先研究教材，根据教材内容研究教学目标，确定教学重难点的教学，我们习惯称之为"教教材"。

（二）基于课程标准的教学设计的四大优势

1. 语文学科的课堂教学目标定位更准确了

基于课程标准的课堂实施，不再把课本作为一把"高大上"的尚方宝剑去热捧，课本成了为我所用的素材之一。老师参照的最重要的依据，是国家颁布的课程实施标准。落实标准的前提，是要结合学生学情、标准细分到本年级要达到的要求以及教师的情况等多个方面进行分析。这样，避免了教师教学制定目标的随意、无序和笼统。在进行课时教学设计时，能够结合一个

核心目标来展开，避免了眉毛胡子一把抓的情况。

2. 教师的角色由被动完成任务变为主动实施课程

课程实施是一次旅程，我们要带学生到哪儿去？怎么去？去了之后有什么收获？都是需要考虑的问题。传统教学教师缺少主动性，成为被动按照课本设计的路线行走的"工具"。基于标准设计，在理解课程标准的基础上，教师依据教学需要，通过"增加""删减""结构调整""内容改组"等策略进行教科书的二次开发，确定适合学生学习需要的学期教学内容，教师成为了课程的开发者、实施者，一跃成为了具有学科"旅行"学识、主动介绍风景的"导游"。

3. 语文学科逻辑体系的建立更有助于学生学科素养的提升

近些年来，语文教材虽经一改再改，但"主题单元"的语文教材设计，更注重了学生人文情感的渗透，但在课标的落实上缺少了一致性——语文重在识字写字、阅读感受字词句段的秘妙，重在写作表达等。"主题单元"的教材设计缺失了语文学科在不同年级学段实施教学的逻辑体系，导致教师教学实施起来感到模糊、无序。基于课标编制的课程纲要很好地解决了以上问题，使语文学科素养在同一体系科学建构，螺旋式上升，更加符合学生的学习规律。

4. 科学的教学设计使课堂教学效率更高效

基于标准的学期课程纲要可以促使教师从"为什么教""教什么""怎么教""如何评"等方面整体思考教学，确保课程标准有效落实。教师的教学核心目标突出，操作策略与教学内容有机融合，教学实施与教学评价互为补充，特别是教师能够把教材为我所用，大胆取舍，不拘泥于教材体制，变"教教材"为"用教材教"，真正实现了"课程"的改革。

三、基于课标备课设计的基本流程

（一）根据课程纲要制定教学目标（教什么）

语文学科的整体目标是提高学生的语文素养，从识字写字、阅读、写作、口语交际、综合实践五个方面来进行分块训练。其中，基础内容是识字写字教学，核心内容是阅读教学，综合性最强的是写作教学。根据课标内容，四个学段中的核心阅读目标可以划分如下：

学段领域	第一学段 （1—2 年级）	第二学段 （3—4 年级）	第三学段 （5—6 年级）	第四学段 （7—9 年级）
阅读教学	1. 结合上下文和生活实际了解课文中词句的意思，在阅读中积累词语。 2. 阅读浅近的童话、寓言、故事，向往美好的情境，关心自然和生命，对感兴趣的人物和事件有自己的感受和想法，并乐于与人交流。	1. 能联系上下文，理解词句的意思，体会课文中关键词句表情达意的作用。 2. 能初步把握文章的主要内容，体会文章表达的感情。 3. 能复述叙事性作品的大意，初步感受作品中生动的形象和优美的语言。	1. 能联系上下文和自己的积累，推想课文中有关词句的意思，体会其表达效果。 2. 在阅读中体会作者的思想感情，初步领悟文章的基本表达方法。	1. 在通读课文的基础上，理清思路，理解、分析主要内容，体味和推敲重要词句在语言环境中的意义和作用。 2. 在阅读中了解叙述、描写、说明、议论、抒情等表达方式。
写作教学	在写话中乐于运用阅读和生活中学到的词语。	尝试在写作中运用自己平时积累的语言材料，特别是有新鲜感的词句。	能写简单的记实作文和想象作文，内容具体，感情真实。	写作时能根据表达的需要，围绕表达中心，选择恰当的表达方式。

　　根据第二学段确定的阅读教学的目标，四年级上学期还可以细化出很多课标知识点，如读文章依朗读、默读、略读等不同读法进行训练，理解内容可以从联系上下文，理解词句的意思入手，从初步把握文章的主要内容，体会文章表达的思想感情入手等。每个知识点可以从多个方面进行规划设计，逐步实施。如，把握文章的主要内容可以从段意综合法、重点归纳法、文题扩展法等方面进行训练。

　　基于课标指导，四年级上学期将根据细分出的目标制定课程纲要，课时教学内容则结合纲要完成（具体略）。其中的第七单元，落实的核心训练目标是：在阅读中初步领悟动作、神态、侧面描写的表达方法。将这个目标进行分解，核心概念就是动作、神态、侧面描写的表达方法，行为条件是在阅读中，行为动词是领悟，行为程度是初步。列表如下：

核心概念	行为条件	行为动词	行为程度
动作、神态、侧面描写的表达方法	在阅读中	领悟	初步

（二）根据目标选择教学内容（用什么教）

《鱼游到了纸上》是鲁教版四年级语文上册第八单元的一篇精读课文，讲的是作者去玉泉观鱼，认识了一位聋哑青年，发现他画的鱼栩栩如生，作者对他的神态、动作刻画传神，围观的人都说他画的鱼就像在纸上游动一样，一位勤奋专注、画技高超的残疾人形象跃然纸上。《全神贯注》的人物品质、作者感情、表达方法与《鱼游到了纸上》基本一致。两篇文章都是指导学生朗读、感悟、积累的佳作。

四年级上学期，学生阅读能够做到默读有一定速度，浏览亦开始了初步学习，需进一步培养；能联系上下文和自己的积累，推想课文中有关词句的意思，但是在体悟关键词语的表达效果上需再提高；能够在阅读中体会作者的思想感情，但对于领悟文章的基本表达方法需要引导。

写作方面，能写简单的记实作文，能做到语句通顺，用上积累的词句，但是不能做到内容具体，在写作方法上需要进一步学习。

基于以上学情分析，决定通过《鱼游到了纸上》《全神贯注》两篇文章的学习来实现目标。

（三）根据教学目标完成教学设计（怎么教）

为了更好地达成这个核心目标，我们分成三级目标进行落实（目标同前）。三者之间是层层递进的关系：感悟理解—运用提升—创造展示，具有很强的逻辑性。

本课例重点：阅读中感知动作描写、神态描写、侧面描写这三种表达方法，并初步领悟其表达效果。

本课时的教学难点：运用学到的表达方法进行读写结合。

教学过程设计为：

1. 学生初步感知课文

默读课文，画出描写聋哑青年看鱼（神态）、画鱼（动作）的句子。结合关键词句小组交流"深刻印象"，师生合作、生生合作，结合插图想象周围人的评价（侧面）。怎么知道学生感知到了呢？能结合至少两处动作、神态的句子说出聋哑青年忘我投入、与鱼融为一体的人物品质，并能用自己的话夸出青年的高超画技。

2. 再理解内化表达方法具体的表达效果

学习的过程与任务：文本对比读，体会各表达方法对刻画人物形象的作用。全班交流，教师点拨深化。怎么知道学生理解了呢？能说出至少两种写法表现聋哑青年身残志坚、画技高超的好处。

3. 进一步运用老师点拨的方法

在学习了第一篇文章的基础上，学生再去学习第二篇课文《全神贯注》，初步运用动作、神态、侧面的表达方法去欣赏、赏析罗丹的人物形象。学生怎么去运用呢？找到动作、神态、侧面描写的句子，交流其对刻画罗丹全神贯注、忘我痴迷形象的作用。初步运用的表现性标准呢？能独立找到至少三处并用自己的语言说出至少两种表达效果。

4. 结合阅读理解学以致用、创造展示

学生初步领悟了这三种表达方法，在一级、二级目标达成的基础上，再由读到写、读写结合就水到渠成了，写不是目的，而是作为对前两个目标达成程度的综合评价。出示运动会图片，学生观察图片上人物（运动员、观众）的动作、神态；利用习得的表达方法，写出一个100字左右的片段。教师期望学生能够运用习得的至少两种表达方法将人物写具体（用生动形象的语言把人物的动作、神态等具体特征描绘出来）。评价形式：利用自评表自评，通过"我来写评语"进行小组互评，小组推荐优秀作品展评，修改。

（四）根据设计了解教学效果（教得怎样）

　　教学评价是教师了解教学效果，把握教学质量的重要手段之一。传统的评价方式，主要以书面检测为主，评价只能在课堂教学任务完成之后进行，起到的作用已经于事无补。基于课标的备课设计在设计目标时就已经将教学手段、策略和评价办法综合考虑，教学设计和评价设计已经成为了课堂教学的连体姊妹，能够随时结合某一个方面改进课堂教学，如结合"至少两处动作、神态的句子说出人物品质"了解学生的理解情况等。

3

特色备课

　　备课过程中，最珍贵的就是那些属于自己的东西。独创性是备课特色和教学特色的灵魂。一个优秀的教师，一定是长于创造性地进行备课，使自己的教学个性更加趋于成熟，形成自己的教学风格。

　　传统的备课总是让教师束手束脚，把教学目标锁定在教参所涉及的范围内，不敢越雷池一步。而个性化十足的特色备课，强调不断创新，鼓励教师在创新的过程中提炼出自己的教学思想和教学资源，在备课内容的理解、备课思路的形成以及教学思想、教学策略上都强调鲜明的个性化色彩。

　　特色备课，成就教师的教学个性。

我的备课绝招：钻透教材、用透教材

北京市东城区教育研修中心　赵景瑞（特级教师）

备课，最重要的是对教材的把握。钻透教材、用透教材是备课成功的重要因素。

一、钻透教材

备课，最重要的是吃透教材。教材虽是例子，却又是凭借，例子是重要的，但看得远还需要站得高，有例子教师更应钻例子，例子吃不透，就设计不出好教案。若钻不透教材，就挖掘不出引起学生兴致的探究点，自主、合作、探究的学习就会流于形式。所以，钻透教材是预设备课的重要前提。以一篇课文为范围，应从以下几方面钻研教材。

1. 钻"面"

要整体把握课文。不仅要抓理解每段具体内容，而且要抓住全文的主要内容。举《鸟的天堂》为例，全文按时间可分为两部分。两部分各写什么呢？常见老师这样说：第一天傍晚看到了一棵大榕树，第二天清晨看到无数的鸟。这种理解将两部分完全割裂开来，文章是整体，各部分有着内在联系。其实是，树中有鸟，鸟在树上，鸟与树相互依存，和谐相处，讲鸟与树的亲密关系，才是全文的主要内容。

2. 钻"线"

把握整体不仅要钻"面"，也要钻"线"。它是纵向地整体把握，是深层地整体把握，犹如串糖葫芦，要抓住串糖葫芦的那根竹签。

（1）结构线：要善于理出文章的结构线索、结构特点。去皮肉见其骨。

（2）主旨线：不仅要准确地归纳出主旨，而且要悟出体现主旨的层次。去其骨见其魂。如《麻雀》一文体现的是母爱吗？不是，体现的是爱子的行为吗？也不准，应是爱的精神；还不够，这爱的精神，不仅表现于老麻雀的爱子精神上，也体现在老麻雀不畏强暴上，这正是作者感动的原因。

（3）情感线：表情达意是语文的特点。钻文要悟情，悟出主要人物或动物、次要人物或动物及作者的情感变化。如《马背上的小红军》中，从陈赓将军对小红军的称呼的变化（小兵—小鬼—小兄弟），可体会出陈赓将军的情感变化，由关心到亲密，由亲密到敬佩。

3. 钻"体"

以文本为依托，了解文本背后的内容，了解写作背景，补充有关资料。这样钻研，利于课内外结合，利于扩大阅读面，增加阅读量，利于与信息技术的整合。如《第一场雪》，从表面上看，是写景的文章，当你了解到写作背景后，会有新的认识。原来，当时祖国正处在三年困难时期，瑞雪兆丰年，预示着国家即将走出困难低谷。作者为了激励人民看到光明，奋发图强，于1963年在报纸上发表了这篇文章。看来，这不只是写雪景，更是借景抒情，借景议政。足见钻"体"的必要。

4. 钻"点"

文章整体与局部是对立统一的一对矛盾。整体由局部组成，局部又离不开整体。所以，只有从整体中抓局部，从局部中悟整体，这种钻"点"才是康庄大道。应善于抓住牵一发而动全身的"牛鼻子"，以一滴水去透视太阳，钻研反映整体的字、词、句、段……通常钻点有七要素：音、形、意、道、境、情、采。譬如，老舍的名篇《猫》中有个重点句："它……跳上桌来，在稿纸上踩印几朵小梅花。"其中"踩印小梅花"最为精彩。"花"要不要读儿化音，就要联系到猫爪子印不大，又带有喜爱之情，读儿化音才能表达意思，抒发情感，这是"音"。再有，"小梅花"就是猫爪子印，这是"形"与"意"。为什么在作者眼里却成了艳丽的花朵？为什么猫在稿纸上乱踩，作品被搞得一塌糊涂，作者非但不烦，反而干脆放下写作，高兴让它踩，津津乐道地欣赏猫爪子印，似乎还在闻着梅花香味？根据语"境"，这里饱含着作者爱猫之情，这是"道""情"。作者用什么方式表达的呢？将猫爪子印比作"小梅花"，以比喻的形式表现了作者的思想感情，这是文"采"。看！七要素在这个重点句中都体现出来了。当然，不必将所有语言文字都挖掘出七要素，只在重点、难点、特点处吃透即可。

二、用足教材

钻透教材很重要，但并非目的，用好教材才是目的。如何把看透教材的理念，转化为驾驭教材的操作呢？如何把钻透教材的积淀转化为学生的语文素养呢？仅仅钻透教材的七要素是很不够的，要让教材为学而用，为教会学生怎么学而用，就要善于用足教材。可从以下几点去备课，设计教学。

1. 品点

品味语言的音、形、意、道、境、情、采。比如《田忌赛马》一课开头有这样一句话："他们把各自的马分成上、中、下三等。"这句既好懂，又似乎没什么文采，若跳出此文看，情况就不一样了。先让学生用两句话说出这一句话的意思，目的是借此练理解后的表达，学生会说出："田忌把自己的赛马分成上、中、下三等。""齐威王也把自己的赛马分成上、中、下三等。"然后，启发学生想想原句哪些词能使说的两句缩为一个句子，从而品味到"他们""各自"的作用——解读内容品味用词，透过词意探索出概括功能，从个别到一般规律。再用"各自"造句，扩展运用，又一次跳出教材，培养能力。

2. 扩点

教材给教师、学生留出了再创造的空间。空间在哪里呢？以课文为例，每篇课文都有简略处、省略处、概括处、延伸处，这些正是给学生练语的空间，是极好的扩点。要抓住教材的简略处求展开，省略处求补充，概括处求具体，暗含处求明朗，延伸处求续编。比如传统课文《小马过河》，小马过河后得出结论：小河既不深又不浅。课文虽完结，但事情可延伸，小马过河磨面回来，还要过河，可以与老牛、松鼠有一番对话；小马回到家，也要向老马汇报自己两次过河的经历及感受：这都是训练学生理解表达的扩点。

3. 疑点

华人诺贝尔奖获得者李政道博士有句名言："要学问，先学'问'，不学'问'，非学问。"学生敢"问"、学"问"、会"问"、爱"问"，就是一门极为重要的学问和素质。在何处抓质疑点？一般说来，应在难点处质疑，关键处质疑，疑惑处质疑，无疑处质疑……如《白杨》一课，有个关键句"爸爸只是向孩子们介绍白杨树吗？不是的，他也在表白着自己的心"，可设计质疑环节，启发学生提出几个"为什么"一类的问题：为什么爸爸妈妈要到新疆工作？为什么爸爸要带我们到新疆？爸爸为什么要介绍白杨树？从哪些方面质疑？质疑的内容范围很宽，是有层次的。一般说来，有五层：

（1）疏通性问题。属于初读课文中提出的有关文章表达的疑问。

（2）深究性问题。主要提出有关思想内容深层的问题。如《飞机遇险的时候》，学生提出："为什么周恩来同志让给小扬眉伞包时是'亲切地说'，而拒绝大家让来的伞包却用命令的口吻？"这是涉及周恩来舍己为人品质的问题，有一定深度。

（3）鉴赏性问题。这是从思想内容回到语言文字的有关表达形式的赏析疑问。如学习《草船借箭》时，学生对课题发问："课题为什么不用'骗箭'，而用'借箭'呢？"品味用词的精妙。

（4）延伸性问题。这往往出现在课文读懂后，学生想知道有关的扩展知识。比如学《蝙蝠和雷达》时学生提出："既然蝙蝠的眼睛对探路没有用，它还长眼睛干什么？"这就涉及生物进化的知识了。

（5）评价性问题。可以对课文的内容、情节、观点、人物、语言进行评价，提出不同看法。

4. 异点

从语文教材看，没有终极真理，只有相对真理。学生是有差异的个体，这种差异使他们不可能认识一样，必然出现求异。语文课标多次强调创见，意在鼓励求异，开拓创新的空间。备课就要抓住异点，开展创造性的语言实践活动。例如，课文《惊弓之鸟》，可设计求异问题：到底是谁使大雁从天上掉下来的？从表面上看，当然是射箭能手更赢的功劳。若换换角度，就会求异。大雁掉下也有使它受箭伤的前一个猎人的成绩，试想没有箭伤的大雁，再拉弓也无济于事。更重要的是大雁自身，它的心理素质太差，一朝被蛇咬，十年怕井绳，一听到弓弦响，就怕得要死，所以，大雁也是在自杀。如此三个原因，通过求异就明朗化了。

5. 争点

备课要善于抓住教材揭示的矛盾冲突，引发学生的讨论、争论。抓住"争点"，有论题，有不同观点的论方，可有依据地热烈争论。有篇课文《只有一个地球》，文章提出了"科学家已经证明，地球人不能移居到其他星球"的结论。可抓住这难得的"争点"，引问："到底地球人能不能移居？"立即出现争论双方。甲方说不能移居，原因是没有地球人生存的条件。乙方则从课外搜集的资料获悉，科学家发现了有水、有空气的星球；还有的认为，在外星建造适合人类生存的环境，就能移居。双方争论不休，最后，求同存异，不管能否移居，我们都要精心保护地球。

6. 联点

文章都是由句段有机组成的整体，有着内在联系。用透教材就要找到比较点、联系点，备课就要善于在比较、联系中引导学生发现、解读、运用。如《马背上的小红军》，可设计：读全文，体会陈赓将军对小红军的称呼有什么变化。从小兵—小鬼—小兄弟称谓的变化，体味到陈赓将军对小红军由关心到亲密直到敬佩。

7. 移点

新课标提倡师生与文本的对话。要让学生进入教材，与文本零距离接触，就需要学生移角色、移情境、移情感，实现与文本的真正对话。

8. 评点

由于教材是作者、编者与教者、学者共创的过程，备课可以发动学生跳出教材思考，抓住评点，通过自我建构，去评价作者、评价人物、评价情节、评价观点、评价语言等，展现新认识，变再现式理解为评价性理解。就拿《小摄影师》一课为例，由于小男孩扔纸条，才得到给高尔基照相的机会。他珍惜这个机会，为照这张相"摆弄了很久很久"就是评点。可设计评价式提问："你认为小男孩这样做好不好？"一下子激起学生求异，众说纷纭。在肯定"小男孩多么认真，一丝不苟"的基础上，启发不同观点："他摄影技术不佳。"还有的认为："摆弄这么长时间，不仅耽误了高尔基的时间，而且与自己前面的承诺不一样，言行不一。"还有的联系下文发表见解："他摆弄很久，却没带胶卷，真是丢三落四！"……这么好的创见，正是评价阅读的恰当运用，借教材渗透了人文精神。

9. 融点

融其他学科的"他山之石"，融入课外有关信息，攻语文"之玉"，进行综合学习，不仅必要，而且可能。如《詹天佑》一文，发动学生画"中部凿井法"示意图，以此形象地理解课文，感受詹天佑的高超技术，这是美术与语文的融合。再如古诗《题西林壁》，为了真正理解不识庐山真面目，教师可引入不同诗人在不同季节、不同角度写庐山景色的几首古诗，一篇带多篇，体会出庐山奇妙多变的真面目，这是课内外的融合。

10. 积点

教材是范例，积累语言是掌握表达工具的砖瓦。所以，要善于利用教材让学生赏析、积累、运用语言。积累的目的在于运用，运用是积极的积累，要善于边积累边运用。如，课文《卖木雕的少年》中有许多成语，值得学生积累。可以这样设计：先找出文中的成语，理解后摘抄下来（名不虚传、琳琅满目、栩栩如生、五官端正、爱不释手、语无伦次）。接着设置运用成语的情境。结合课文内容，学生运用上面的成语填空，在用中积累：

大瀑布真是（名不虚传）。瀑布旁的摊点里，一个（五官端正）的黑人少年正在叫卖。陈列的木雕（琳琅满目），其中象墩雕得（栩栩如生），我一看就（爱不释手）。

11. 盲点

何为盲点？即教材中学生不易发现的关键处，或不易觉察的认知错觉，或蕴藏的内涵。备课要抓住学生认知盲点，引发情趣，激发思维，引导学生走向光明。如《跳水》一文，有一处不易发觉的盲点词语——"风平浪静"。可这样设计："文中有一个词语，与跳水这件事的整个过程息息相关，没有这个词语，就不会有这件事。你们能找出来吗？"当学生兴奋地发现"风平浪静"后，教师可不失时机地让学生运用"由于有了风平浪静，所以……"句式表达见解，学生就会说："由于有了风平浪静，所以才有孩子到甲板上与猴子玩耍、取笑。"就会说："由于有了风平浪静，所以孩子才敢爬上也才能爬上桅杆顶端，危险才会出现。"就会说："由于有了风平浪静，所以船长才会用逼孩子跳水的办法救儿子，否则，即便跳水了，也会淹死。"牵一发而动全身，教师在开发教材中提高了学生阅读、表达的水平。

换位中巧备课

江苏省南京市琅琊路小学　周益民（特级教师）

语文教师面对文本的姿态、解读文本的视角、切入教学的端口，固然受其文化涵养、思维品质等方面的制约，但同时也是其课堂观的具体物化。面对文本，我常常喜欢从不同的视角分别尝试着去了解、去接纳、去审视，力争多角度交流，全方位把握。

一、将自己设想成不同的角色走进文本

1. 我是作者

"我是作者"是求其"真"的过程。文本主要传递什么信息，主要抒发什么情怀？其源初本义为何？"识真"既是对作品的尊重，也是进一步求解的先在。

"我是作者"要力争准确还原文字传载的信息。"缀文者情动而辞发，观文者披文以入情。"作者与读者间固然由于诸多因素，无法达成合一的体认，但文字毕竟具有一定的客观性，阅读者完全可以凭借对文字信息的深刻把握，最大限度地靠近作者的本义所在。要识得其"真"，就须真切地走进，实在地揣摩，从而还原抑或再建。叶圣陶说："作者思有路，遵路识斯真。作者胸有境，入境始与亲。一字未宜忽，语语悟其神。"记得多年前教学作家峻青的小说《老水牛爷爷》，起先我只是将主人公的行为理解成一种普通意义的质朴热心、乐于助人。一位老教师提醒我注意文中的一句话："那时候，他在村里担任支部委员。"推敲"支部委员"，我豁然领悟，作家所表现的主人公其实是

在用最为朴素的方式展现着优秀的共产党员的奉献本色，于此，对人物的认识上了一个台阶。寓言《狐狸和乌鸦》叙述狐狸用奉承话骗取乌鸦嘴里叼着的肉，揭示了爱听奉承话的危害。不少教师似乎忽略了文中的"邻居"一词，正因为狐狸和乌鸦是"邻居"关系，住家毗邻，彼此脾性定然熟悉，乌鸦自是明晓狐狸的狡猾习性，这就使得故事所寓更为深刻与辛辣。遗憾的是，目前选用了该文的几个版本的教材均删去了此词。

"我是作者"要以接近作者的情感面对文本。时间、空间、阅历、气质都是横跨作者与读者间的鸿沟。阅读者就要设法通过先走进作者再走进作品。柳宗元五言绝句《江雪》用极其洗练的文笔，勾勒出一幅寒江雪钓图，似是写景。了解诗人的生平遭遇，就会顿晓诗中"渔翁"实是诗人自寓。此诗作于诗人谪居永州期间。柳宗元被贬永州，精神受到很大的打击。这首诗就是他借助歌咏隐居山水的渔翁，来寄托自己清高孤傲的情怀，抒发政治上失意的苦闷和压抑。而将四句首字连读，更读出诗人"千万孤独"的落寞孤寂。

2. 我是孩子

"我是孩子"是对母语学习规律的认识。教材的主要阅读对象是孩子，教材的阅读学习是他们语文素养提高的重要凭借。儿童的阅读心理与成人有着很大差异。他们重直觉把握，重感性体验。教学的成功建筑在对儿童的理解上，需要教师拥有一双孩子的眼睛。

"我是孩子"是一种真诚的教师情怀，而非故意做出的"下蹲"姿势；是一个感情真实的心性意义的儿童，而非耐着性子模仿孩子的"伪儿童"。

"我是孩子"为教师解读文本开辟了一片新奇的天地。"儿童的眼睛是奇异的。世界在儿童的眼里犹如童话一般。孩子看山，好像山洼里会走出一个白胡子老爷爷，坐下来跟他讲故事。孩子看云，云儿在飘，好像大白马在草原上奔跑，咦，马儿跪下来，还等着他骑呢。……我用儿童的眼睛看世界，啊，真的，那山那水也瞧着我，那花那树点头微笑，诱惑着我和孩子们投入她的怀抱。"（李吉林《孩子的眼睛》）教育学者李庆明指出：这里的"看"是一种基于师生心灵对话与沟通的参与性、移情性、体验性的"本质直观"，它摆脱了观察者的自我中心，克服了观察者与观察对象的二元分离，从而避免了那种纯自然科学式的简化"解释"，获得了对作为活生生的人的"儿童"的丰满理解。用"孩子的眼睛"看教材，我们就会想，《江雪》诗中，那"蓑笠翁"为何怪怪地钓起了雪来？（"独钓寒江雪"）猴子们好可爱，他们舍不得那么美丽的月亮掉进水中。（《捞月亮》）

3. 我是教师

"我是教师"是多种角色的融合。以作者的视角易于领悟文本的原始意义，以孩子的视角易于了解学习对象的心理状态，但这些还都不够，我们还要斟酌：作者所寓是否适于向孩子揭示？应该领着孩子求解到何种程度？文本进入教材，除却原先意义的价值，编者又赋予其何种担负？这就是教师的视角。我觉得，优秀的教学实施，建立在对文本的三种解读视角的融合之上。"我是教师"，所以我要考虑：《江雪》诗中所寓应该向孩子们揭示到几分？"蓑笠翁"的"钓雪"误会又该如何消除？

"我是教师"是一种专业解读。教师对教材文本的解读同一般读者的文本阅读是不尽相同的。一般意义的阅读主要旨在理解文章内容、接收相关信息、获取精神享受等，具有一定的随意性与自由度。教师的解读则更讲究准确与深入，更需考虑如何以其为凭借促成学生的言语发展、文化熏陶。

二、以不同的姿态面对文本

1. 先做"信教徒"

做"信教徒"，意味着我们对待文本应有的一种礼遇。每一个文本都是作者智慧的结晶，这种劳动的成果理应得到读者的认同尊重。受某些思潮影响，有些人总想着如何解构、颠覆甚或"大话"文本，我以为这是很不严肃的表现。即便"解构""颠覆"，也应以洞察文本、占有文本为前提，也应该首先真诚地领会与感受。其实，很多的误会盖缘于误解。

做"信教徒"是对文本认同的过程，是获得经验、汲取智慧、赢得力量的过程，也是即将飞起的必不可少的助跑。

2. 再做"反思者"

自然，教师不该成为教材的奴隶。如果说"信教徒"是"入"，那么"反思者"就是"出"。作为一种精确化、典型化的材料，教材曾经是教师、学生心中的膜拜，是少数学科专家、权威人士的意志物化，几乎成了"真理"的代称，教师、学生不会也不敢对其生发疑问。正是长期囿于这种观念，我们的课堂鲜有争执与怀疑，教师习惯了教教材，孩子则习惯了以教材为标准的演绎与推理，与生俱来的好奇、怀疑渐行萎缩。其实，教材仅是课程资源的一个维度，教师、学生才是创造课程的最重要因素。如是，就将教师、学生置于跟教材"等高"的平台，甚至教师、学生也完全能够理直气壮地参与"自我教材"的构建，由此催生了全新的学习方式，有力地提升了课程质量。这就对教师提出了"反思者"的角色要求。

记得在《可爱的草塘》的教学准备中，通过先期的阅读体悟，我感受到北大荒翻天覆地成"米粮仓"的喜人新貌，感受到其景美、物富、人勤的内蕴。但是再往深里思索，在当今人与自然和谐的环境伦理理念下，这种开荒垦荒还值得倡导吗？其时恰巧阅读到《欣闻北大荒又荒》一文，正解决了我的这一疑虑。

过度开荒也造成了原始生态系统的破坏，曾经肥沃的黑土地日益贫瘠，为此黑龙江垦区全面停止开荒，恢复生态，这无疑是一个历史性的转变。走可持续发展道路就是人类对自身发展作出理性的选择和限制，历史的实践证明，在中国这样一个人口众多、资源匮乏、生态脆弱的发展中国家，以破坏环境为代价换取经济的发展是没有任何希望的，只有走人口、资源、环境协调发展之路，才能创造经济发展的奇迹。人类可以改造自然环境，但不能违背自然规律。过去我们围湖造田、乱砍滥伐，结果导致了洪灾、沙尘暴。这些征服自然的壮举无一能逃脱大自然的惩罚。……可持续发展的实质是由片面强调人的主体性和人对自然的征服掠夺，转变为追求人与自然的和谐共生。北大荒的变迁使人聆听到了人与自然的协奏曲，看到了再造秀美山川的多彩画卷。

这样的反思常常成为教学设计的一个有力抓手，成为利用教材、改造教材的有效资源。

三、用一些自创的"招数"走进文本

1. 假想名家用心读

我很认同张平南老师的一个观点：备课是语感的心理体验。语言的审美效果首先体现在语音上，体现在节奏和韵律上，而语感主要在于理解而非技巧。我觉得，涵泳诵读是走进文本的重要策略，声音的抑扬顿挫、起伏跌宕表现着读者对文本的了然程度。

汉乐府民歌《江南》吟道："鱼戏莲叶东，鱼戏莲叶西，鱼戏莲叶南，鱼戏莲叶北。"如果机械单调地去读，就会有莫名的重复感。设若朗读者捕捉到了语调、重音、气息的有效变化，则其内心定然是感受到了鱼儿和孩子一样，在莲间游窜，忽游忽停、忽南忽北，自由自在、活泼至极的情景。

备课时，我喜欢将自己假想成不同的朗诵名家，在内心里一遍遍模拟诵读。表面风平浪静，心海波涛澎湃。阅读是个性的，我会想象，面对眼前的这个文本，孙道临会如何体现其风雨人生的饱经沧桑，瞿弦和会如何运用自己激情浓郁的嗓音演绎，丁建华又该怎样举重若轻展现轻灵华章，而鞠萍姐姐的永远童音肯定呈现另一番别样风貌。在这种自我陶醉般的想象中，已有背景逐一钩沉，积淀得以复活，与文本形成了频繁的亲密接触。

2. 闭上眼睛过电影

对于叙事写景甚或抒情诗歌类文章，几番诵读完毕，我常喜欢用"闭上眼睛过电影"的方法加以回味。往往在这"过电影"的过程中，我会看到文章描绘的鲜明形象，甚或听到人物的言语心声。文本是模糊的"灰色系统"，很多形象并无确定性，只是一个轮廓。我们按照自己的生活框架细部加工，把"灰色系统"转化为"彩色系统"，使得"我们相信看到了自己实在没有看到的东西"，甚而获得"象外之象"，塑造出一个新形象。闭上眼睛，则免除了外事杂物的干扰，心无旁骛，心思纯一。这其实是一个凭借语言文字驱遣想象的过程，我的对文本的感受也在这种内心视像的晕染下得以强化。

伴随着这一想象运动的还有情感运动，在表象生成的同时，我们会体验到情感的冲动，对文本形象产生深切真诚的关注。在想象郭沫若散文诗《白鹭》描绘的情景时，我眼前竟然浮现出飘逸俊朗的芭蕾舞演员，我喜悦于这种意外获得的隐喻，随即找到了艾青的一首描写芭蕾舞演员的诗歌，融合在教学设计之中。

我的《只有一个地球》的一个教学环节也是这种情景的产物。

师：那我们一块儿来瞧一瞧吧。大家眯起眼睛想象，地球母亲正向我们走来，看看，她长什么样？身材？衣服？眼睛？头发？（教师感情朗读）"映入眼帘的是一个晶莹透亮的球体……和蔼可亲。"

生：我看见地球母亲腰身粗壮（师：呵呵，那叫丰满），圆圆的脸庞漾着笑容。

生：我看见的地球母亲身材很苗条，她秀发披肩，双眼水汪汪的。

师：是个典型的东方女性。

生：我看见地球母亲穿着白蓝两色的纱裙，走起路来那样轻盈。

师：请一位女同学来朗读写地球外形的句子，大家边听边想象。（教师指名读）

师：地球母亲如此美丽，你想对她说什么呀？

生：我想说，地球母亲，你真漂亮，我们爱你！

生：我想说，地球母亲，我为你感到骄傲，你是我们心中的圣母！

3. 相关资料大搜寻

尽量占有与教学文本相关的资料，也是我备课的一个着力点。

贺知章的《咏柳》通过描写春风吹拂下柳树的迷人姿态，礼赞万物复苏、生机盎然的春天。诗中有"碧玉妆成一树高"一句，我通过查找资料，了解到"碧玉"除指美玉之外，还是古代传说中的一个美女的名字。"碧玉小家女，来嫁汝南王"（肖绎《采莲赋》）、"碧玉破瓜时"（《碧玉歌》）等都是有名的诗句。加入这一领悟，柳树的形象就更美了——亭亭玉立，婀娜多姿，多像刚刚打扮好的美丽少女！"碧玉妆成一树高"，柳树化身美丽少女出现；"万条垂下绿丝绦"，这千条万缕的垂丝也随之变成了她的裙带。由于对"碧玉"一词的语意延伸，诗歌的意蕴获得了扩展，也使阅读者获得审美的满足。

这种相关资料，既指内容关联的文本材料，也包括音像、电子、绘画等其他表现、承载形式的材料。记得若干年前我准备语文综合性学习《周总理，我们怀念您》时，除收集了当时能找到的包括连环画在内的所有周恩来的传记性读物，还聆听了大量赞颂总理的歌曲，像《绣金匾》《歌唱敬爱的周总理》《想起周总理纺线线》等，这些对我了解伟人情怀、走进人物内心起到了很大作用，其中相当一部分还被用作了提供给学生的课程资源。

这种相关资料还包括对专业人士的咨询请教。语文的天地宏阔绵远，其中的厚重远非个人所能完全拥有，如果有机会向专业人士咨询，将会获取不小的启迪。在准备《只有一个地球》的教学时，我就有关问题请教了某位环境教育专家，她从环境伦理的角度畅谈了对课文的看法，提升了我的认识。教学古典诗歌，我曾请教国学老专家，他的首肯认同让我获得了教学的自信。教学《逆风的蝶》，我则就有关问题求教于作者、著名诗人金波先生，获得了很多第一手资料。

把握"两头儿"，设计文本教学

北京市密云县教研中心　杨德伦（特级教师）

教材中的文本是阅读教学的重要凭借，或说是阅读教学的首要资源。它因具有依凭性、提前性、规定性和提示性的特点，而直接关乎着语文课程的改革方向与教学质量。研读文本不过关，要想把课上好、把学生教好，便无从谈起。然而，在深入研读、准确把握文本的基础上，还要精心预设阅读教学过程，并需努力追求且争取达到自认为教学预设"最优化"的程度，即用最少的时间与精力，获得最好的阅读教学效果。怎样精心预设文本教学过程呢？我认为，把握住"两头儿"是至关重要的。其中，"一头儿"是教学目标与文本特点，"一头儿"是学生的具体学情。

一、把握教学目标与文本特点

目标不明，课堂教学就容易迷失方向，就会出现教学的盲目性，导致教学缺位或越位。忽视或违背文本特点，训练的方式、指导的着力点、阅读教学的实际效果等，都会因此受到直接的影响。

1. 依据年段教学目标重点去设计

低年级阅读教学目标重点在词句——其中一年级是词语和句子，二年级是词语和语段；中年级阅读教学目标重点在段落——其中，三年级是自然段，四年级是结构段；高年级阅读教学目标重点在篇章，包括文章的结构层次、主要内容、中心主题、表达方法、语言特点等。这是教材编排的线索，是学生学习语文、学好语文的基本路径，自然也是教师设计文本教学时必须考虑和遵循的指导方针。

如课本中《富饶的西沙群岛》（第六册）与《海底世界》（第七册），同是写景的课文，同是按"先总述再分述后总结"的顺序连段成篇，分述中的各个自然段同样是条理格外清晰、语言分外精彩，字里行间蕴含着作者的喜爱与赞美之情。只是由于这两篇课文被编入不同年段的教材中，因而它们承担的教学任务、训练重点便有所不同。

在设计学文过程时，尽管都要引导学生着眼全文，然而，对于前者，指导感受与理解的重点在课文"分述部分"中的各个自然段，包括了解自然段大意，理解重点句子的意思，体会作者的思想感情，归纳自然段的主要内容，领悟自然段中连句成段的方法，背诵指定及喜欢的自然段；而对于后者，指导感受与理解的重点却在课文"分述部分"这个结构段的整体上，即除了要完成以上教学内容外，还要指导学生了解"分述部分"中各自然段之间的表达顺序，领会这"分述部分"的内容在全篇中所起的作用。

2. 依据课文体裁与具体内容去设计

课文的体裁与具体内容，因其依凭性、规定性特点，在很大程度上决定着阅读教学目标与教学重点的确定、指导方法与练习形式的选择。就说理解语言文字的方式，不论是理解一句话、一段话还是整篇文章，一般地说都是要先引导学生"读进去"——理解作者写了什么、表达了什么，再启发学生"读出来"——领会作者是怎样表达的、因何要这样表达，而且要使"读进去"与"读出来"实现无痕地统一，不能因为"读出来"的教学环节而破坏学文的情境氛围。然而，该把"读进去"与"读出来"哪个环节作为教学重点，课堂时间又该怎样分配等，这主要应依据课文的类型、体裁、题材等具体因素来决定。再说课堂练笔，它是帮助学生加深感受与理解，发展学生联想与想象能力，提高课堂教学密度与实效的重要策略。然而，该在哪个环节中安排练笔，又该设计怎样形式的练笔，应根据课文的情节、详略情况与具体表达形式来确定。

如，把《江畔独步寻花》（第五册）和《游园不值》（第十册）两首虽跨越不同学段但同为写春景的古诗组合起来，指导学生进行对比阅读欣赏，这是一种大胆且有益的教学尝试。教学中，既需引导学生"读进去"——理解诗意、想象诗境、体会诗情、强化学法［读通→读懂（结合语境，理解字词；调整语序，理解诗句）→读好→读熟］，又应启发学生"读出来"——领悟诗人同是写春景，却分别以见闻来描绘"花满蹊"、借想象去呈现"满园春色"的高超的表现手法。然而，教学的重点无疑应落在"读进去"的环节，而不是落在"读出来"上。这是由古诗词的体裁形式、阅读理解的重点所决定的。

面对着"黄四娘家花满蹊，千朵万朵压枝低"这绚丽迷人的景象，你又看到了什么、听到了什么，眼前还会浮现出怎样的情景？借助联想与想象，"写一段话或仿写几句小诗"——这个练笔的选点是恰当的，因为这正是此诗给读者预留的广阔的想象空间；这个练笔的形式是妥当的，既有助于丰富学生的诗情画意，发展学生的想象能力和语言表达能力，学生又能写、有的可写。

二、依据学生实际学情去设计

学生认知基础与接受能力不同，指导的重点就该不同；学生生活的地域与环境不同，教学的难点就该不同；学生的情感态度与行为表现不同，引导的着力点就该不同；学生预习质量与听、说、读、写水平不同，训练的内容与方法就该不同。

1. 根据学生的情感态度与行为表现去设计

阅读教学肩负着重要的熏陶感染、启迪教育方面的任务。因此，必须增强思想意识，时刻把学科的工具性与人文性统一起来。设计教学时，既需紧密结合文本中丰富的人文内涵，又要密切联系学生的情感态度与行为表现，以便把课真正上到每个学生的心里去，让学生读一课有一份收获，受一次教育。

如，针对中高年级小学生平日自以为是、我行我素的行为表现，在设计《果敢的判断》（第八册）一文的教学过程时，既要指导学生通过有感情地朗读，细细地咀嚼文本词句，理解主人公小泽征尔是在怎样的情况下作出了怎样的判断，进而感受他不附和权威，坚信自己，敢于作出正确且果敢判断的品格；又需引领学生借助翔实的课外相关资料，领会文中人物正是由于刻苦学习音乐知识与指挥艺术，遍访世界最伟大的音乐指挥家，虚心求教，不懈钻研，在音乐指挥领域具有了极高的造诣，才能在权威面前作出自己的判断。

这样设计，是积极践行"精读与略读结合""教读与自读结合"教学理念的需要，是努力拓展学生阅读视野、丰富学生阅读经历的需要，当然更是结合课内外阅读，向学生渗透正确的、全面的并具有针对性的启迪教育的需要——相信自己但不是固执己见，不附和权威但不是蔑视权威、目空一切。

2. 根据学生课内外阅读的薄弱方面去设计

阅读教学肩负着重要的学法指导的任务。其中包括发现并提出疑难问题的方法，感受和理解语言文字的方法，归纳段篇主要内容的方法，概括全文中心主旨的方法，略读与浏览的方法，欣赏与评价的方法等。

如，学生尽管到了高年级，可在课堂上，依然只是被动等待，不会主动发现并生成疑难问题，更不会自觉地带着疑难问题去读书思考；理解事件或感受人物时，多是断章取义、就事论事，不懂得把课文前后相关语段联系起来"滚动性"地阅读思考。针对这些具体情况，在设计《丰碑》（第十册）一文教学过程时，就需要启发学生于初读全文的基础上主动生成疑问（如"作为掌管军需的处长，他为什么没有棉衣？""被严寒冻死，那是极其痛苦的，可'他的神态十分镇定，十分安详'，这又是因为什么？"），并带着疑问去深入研读探究，在研读探究的过程中，就需要教学生把篇首的环境背景描写与文中对主人公衣着神态的描写联系起来，把贯穿全文的对军长言行神态的描写与对主要人物的描写联系起来，进而使学生在深切感受军需处长崇高品格的同时，自然领悟环境背景描写、侧面描写的重要作用。

这是培养学生阅读技能和良好阅读习惯的需要，是引领学生在阅读实践中形成独立阅读能力的需要，是着眼于学生终身发展的需要。"教是为了不教"，指导阅读是为了学生自能阅读。

3. 根据学生写话或习作的主要问题去设计

阅读教学肩负着重要的指导写作的任务。观察和比较事物的方法，发现和积累素材的方法，选择和组织材料的方法，表情达意的方法，修改完善的方法，锤炼语言的方法……所有这些，主要不是凭教师单独的讲解，而是靠引导学生在阅读中领悟，并逐步掌握，形成技能与习惯。

如，针对四年级学生习作依然言之无序的问题，在教学《神奇的鸟岛》（第七册）一文时，在感受第二自然段鸟岛令人眼花缭乱的迷人景象后，不但要引领学生认识全段"总述→分述→总结"的表达顺序，还要启发领会"分述"部分又按"空间转换顺序"展开的方法，以及这样安排层次的意义；在感受第三至五自然段群鸟团结抗敌的感人情形后，不但要指引学生了解"概括→具体"的表达顺序，还要启迪领悟"具体"部分又按"事情发展顺序"进行叙述的方法，以及这样安排记述的好处。针对小学生即将毕业，然而习作依然言之无物、表达思想感情乏术的现象，在教学《草原》（第十二册）一文时，就需结合第一自然段教学，于理解并体会作者初见草原的景色与感受的基础上，指导学生领会老舍先生将描写景物和抒发感情紧密结合的表达方法；又需于全篇教学结束后，诱导学生结合全文主要内容与写作目的，领悟第一自然段借描写草原美景，来烘托蒙古族牧民人物美，进而突出"蒙汉情深"这一思想主题的表达方法。

这是指导学生感受和理解书面语言的需要，因为只有"读进去"，再"读出来"，既理解了内容，体会到其中蕴含的情感，又领悟到承载其内容与情感的表达方式，阅读教学过程才是完整的。当然，这也是引导学生从阅读中学习表达，以读带写、促写的需要。

巧借"探究·练习"备课

——初中语文《台阶》备课启示

江苏省翔宇教育集团宝应县实验初级中学　袁爱国（特级教师）

《台阶》一文能够同时入选人教版八年级上册、苏教版九年级下册教材，表明这篇发表于 1988 年《上海文学》的短篇小说具有很大的文学魅力和较高的艺术水平。作者李森祥虽不是名家，但艺术视野开阔，文学素养深厚，这篇小说短小精悍，意蕴丰厚，语言优美含蓄，是一篇十分"散文化"的小说，适合初中生阅读。但在研读教材走进文本时我发现，这篇小说的主题呈多元化，小说主人公父亲形象复杂厚重，小说语言具有诗化朦胧效果，这些都给学生解读文本带来了一些困难。如何根据初中生的阅读水准选择适宜的教学策略呢？

一、困惑：研读教学指导用书面临的两难选择

我选用的是苏教版教材，于是先到《语文教学参考书》（九下）中寻找策略，编者在教学建议中指出两种教学思路：

思路一：作为小说的教法

1. 通过细节分析人物形象。

2. 通过有关文字分析，认识小说背景。

3. 通过小说结构发展规律，体会小说巧妙的构思。

思路二：作为叙事散文的教法

1. 注意记叙文的要素：时间、地点、人物及事情的发生、发展和结果。

2. 欣赏语言，体会语言的精当之处。

3. 了解前后呼应的写法，体会针脚细密之处。

思路一沿袭传统的小说文体知识，围绕三要素"人物、情节、环境"对文本进行剖析。思路二选择了作为叙事散文的教学思路，实际上采用的是传统的记叙文的讲读法——梳理记叙要素、了解前后照应的写法；而语言精当一般相对于议论文、说明文而言，李森祥的小说语言平实自然，诗意浓郁，于平白的叙述之中寄予丰厚的意蕴，须沉浸文本之中方能领略其弦外之音。面对这篇散文化的小说，如果仍囿于传统的文体知识而选择其中的一种思路实施教学，显然是老调重弹，毫无新意，既辜负了作者的艺术匠心，也让学生收获甚微。是否可以兼顾这两种思路呢？

二、援助：利用网络资源寻求教学策略

首先光顾人民教育出版社的专题网站，其电子版《教师教学用书》（八上）中提出以下教学建议：

1. 可以用"三问"引导学生把握内容，分析人物。
一问：父亲为什么要造一栋有高台阶的新屋？
二问：父亲是怎么造起一栋有高台阶的新屋的？
三问：新屋造好了，父亲怎么样？
2. 抓住关键的一句。
全文关键的一句是"台阶高，屋主人的地位就相应高"。抓住这个关键句，就容易理解故事内容和人物思想感情。

此教案把文本定位于"小说"，选择了以"人物"为中心的解读方法，集中于小说"写了什么"（理解故事内容和人物思想感情），而"怎么写""为什么这样写"一点都未涉及，显然这样的解读流于肤浅粗陋。既谈不上新

课程倡导的阅读"对话"的多向范式，更谈不上三维目标的有机达成。

于是又搜寻网络上的一些优秀教案，其中一则如下：

1. 整体感知。

回忆性的记人文章，总会有一根线索贯穿始终，请同学们根据课文的标题和开头第一句话告诉我，这篇文章是围绕什么命题立意、组织材料的？

2. 课文围绕"台阶"写了哪些事？（从小说情节展开的四要素来分析）

3. 问题研讨。

（1）既然父亲一生的愿望就是造一栋有高台阶的新屋，为什么文章不就造新屋来详写，而在老屋的三级青石板上用了那么多笔墨？

（2）父亲是怎样造起新屋的？

（3）在造新屋时，作者对父亲作了怎样的描写？

（4）新屋造好后，父亲怎么样了？

4. 拓展延伸。

（1）你如何理解本文的"文眼"？

（2）找出最让你感动的描写父亲的语句，有感情地谈一谈，说说使你感动的原因。

（3）小结父亲的形象特点。

（4）作者对父亲寄予了怎样的思想情感？

5. 总结归纳。

显然，这篇教案思路清晰：整体感知，把握情节—细读文本，分析人物—拓展延伸，把握情感—总结全文，归纳中心。但整个设计过于平稳，缺少个性化的阅读指导，忽略了这篇小说散文化的独特风格，课程实施时缺少深度和广度。那么个性化阅读的策略从何入手呢？

三、突围：凭借探究练习设计教学思路

回过头来研读教材，看到文本后面的"探究·练习"，顿时豁然开朗，四

道习题如下：

1. 阅读思考：父亲为什么"总觉得我们家的台阶低"？在九级高台阶筑好之后，他为什么感到失落？

2. 简要分析下列句子中的细节所表现的人物特点和内心情感，再从文中找出这样的细节加以体会，并把你平时作文中描写细节的语句摘出来与同学交流。（例句略——笔者注。）

3. 从文中找出暗示性语言，看看作者从哪些地方来表示时间的推移和父亲的衰老。

4. 静听回声，有许多事物能唤起我们对过去岁月的回忆与想象。比如古树、老街、旧房子、城墙、昔日楼台等等，请以它为中心，想象出一个故事。

一问即整体感知文本，两个问题极具思维的张力，对于学生而言富有挑战性，可以帮助学生了解小说内容，同时把握小说主题。

二问引导学生细读文本，层次感分明：典型引路，分析例句细节体会作用；举一反三，寻找文中细节，学会迁移运用；交流习作细节，互文对照借鉴写法。

三问探究语言的暗示性意义，已直抵现代文论阐释学要义，通过语言的表面意义探究其深层含义，从而把握小说深刻的意蕴。

四问拓展延伸，根据提供的词语描述其情境，属于创造性阅读。课程标准明确指出："要珍视学生独特的感受、体验和理解。提倡多角度的、有创意的阅读。"静听大千世界中"古树、老街、旧房子、城墙、昔日楼台"的回声，会让学生展开想象的翅膀，绽放创新的火花。

于是，我做了一回"懒教师"，直接按照课后"探究·练习"组织教学，效果比预计的好得多。不妨列举王璇同学根据第四题要求写的习作片段：

如水的日子里。老屋的轮廓已经在记忆深处蔓延沉淀，不经意想起时，已恍若隔世。

我是一个过客，路过的是老屋模糊的身影。安静地游走在老屋的某个角落里，看着屋顶下暖暖的阳光温和地揉碎在空气里，于是，我开始想念它，想念着这间深藏在胡同里的老屋……

记住的，是童年的某个章节，在屋前的老槐树旁，绿叶笼罩的一片阴影下，几个孩子认真地拣着那洒落一地的槐花，作为对老屋的一种纪念。

记住的，是那条悠长的青石小道，在槐树下的藤椅里，一位老人安闲地躺着，扇着扇子，安闲地回忆着往事……

于是，我驻足屋檐下，享受着老屋给我的一丝祥和和恬静……

由此可见，新教材（苏教版）设置的"探究·练习"（人教版为"研讨与练习"），不仅有利于培养学生探究性阅读和创造性阅读的能力，也为教师进行科学高效的教学设计提供了把手，但这一点往往被我们忽视，在日常备课中，常常本末倒置，在研读教参及搜索参考信息上花了很多工夫，而忽视了文本的研读以及对"探究·练习"的精心揣摩。

新教材每课基本上都安排了相应的语文活动或练习，旨在为学生阅读服务，引导学生进行语言实践活动，既充满了人文教育内涵，又着眼于语文素养的养成。如苏教版"探究·练习"的设计，不停留在对课文内容的记忆、理解、分析上，着重引导学生去独立完成阅读的过程，自己去探求问题的答案。在这个基点上选择题点，设计题型，确立题的量和度。七年级上册教科书仅有85条"探究·练习"，其中属于感知的23条，揣摩品味、语言运用的21条，多解创意的20条，比较阅读的4条，记忆积累的（主要是片段和全文背诵、熟读）17条。而85条中链接生活、沟通学科联系的占72%。每课题型安排与新课程倡导的阅读理念基本一致：

第一，整体感知题。引导学生初读文本，培养概括整合信息的能力，重视学生的阅读最初感受和独特见解。如《为你打开一扇门》的第一题，是要求学生在反复诵读、深入领悟课文的基础上，结合平时阅读文学作品的感受，说说自己心中的文学是什么。学生在研读文本的基础上，可以结合自身的体验表述独特的见解。

第二，揣摩品味、语言运用题。从多角度克服肢解性孤立性语文训练的弊端。将语言文字的理解与运用，置于知情意结合的语境之中；运用的内容与生活联系，跟其他学科沟通；把课内的"用"作为课外"用"的起点，从而举一反三，引导向课外迁移。

第三，多解创意题是开放式的设计。学习多角度多层次地阅读，对优秀作品能够常读常新，获得新的体验和发现。在探究活动中，勇于提出自己的见解，尊重他人的成果，不断提高探究能力，逐步养成严谨、求实的学风。如《十三岁的际遇》《伟人细胞》两课写了两位少年，一个是立大志成大才的田晓菲，一个是伟人梦破灭只能做普通人的贾里。课文后设计了一道比较阅读题和一道喻理题。

第四，记忆积累题。主要是熟读、背诵。有两种类型：一种是"精读"的诗文或片段，强调在理解的基础上熟读背诵；一种是"诵读欣赏"的诗文，仅要求"粗知大意"后的熟读成诵，不必求甚解。

显然，"探究·练习"在备课中的作用不可小觑。整体感知题可以安排在课堂初读文本阶段，也可作为预习题处理；揣摩品味、语言运用题可安排在文本细读阶段；而开放式创意题则可安排在拓展延伸阶段；诵读积累则可灵活安排，穿插其间。但这样的方法不可机械照搬，一是教材本身的"探究·练习"主要服务于学生自主阅读，教者必须根据自己研读文本及学生的阅读水准，选择"最优化"的阅读策略，择其善者而从之；二是部分"探究·练习"比较单薄，尚不够科学有序，如果"按图索骥"，效果自然不佳。

我的八个"锦囊妙计"

江苏省仪征中学　刘　祥（特级教师）

　　教师如何才能备出一节高质量的课呢？不同教学理念支配下的老师，对此的看法也不尽相同。以我 20 年的思考和摸索为依托，我觉得，要想把自己的每一节课，都变成学生学习生涯中不可缺少的 45 分钟，那就必须在关注学生的知识积累、关注学生的健康成长、关注学生的终身发展、关注学生的个体差异等方面下足功夫、做足文章，如此，才算是教师认真准备了自己的课堂、认真探究了教学的真谛、认真触摸了教学的风景。

　　事实上，由一个刚走上工作岗位的新手，到成长为具有自己的独特教育理念的个性化教师，这个成长的过程也就是不断积累备课经验、不断发现备课妙招、不断生成教学机智的过程。在这个过程中，几乎每一个优秀教师，都必然地要经过"模仿—整合—创新—形成个性化风格"的发展历程。在踏上这段历程 20 年之后，我将自己在备课中关注的八个问题整理出来，算是一个老教师为年轻教师呈现的八个"锦囊妙计"。

一、模仿，甚至拿来主义

　　工作之初，每一个教师都是对事业和未来充满了希望与热情的。然而，热情不等同于能力，希望代替不了风格。因此，刚工作时的我，便将模仿视作自己快速提升的唯一法宝。

　　从学校毕业后，我便一头扎进了一所革命老区的乡村初中。学校很小，没有图书馆，没有资料室，所有的教学资料，就是教务主任文件柜里的一排北师大出版社出的《中学语文教案》，但这上面都是名家的心血。于是，我就依照自己的喜好，倾心钻研各位名师所备的那些课文，不惜花费时间，将他们的课堂中起承转合的语言都熟练地背诵下来，然后在自己的教学实践中进行模仿。

大约是工作的第三年，偶然的机会，看到了县教师进修学校的一盘教学实况录像带。这给了我很大的触动，开始产生了强烈的观摩名家上课的念头。但县里的外出参观学习的机会，都被县城中学老师占去了。于是，我辗转托了几个同学，从进修学校把他们的 12 盘教学实况录像借了来，一盘盘地看，同时一盘盘地记录。把每一句精彩的过渡，每一个精妙的提问都记录下来，写在自己的备课本上，然后在教学这篇课文，或者教学同类课文时，就在备课过程中反复揣摩，逐字逐句地推敲备课中的各个环节。就这样，我成了魏书生、钱梦龙、欧阳代娜等专家的"偷艺"弟子。这种备课活动，让我获益颇丰，教学质量向前迈进了一大步。

现在，每当新学年开始，学校安排我带徒弟时，我便会将自己的这段经历告诉给刚毕业的年轻人。我想让他知道，教师，并不是一种只需要辛勤的工作，更多的时候，起点处的巧妙手段，是可以将自身成长的路程缩短的。更何况，现在是网络时代，不仅书店里有着铺天盖地的教学著作，图书馆中有着成千上万的教学文章，网络还以它的博大与宽宏，为人们提供了纵情驰骋的空间。当我们拥有了这么良好的备课条件时，又怎么能放弃这些宝贵的财富不用，却只凭借个人的微薄力量蜗行摸索呢？

对于教学新人而言，模仿，是备课中最重要的一个环节，也是最精当的成长路径。

二、在整合中博采众长化为己有

齐白石先生曾告诫弟子说："学我者生，似我者死。"教学也是同样的道理。要成为一名有所建树的语文教师，如果始终是单一模仿名家，只会把自己引向死胡同中。在经历了前几年的亦步亦趋式的模仿之后，我开始跳出单一的模拟状态，而把自己学习来的各样经验加以融合，让它们成为能够适应我的课堂需要，适应我的学生实际的备课方式。

有了点薄名之后，外出听课与授课的机会也就多了起来。每有外出观摩的机会，听课记录是最重要的一件事。我的习惯是尽量把他人授课中精彩的设计和启发学生鼓动学生的话语都记录在专门的听课本上，这个本子，被我称为"授课秘籍"。回来后，遇见适合的课文，备课时就要把"秘籍"拿出来，与我的教学实践相磨合。一旦被我的教学实践验证了是适合我学生的好方法，那我就将之据为己有了。这种将别人的教学设计、教学细节跟自己的教学目标、教学构想相整合的过程，其最大好处是让我把"偷艺"得来原本很杂的各种风格和自己学生的实际、自己的个性特点紧密地结合了起来，为形成自己的教学风格奠定了良好的基础。

这种博采与整合的备课法，已成为我更新知识、保持课堂活力的最重要的招数。2004年时，我在网络上看到了《愚公移山》《荷花淀》《斑羚飞渡》等几篇风格特殊的课堂实录，尽管我并不完全认同这几位老师对于文本内容的个性化解读，但我却十分欣赏他们的课堂处理技能。于是，我把这些实录打印出来，每隔一个阶段，就在备课时拿出来揣摩。我在等待着尝试验证这种方法。终于，我遇到了相关的文本。我便在备课时，将自己对这种深度解读文本、互文式拓展阅读的理解融合到我的备课活动中，设计出具有我自己的个性化理解的教学流程与细节。这种整合的结果是，这几个文本都成为了我授课中的精品课。《一个人的遭遇》的课堂实录，被《人民教育》杂志选中；《贵在一个"新"字》的课堂实录，被《现代教育报》看中；其他的课堂实录，也在网络上引起一定的反响。

备课中的博采与整合，不一定要建立在完整教学流程的基础上，更多的时候，是在备课过程中，将平日里积累的各种教学细节穿插到自己的教学设计中去。比如课堂提问的设计，我就会把以前收集的资料找出来，看看别人是如何质疑的、如何表扬学生的、如何尊重学生的个性化观点的等。研究这些细节，看起来和整个课堂的完整没有多大的联系，实际上，正是有了这些细节的完善，才有了精细的教学流程。例如，我在很多的课堂上，需要找学生朗读课文时，就这样问学生："今天，大家最想听谁来朗诵课文？"这个提问，就是在最初的备课中，从一个老师的实录上发现的。然后就有意识地使用到自己的教学设计中了。

三、迎合学生的喜好

学生是学习的主体。学生对于老师的要求，如同食客对于厨师的要求一样。厨师一方面可以根据自己的手艺来加工菜肴，另一方面也要注意到食客的口味特征，有的放矢地配料烹饪。同样的道理，老师备课，自然也就要把握住自己的学生的口味特征，有目标地安排教学活动。

我常使用的"迎合术"是游戏。贪玩，是年轻人的共性。有游戏的课堂，总是能激发出不同寻常的学习情趣。当然，每一个游戏，都不是随意而为，而是根据学生的个性特征、根据文本教学的具体要求精心准备的。比如，我要对学生进行珍爱时间的主题教育，备课时，我就要考虑如何才能避免机械说教。我从办公室墙壁上滴答作响的时钟上找到灵感，于是设计出了这样一个教学流程：

1. 导语："同学们，上课前，我想和大家一起做个简单的游戏测验，不知大家有没有兴趣啊？"

2. 教师鼓动："可能不是很好玩。不过，要是你用心去投入，也很有趣味的。"

3. 活动开始：请戴手表的同学取下套在腕上的手表，然后把手表贴在耳朵上，闭上眼睛静下心来听手表走动发出的"滴答"声响；请没有带表的同学，用右手的食指中指按住自己左腕上跳动的脉搏，同样闭上眼睛静下心来感受生命的搏动。时间是5分钟。

4. 用心感受。

5. 交流思想。

在实际授课中，我注意到开始听手表时，有的孩子脸上还挂着嬉笑的表情。随着时间的延续，他们的脸色越来越凝重，似乎有无数不可言传的感悟从四面八方汇集到他们的大脑中，让他们沉静深思。也许从来没有一个 5 分钟有此刻这么漫长。当我宣布"时间到了"的时候，我听见教室中传出很多声音汇聚而成一声沉重的叹息。

而当我让同学们谈谈刚才这 5 分钟内的思想活动时，学生们如此说：

我起先只是要完成老师布置的任务。但当我静下心来倾听手表发出的滴答声响时，我开始感受到一种生命的流动。我感觉那每一次的滴答，都是一种催促，催促着我要珍惜宝贵的时光，要奋发上进……

我静静地听着手表的滴答声，感觉到时光流逝是那么的无情。它不会因为我们还有许多没有做的事情就停下来等候我们，也不会因为我们勤奋了就额外多给予我们一些。于是，我想我们不能再浪费光阴了，因为人生短暂，而应该去实现的又实在是太多太多。

我用我的手指感受着我生命的搏动。我知道，是我的热血在鼓动着我的生命。这一刻，我感受到的是生命的可贵，是健康的珍贵，我想，我一定会好好对待生活善待生命的。因为属于我们的生命只有一次。

……

孩子们的发言，超出了我备课中的预设目标，让我的灵魂也得到了一次净化。我带着掩饰不住的兴奋，打开了书本。

再如 2004 年的一次市级公开展示课，给高三学生复习字形知识。这是最为枯燥的内容，也是一般老师开设公开课时最不愿意讲授的知识。接到这个任务，我在备课时便开动了脑筋：如何才能让高三的学生在轻松愉快的氛围中复习知识呢？后来我依旧采用了"迎合法"，依旧通过游戏来完成我的教学。这节课上得很成功，给了别人很多个想不到。且看一段体现我的备课精神的片段实录：

走上讲台，我说："讲析正式的内容前，我们先做个游戏。我请两位同学到黑板前，听写几个字词，不知有没有胆子比较大的，敢于当着这么多的听课老师上台的勇士？"

两位很活泼的女生走上了讲台。

"第一个字：hóng。"我报出了要听写的字。

"什么，什么 hóng 啊？"两个人一头雾水，不知该写什么。

我又重复了一遍，并不把这个字组成词语，同时催促两个同学赶快书写。结果两个人一个写的是"洪"，一个写的是"宏"。

"第二个字：huáng。"

两个人很快都在黑板上写出了"黄"。

"第三个字：lán。"

两人又都写出了"蓝"。

"好，就这三个字。请两位同学说说你们为什么要写这么三个字啊？特别是后面两个，为什么写成了一样的形体？"我刁难两位上台的同学。

"第一个字，因为你没有报出词语，所以我不知道该写哪个'hóng'，只好随便写一个了。第二个是'huáng'，和第一个联系起来，就知道你说的是颜色，所以就写了'黄'。第三个就更简单了。"一个同学这样给我解释。

"你能给我说说这次听写的感受吗？譬如老师应该如何报听写内容，平时运用汉字时应该注意什么内容，等等。"我对另外一个同学提出要求。

"我感觉汉字使用时，必须构成词语，才能准确表达出意思。单个的音是无法表达清楚字意的。这就告诉我们，运用汉字和辨析汉字时，必须把字放到词句中去掌握才行。"

"很好，两位说得很好。老师立刻纠正错误，下面重新报几个词语来写，你们有没有信心写正确?"我用激将法。

"试试吧,应该没有问题的。"她们说。

我报了四个同学的姓名出来,他们的名字上分别有"烨""琛""焯""鑫"四个字。

两位听写的女生很轻松地写好了四个姓名,但一同学把"烨"写成了"晔"。

"你为什么要写成晔呢?"我问那位女同学。

"我并不知道他用的是哪一个字,因为我不知道他姓名的含义,只是依照自己的想象,感觉应该是这个字,所以就写了。"

"哦,你的意思是说,姓名要写正确,就必须搞清楚意思,那咱们就请这四位同学给大家讲讲自己姓名的意思吧,怎么样?"我提出建议。

需要注意的是,备课过程中的迎合,不是无原则的迁就,而是要借助最好的手段来实现自己的教学目标。这种迎合中的游戏,也必须能直接服务于课堂教学,而不仅仅是营造氛围。

四、胸中有丘壑

胸中有丘壑,就是说备课时,必须明了即将面对的文本,在全册书中占据着什么样的位置,在全学年中体现着什么样的编排理念,在整个学段中落实着什么样的教学思想。这种明了,是一个成熟教师备课时必须高度重视的内容。

时常见到一些持旧教案上课的老师。上一个循环时,属于高三的课文,这个循环中下放到了高一年级了,老师却用同样的流程对不同年级的学生进行着同样知识的教学。这样的授课,于我而言是无论如何不能接受的。尽管课文还是那篇课文,但它所处的位置改变了,它对于学生的价值也就随之改变了。比如同是《蜀道难》这首诗歌,人教版将其放置在高三年级第五册课文的"李白、杜甫"单元内,而苏教版则将其放置在高一年级必修四的"笔落惊风雨"主题单元内。前者的编排目的，在于"以诗解人"，即通过诗歌来了解诗歌创作的时代背景，了解李白，了解盛唐；而后者的编排目的，在于"以诗解诗"，即通过诗歌来了解诗歌的风格，然后用此风格来和彼风格进行比较，获取不同风格诗歌的感性知识。

常规状态下，教材编排的意图，自然就是教师授课的目标所在。这种对于教材编排意图的把握，是教师备课时必须了然于胸的。唯有胸中有此丘壑，备课时才能突出教学的重点难点，授课时才能提纲挈领、有的放矢。否则，用高三的备课内容，来给高一的学生讲授，虽然诗歌还是这首诗歌，内容学生也能够明白，但知识链却出现了断裂，也就无法形成语文知识的系列化和层进化了。

类似于此的教材变化，在这些年的教材变革中十分常见。准确把握这种变化中编者的意旨，然后将其体现在我的备课与授课中，是我在备课中特别看重的一个要素。

五、在文本反复阅读中定位课堂

备课的核心在于阅读，而不在于资料查找。备课中的阅读，和寻常意义上的阅读是完全不同的两回事。面对任何一个文本，教师备课时都应先读懂它。备课中的读懂文本，至少包含着五点要求：先是要读懂作者想要表达的意义，其次读懂编者选入教材的编排目的，三是读懂文本本身的隐性意义，四是读懂学生阅读中可能遇到的各样问题，五是读懂教学中应该侧重的教学目标。

这是一种需要个性和创造的阅读，也是一种需要胆识和判断的阅读。这样的阅读，目的在于搭建起文本和学生间相通的桥梁，在于将作者、编者意图最大限度地纳入课堂教学之中。

比如，我在参加市里的汇报课时，带领学生学习屠格涅夫的散文诗《呱……呱……》，面对这个浅易的文本，该如何体现出作者、编者和教师的意图呢？我在备课时，反复阅读文本，先是试图从文本本身来找寻到突破口，然后又想从文学鉴赏的角度找寻到突破口，但都由于文本的过于简单而放弃了。最后，我设计出"走进文本—走进生活—走进文化—走进心灵"这样四个层进式的教学模块。"走进文本"是授课的必然，任何教学，都不能完全脱离文本而存在，所以，我在这个环节，将文本中属于语文的东西都提出来进行了必要的强化；"走进生活"模块是"走进文本"的一个必然延续，这个环节的设计，主要是借助多媒体介绍的方式，把现实生活中的一些轻易放弃生命的故事告诉学生，目的是用这些血淋淋的惨案来引起学生的警觉，唤醒学生心目中对自己和他人生命的重视；"走进文化"的教学环节，我为学生设计出了三种和生命相关的情境——一是个人生活上的坎坷，一是道义，一是责任，我的目的只是让学生们知道，人，即使是结束自己的生命，也是有着不同的情况的，至于在某种情况下该如何面对生命进行选择，需要同学们在以后的人生路上去自己把握；"走进心灵"这个模块设置的目的，则是要让学生们理解生命的宝贵，激发起学生心灵深处对生命的珍爱。

六、心中时时装着学生

网络环境下的备课，因为资源丰富、观点纷繁而呈现出更加绚烂的特色。在这"乱花渐欲迷人眼"的信息时代，如何才能在观念与观念的碰撞、理论与理论的争鸣中不迷失方向，而始终保持一种个性化的风格呢？这就要在备课中体现出心中时时装着学生的理念了。

备课的价值，在于建立起文本与学生之间的联系。也就是说，教师备课的目的，只能是服务于学生的学习。因此，备课中的一切手段，都必须以学生能够接受为根本。学生的接受能力，包括学生的智力水平、理解力、情感价值取向等诸多方面。

一个无法否认的事实是，越是高年级的课堂，随意性越大。这种随意性，一是缘于文本的深度和广度，二是缘于学生理解力的提高。两方面的结合，使教师无论如何教授文本，学生都能在教师的引领下有事可做。然而，万山磅礴，必有主峰。一个文本中，一定存在着某种最有价值的东西，等待着我们教师在备课中去发现去挖掘。这种价值，也应该是学生所最需要的。

例如，《一个人的遭遇》的备课。面对诺贝尔文学奖得主的优秀短篇小说，我可以从小说知识学习的角度去组织教学，也可以从小说中的细节刻画手法上去组织鉴赏，还可以从高考阅读的角度来探究解题思路。但这些却并不是这个文本最有价值的东西。那么，什么才是该文本的精髓呢？备课中，我把握住了这样一个信息：这个故事的素材，是作者十年前获得的，但作者将这个素材冷却了十年。十年之后，作者感到自己已经从故事中冷静了下来，可以相对客观公平地进入小说创作了，才开始动笔。

这个细节的价值是巨大的，它告诉我，作者写这个文本，是要避免主观情感的支配而相对客观地描绘战争。这样的好处是什么呢？那就是可以在冷静的叙事中，让人们更深刻地认识战争反思战争解剖战争。这，就是这个文本的写作目的。同样，这，也应该是这个文本中最值得让学生积累的人文素养。

找到了突破口，我的课堂设计就简单多了。我在这个文本的教学中，就采用了文本细读的手法来组织学生咀嚼领悟课文细节中体现的人道主义精神，感受战争的反人类本质。同时带领学生认识战争文学的创作手法和风格差异，学会评价和鉴赏作品的优劣。

由于备课中的充分准备，我的这个文本教学同样获得了成功。学生们的心灵也在学习过程中获得了洗礼。

七、准备的，只是话题

任何一个语文教师，工作经验积累到一定阶段后，就应该在自己的备课活动中体现出超脱琐屑问题纠缠，而立足宏观把握的课堂驾驭能力。当然，这种备课，需要的是经验的积累，对于新手并不适用。

眼下的语文课，风格日趋多元。然而，在各家流派中，有一个基本点是不会改变的，那就是语文需要对话。语文课，说到底就是对话的活动课。文本意义的理解把握，需要对话；作者、编者意图的领悟，需要对话；学生文本认知的深度广度，需要对话；师生之间、生生之间的交流探究，需要对话。所以，语文备课的核心，也就应该是对话话题的设计。

话题式的备课，最大的好处是始终可以立足文本的整体感知来组织教学。这就可以尽量避免因为过分关注细微问题而导致的任意肢解文本的现象的出现。依照"格式塔"教学理论的"整体大于部分之和"的观点，整体把握的课堂容量，总是要高于肢解文本的课堂的。

话题式的备课，在宏观上属于预设课堂。而在微观上，由于细节操作中的非先在性，就使得学生的课堂活动，随时处在细节的生成之中。这样，就既可以保持每一个文本的教学目标的落实到位，又可以在学生的主动学习合作探究中培养学生的研究性学习的能力。因而，这是一种很有价值的备课方式。

这两年多来，我的大多数备课，采用的便是这样的方式。比如眼下正在进行的苏教版的主题单元教学，多数情况下，就是先依照主题单元的编排要求，确立好每个文本中要落实的主要教学目标，然后再依照文本特色，将主要目标分解成三到四个分目标。这样就完成了一次备课活动。当然，这样的备课，并不是不研究细节，而仅仅是不去预先设置细节。事实上，为了能在更大程度上发掘学生学习的积极性和主动性，我在每一个文本的大框架确立之后，还要花费更多的时间，去研究文本的内在人文信息和语文知识信息；还要从互文性阅读的角度入手，去广泛搜集可供互文阅读的内容。这样的工作，总是要占据备课中的绝大多数时间的。

话题式备课，在各所学校的量化管理中可能都不受欢迎，但它的整体把握性和细节开放性的结合，给了学生最大的创造空间，也给了语文教师以极大的挑战。所以，它对于优秀教师的成长，是很有帮助的。

八、让每节课都成为生命中不可或缺的成分

这是苏州大才子袁卫星的话，这里"盗用"来作为备课妙招中的一招。这是一招"无招"之招，或者说是一招最为愚笨却最为扎实的寻常招数，属于武术中的"长拳"，是每一个"练家子"都必须知晓的最基本招数。

然而，这招又实实在在地体现着备课的最高境界。在这种思想支配下的备课，将不会再去拘泥于方法招式是否漂亮、是否吸引人，不会纠缠于课堂中某个细节有没有体现出教师的高明和智慧。它所关注的，将只是一个问题——这样的设计，会不会让学生虚度了 45 分钟？或者说，这个环节的安排，会不会没有价值，或者价值不大？

当然，这里又涉及一个相对虚空的教学命题，那就是教学中的价值到底是什么。这在前面的招数中已经有涉猎，在此不继续讨论了。用一句话来归结，想来应该是指对学生的终身发展最有价值的那些知识能力与素养学养。

遗憾的是，这样的招数，我只能偶尔使出，更多情况下，我的备课中，还存在着很多瑕疵，还有很多的课堂时间，消耗在无价值的伪话题的讨论中，甚至是消耗在了批评训斥学生和低级无效的劳作中。

我的作文课备课之"道"

福建省福州教育研究院　何　捷（福建名师）

何为"道"？"道"即接近真实。备课之"道"就是让课堂教学接近真实——真实的学情，真实的需要，真实的学会，真实的喜欢。备课如果有"道"，就应该是一条师生都欢喜地接受，能操作，能行之有效的普世之路。道不远人，真实的往往是简单的，明了的，没有玄虚。

作文的原创性更强，无法可依，完全靠教师个人的语文素养和教学功力。因此，作文指导课的备课，更要讲究合理，要让整节课行走在正道之上。

一、第一"道"，学课标

我承认，之前凡是看到这样的话，我都会嗤之以鼻，觉得那是空话。直到师父于永正告诉我：备课不用看参考书。有参考的话，就只看课标。于老师每逢备课，总把课标中相关的阶段目标复印张贴在教材页面上，所有的教学设计都落实到教学目标上，不偏不倚，不任意拔高降低迎合，所以听他的课你会有强烈的认同感：的确应该这么上！合理，往往给人的不是咄咄逼人的霸气，不是乖张讨巧的灵气，而是一种温润如玉的舒服感。学好课标，靶定教学目标，就算是踏上备课之道的第一步了。

这点我需要特别强调。例如，课标中强调"在实践中学习、运用语文"。习作是语文实践特色最为突出的课程，因此，教学中要有大板块的实践，运用语言文字表情达意的训练，或说或写或改或评，训练多样且充分。又如，课标强调中年级作文就要"大胆写"，因此，在写前的限制，写时的发散性，写后的评价上，都要尽可能给予儿童自由，相对说，教师"教"的力度和程度就要降低。这些都是课标对教学的指向、指示、指导，必须在设计中得以贯彻、体现、执行。

二、第二"道"，了解学情

教者对要执教学段的基本学情要摸清。例如，指导中年级学生写一段话，大多数学生大概会写成什么样，哪些属于典型的问题，哪些是普遍的困难，什么样的形式受欢迎，什么样的教学话语能接受……这些学情是要摸清的。执教自己的班级此条可凭借经验，如公开教学或是赛课活动，多要借班上课，此时，摸清学情就只能无奈地转为了解典型特征。但不管怎样，这是实实在在的备课基本功，也是不少教师忽略的地方。时下不少教师只管"我要怎么上"，其实，课堂上做孤家寡人唱独角戏，滋味必不好受。特别是写作，儿童不买账，课就不知往哪儿上！

贾志敏老师说：一生都在备课。秘妙就在于此。日常教学就是了解学情的最佳时机，每一天都是给你调研学情的机会，但不少青年教师不重视，以为关起门来上课，想怎么上就怎么上，没人管得着。有人管！儿童在管着你，儿童无时无刻在制约、提醒、点化你。"早知如此，何必当初"，不要等到要上公开课，要赛课了，才火急火燎地要去"把脉学情"。学情不是生硬死板的数据，也不是粗浅简单的结论。学情更多的时候是一种感觉，与儿童的默契就是你和儿童两心相知的化境。

三、第三"道"，因学定教

作文的本质是什么？作文就是言语表达。课堂教学体系下的作文又是什么？是在教师指导或是创设的情境下的有局限性的言语表达。（局限性是天然存在的，没有完全的自由。心里怎么想就怎么写，那是一种相对的自由。其局限就体现在"想"字上，想就是一种构思，是表达前的思维预热。所以，我还是执有"作文可教"的教学观。）既然是表达，表达的对象（写给谁看）、表达的内容（写些什么）、表达的方式（文体选择）就是教学设计中要考虑的因素。所谓指导就是和儿童商量并确定写作的既定读者，也就是写给谁看，这往往和文章内容或是创设的情境相关联；提供素材，或是现场活动呈现，即时生成素材，或是回忆过往储备信息，提炼素材，或是想象链接未来，创生素材，这是解决写什么；最后是选定文体，确定用什么方式来表达。（关于文体教学，在小学作文教学体系中一直被忽视，这样的硬伤到了中学写作中就体现出来了，时下流行的"散文化议论文"就是代表。）孙绍振先生说：我几乎看不到高考作文中有正儿八经的议论文或是规范的记叙文。要知道，记叙文，小学就在教，就在写，而议论文是中学作文教学的重头戏。

不要小看这几个问题：写什么，怎么写，用什么文体写；三者就像三个板块，设计时可以独立，但操作时更需要交融、渗透、穿插。所谓设计就是调和这三个方面，使其一起朝着目标用力。小时候大家一定听过一个故事：箱子掉进河底，梭子鱼、大龙虾、螃蟹都想拖动它，大家各自往一个方向用力，箱子一动不动。箱子就像教学目标，三个板块要协作方能达成目标。所以，当三个板块内容初步设计后，就要思考用什么形式让儿童思维介入，让其跟着教学进程动起来。例如，四年级的"说心里话"习作指导，我建议采用游戏"传悄悄话"或是"绘本故事"的方式引入课题，揭示教学目标"说写心里话"，这是符合儿童天性的导课形式，也属于"写什么"的感性认识范畴。

以上几个因素的设计依据学情，调试高低难度，选择方式方法，顺学而导，顺理成章地教。设计者要有平和心，不要求花哨，不要为观课的教师上。上作文课，就为儿童能易于动笔，乐于表达。不需用多媒体的就别用，给课瘦身，也给自己减轻负担；该以活动游戏激趣的就大胆开展，但不要忘了练习表达；该确保时间练笔的就要给足时间，不要把写当成点缀，更不要没写清楚就急急忙忙拿出来点评亮相，要记住儿童写不好只说明教得不得法。

我以为，设计时如果能做到以上三点，就越发接近真实，接近教学之"道"了。

四种姿势读文本

——例说我的备课一法

江苏省姜堰市王石中心小学　陈晓林

文本是语文教学的载体，是语文教学得以进行的"抓手"，是提高课堂教学效率，培养学生语文素养，推进语文教学改革的最主要也是最有效的素材。正确、深入地解读文本，教师才能深刻领会作者的意图，才能引领学生走进文本深处倾听作者的心声，体会文中的情感，品味语言的精妙，也才能准确把握好教学的重点、难点，才能更有效地引导学生学习语文。

然而，正如方智范教授在《当前语文阅读教学的若干问题》中谈到的："在新课程实施中强调转变学生学习方式、重视综合性学习、关注跨学科学习的今天，教师对教学设计多样化、对师生互动、对多媒体运用、对引进其他学科知识，下的功夫往往较多。毋庸置疑，这些努力都应予以肯定。但同时也暴露出，教师有意无意忽略了对文本的深入钻研。"对文本解读的忽视制约着语文教学的实际效果，那么，如何深入解读文本？笔者在备课过程中注意四种姿势解读文本，充分预设，提高课堂教学实效。

一、俯视文本，寻求深厚的基础

面对文本，教师首先以一个自由阅读者的身份对文本进行整体观照和深入理解，居高临下、高屋建瓴地对文本进行认读。教师充分发挥自己在知识积累、认知能力、生活经历等方面的优势，从高处对文本进行解读。俯视文本了解作者的写作缘由和意图，品味感悟文本中所包含的丰富情感和深厚思想，体会文本精妙的语言文字和高超的写作技巧、表现手法，努力成为文本作者的"知音";俯视文本，超越作者和时代，寻求文本的现代意义，探询"话外之音，文外之意"，努力形成自己个性化的观点；俯视文本，教师要力求经过从文字到文学最后到文化的认读和升华的过程，发现文本的本来之意、比喻之意、引申之意，甚至隐喻之意，让文本阅读的过程成为教师一次生命成长的过程。只有这样才能使教师从较高的层次对文本有清楚的认识，才能为课堂教学奠定厚实的基础。

在教学《天鹅的故事》（苏教版第八册）前，笔者俯视文本，反复阅读。初步阅读发现课文在斯杰潘老人讲述天鹅破冰的故事中，表达了作者对天鹅勇敢和团结精神的赞美之情，反映人与动物和谐相处的主题；又读感觉文本所表现的中心还应有天鹅身上所蕴含的人格精神令人感动，使得老人放下猎枪，30 年未动；再读仔细思索，感受到文中似乎还隐藏着与命运抗争，与逆境搏斗的隐喻之意，"坚冰"就是逆境和挫折，"破冰"就是叛逆与奋斗。俯视文本，自己的思维活跃了，思路开阔了，感悟深刻了，有了自己真正的个性化的解读，为教学蕴足了底气。

二、环视文本，开拓广阔的视野

语文教学的资源无处不在，文本的创造也并非孤立的。因此，解读文本时教师要善于环视文本，寻求更广阔的空间，开拓自己的视野。环视文本，寻找文本最初的形态，取得最真切的感受。选入教材中的文本，往往都是经过编者编改过的，与"原生态"的文本有许多变化，教师要努力阅读原文，读出作者的原真心灵，读出编者的修改意图，还原文本，领悟"编意"。环视文本，寻找与文本最相关的内容，相似的、相对的、相连的……对比观照，相关阅读，从而挖掘文本的"空白处""生发点"，在头脑中建构起立体的信息系统，将目光延伸到文本之外更为宏大的空间，获取意外的"惊喜"。

俯视《天鹅的故事》后，笔者二次解读文本，环视文本，寻找、阅读相关资料。阅读《天鹅的故事》原文，果然原文是两个故事，选进教材的是第二个故事，第一个故事讲述了一对天鹅间甜蜜、凄美的殉情故事，文中天鹅真挚的情感，其身上体现出的高尚的人性让人感动、震撼。由此，证实了我的俯视之感。再次，收集、阅读作者的有关文章和相关题材的作品，越来越感觉在描写动物感人故事的文章后有着深刻的寓意，这是仅读文本所无法得到的。环视文本，思路打开了，各种感受交融，解读趋于周密、完整。

三、仰视文本，探索补充的空间

文本是学生学习语文的最重要的工具，解读文本教师要蹲下身、抬起头，站在学生的角度，以学生的身份带着学生的知识结构和阅读方法去仰视文本。仰视文本，感知学生的阅读收获，感受学生阅读的兴趣点和疑难处，感悟学生阅读的困难，深入理解文本所需的"知识落差"、条件限制，感触学生阅读的最佳"路径"和最近"接触点"，从而获取学生阅读文本缺少的渠道、桥梁和拐杖，为补充学生的知识缺陷、文本的背景材料、所需的教学手段、最好的教学方法等提供有力的保证。

学生阅读《天鹅的故事》，会有什么收获，有什么困难？他们能有怎样的解读？深入课文缺少什么抓手和铺垫？俯视文本，发现文章内容比较浅显易懂，语言障碍容易扫除，学生可以自学感悟；天鹅的团结、勇敢精神，教师抓住文中关键词句引导学生阅读，可以深刻体味。然而，要想让教学有一定的深度和广度，让学生感知隐喻之意，震撼于动物的人格之美，则需要创设情境、补充有效资源，引领学生进行思维的碰撞。仰视文本，置于学生阅读条件下的解读，让教师对学生的阅读情况了然于胸。

四、平视文本，形成最佳的路径

文本解读的最终目的是为了提高课堂教学的效益，因此，文本解读最终需要阅读教学中的解读。所谓阅读教学中的解读，就是指区别于教师或自由阅读者的个性化的解读，区别于学生阅读条件下的学生的解读，而是需要将解读置于课堂教学的具体情境中，需要教师从教学的角度去平视文本，文本此时应是教学的抓手，学生语文学习的抓手。平视文本，作为教学资源应该怎样充分利用，有效发挥其作用？平视文本，作为学习材料学生怎么才能更有效地学习，更容易接受？平视文本，作为教学媒介，教师应该搭建怎样的桥梁，采用什么手段和方法让学生走进文本，让文本印入学生心灵？……平视文本就是要选取最恰当的教学手段、最简洁的教学方法，设计最佳的课堂教学途径，进行最巧妙的教学预设。

平视文本是解读文本的最终之势。俯视、环视、仰视为平视服务，目的是让平视更正确、更精妙、更有的放矢。平视要在俯视深刻，追求"深度"，环视宽广，力争"宽度"，仰视贴近，保持"低度"的基础上力求恰当，坚持"适度"。

进入课堂，该如何引导学生进行教学状态下的阅读？这需要我们去精心预设。《天鹅的故事》情感真挚，理性深刻，与学生的认知有一定的落差，为此，在之前"三读"文本的基础上，我预设了教学流程：①激情讲述故事，激起阅读期待。②初读故事，自学解决字词疑难。③再读生疑，是什么让老人放下心爱的猎枪？④细读品味，感知文本显现之意，真挚感情。⑤资料呈现，对比阅读，感悟隐喻之意和升华之情。其解读的重点是天鹅的团结、勇敢精神，难点是动物身上体现的人性之美和与命运抗争的人格之美，桥梁是情感、朗读和课外资源的精当运用。平视文本让预设生动、精彩和有趣。

备课是课堂教学的前提和关键，高质量的文本解读是语文备课的前提和关键，而四种姿势读文本，则是备课成功的前提和关键。

四种姿势读文本，我的备课一得。

略读课：由课内走向课外的桥梁

——我这样备《大自然的启示》

天津市南开区中营小学　王振刚

　　略读，也是一种阅读方法。语文课程标准在"3—4年级"学段目标中指出：学习略读，粗知文章大意。这里的"略读"是阅读方法，略读就是泛读，是一种不求深入精研，只求概览大意的读书法，其基本特点是"观其大略""不求甚解"。以我多年的教学经验，我认为略读课不宜师生频繁对话，要自读自悟；不宜指导过细，要放手实践；不宜面面俱到，要提纲挈领。因此，在备课时，略读课的准备与精读课有所不同。

　　以人教版四年级下册第十二课《大自然的启示》为例，我谈谈备课过程中的所思所感。

一、自读提示，略读课的纲

　　翻开语文教材，略读课的课题前，有一段流畅的文字，那就是"自读提示"。它既自然地把学生的学习由精读课文过渡到略读课文，又提示了略读课文的学习要求和方法，使精读课文和略读课文形成一个整体，更好地发挥训练阅读、迁移能力和陶情冶趣的功能。短短的"自读提示"也是教学资源的一部分。课堂上，教师要充分发挥"自读提示"的作用，利用"自读提示"组织学生半独立阅读。

　　上课伊始，先指名朗读"自读提示"。

　　科学家们探究蝙蝠飞行的秘密，从中得到启示，发明了雷达。可以说，蝙蝠是人类的"老师"。其实，自然界中可以充当人类"老师"的还有很多。默读下面这篇课文，说一说其中的每篇短文主要讲了什么，你从中受到哪些启发。画出自己感受深的语句，如果有兴趣，还可以把它们抄下来。

学生读后，用笔圈画出学习这篇课文时，需要完成的三项学习任务。第一项，悟内容——说说其中的每篇短文主要讲了什么；第二项，悟启示——从中受到哪些启发；第三项，作业——抄写自己感受深的语句。

"自读提示"，提示教师教什么，提示学生学什么。"自读提示"，成为了学生学习这篇课文的自学提纲。纵观中段略读课文，其学习任务无非是三个：一是了解课文"写了什么"；二是说说"有什么感受"；三是谈谈"哪些地方印象最深"。只有把握了基本的学习任务，课堂才会走向有效，追求高效。

二、自读自悟，略读课的魂

略读课的最终目标是帮助学生走向完全独立的阅读状态，形成独立的阅读能力。因此，略读课堂教学设计力求简约，为学生自主地阅读开辟充足的时间与空间。略读课教学活动多以学生独立阅读、感悟为主；所设计的活动内容必须通过学生努力基本上能够独立完成；引导学生多运用以往积累的学习经验。

1. 悟形式

《大自然的启示》这篇课文在谋篇方面很特别，依据文本的结构特点，在学生已预习的基础上，谈谈这篇课文在形式上的特别之处。这是引领学生自主发现、独立感悟的过程。

学生不难发现，这篇课文由两篇相对独立的小短文组成，分别加了简洁、恰当的小标题；这两篇短文的主题都是围绕着"大自然的启示"的……学生分享自己见解的热情一下子点燃了起来。

2. 悟内容

学生默读《"打扫"森林》后，让学生想一想课文主要讲了什么，鼓励学生可以和同桌说一说。给予学生充分练习的过程，让学生充分表达。学生能够利用先前学习的概括文章主要内容的方法——要点概括法，即抓住事件中的起因、经过、结果。这就体现了略读课的根本任务：将精读课中获得的阅读知识、方法要求和初步得到训练的重点阅读能力，迁移、应用和进一步训练养成。

当学生概括得比较繁杂啰唆时，可鼓励学生在语言上再凝练一些，这便体现了教师的"导"，这样的"导"，能促进学生概括能力的提升，所以这样的"导"，是必要的。

当学习《人类的老师》时，学生读完文章，初步概括主要内容，教师要大胆放手，鼓励学生自主思考，在实践中帮助学生概括出方法。当学生利用第三自然段中的句子"科学家从蜻蜓、鲸等动物身上得到启示，有所发明，有所创造"概括时，教师引导学生说说为什么这样概括，然后启发学生用书中的总结句概括主要内容，其方法可以概括为_____，学生定会脱口而出"摘句概括法"。这样的学习过程便是水到渠成。

如果学生分别概括出第一、二自然段的意思，把它们连在了一起，这不就是段意归并法吗？不管用哪种方法概括，给予学生充分的自主，在学生发现、探究的过程中，教师及时点拨学生概括方法。

学生在悟内容的基础上，还要悟方法。悟内容，是感性的思考；悟方法，是在悟内容基础之上理性的升华。鼓励学生总结出概括文章主要内容的方法，这样的"导"是给学生一把迁移的钥匙，能让学生举一反三，触类旁通，所以这样的"导"，也是必要的。

3. 悟启示

《打扫"森林"》带给我们的启示，隐藏在课文中，学生不难找到——原来，大自然中的一切事物都是互相联系的。这样，才能保持大自然的生态平衡。"一切事物"也不难理解，学生也能轻而易举地找出来。但是它们之间有着怎样的联系呢？这是教学的重点和难点。

略读课，应让学生有足够的独立读书、思考和练习的空间。所有的教学活动，应力求是学生的独立学习活动，不宜进行过细的指导，不宜频繁进行师生交互性的活动。因此，突破这个难点，依然要让学生独立自主地"突破"，教师可以给学生以"无声"的指导，适时给予"有声"的点拨，这就给学生提供了有效的帮手，实现课堂的高效益便成为可能。

在自学卡片上，给学生印有学习指导：

默读课文第五自然段，多读几遍，用生物链的形式画画说说森林里的树叶、腐殖质、矮树丛、野草、鸟、害虫之间的联系。（可以用箭头与间接的文字作说明）

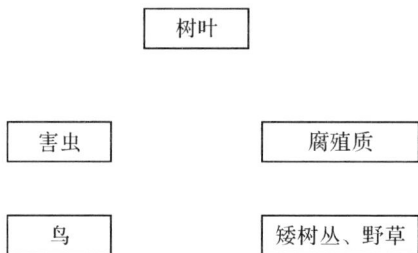

```
                    ┌──────┐
                    │ 树叶 │
                    └──────┘


  ┌──────┐              ┌────────┐
  │ 害虫 │              │ 腐殖质 │
  └──────┘              └────────┘


  ┌──────┐              ┌──────────────┐
  │  鸟  │              │ 矮树丛、野草 │
  └──────┘              └──────────────┘
```

自学卡片，是教师对学生的"无声"指导。在巡视中，发现了两个问题，教师及时进行"有声"点拨：一是箭头的方向要一致，这样才能形成一个生物链；二是"腐殖质"和"矮树丛、野草"之间有什么关系，再默读第五自然段第二句话。

这也是教师对学生"有声"的指导。针对学生学习中的问题，及时指导，再一次给学生提供及时的"导"，有助于学生突破学习中的难点，这样的"导"，也是必要的。

当学生谈《人类的老师》一课的启示时，也很容易地感悟到：生物真是人类的好老师啊！那生物为什么是人类的好老师呢？

教师也给予学生"无声"的指导，鼓励学生凭借自学卡片，独立感悟文本。

默读课文第一、二自然段，把句子补充完整。

_____是人类的老师，因为它教人们_____。

_____是人类的老师，因为它教人们_____。

学生再一次阅读文本，知其然，更知其所以然。

课堂教学实践证明，这节略读课上的两项自主学习内容是学生通过努力基本上都能够独立完成的，自学内容不多、不难，加之教师的及时的"导"，有效地培养了学生的阅读能力，让课堂体现出了实效。

叶圣陶先生说过："略读如果只任学生自己去着手，而不给他们一点指导，很容易使学生在观念上发生误会，以为略读只是'粗略'的阅读，甚至是'忽略'的阅读，而在实际上，他们也就'粗略'甚而至于'忽略'的阅读，就此了事。这是非常要不得的。积久养成不良习惯，就终身不能从阅读方面得到多大的实益。"因此说，略读课，绝不能忽视了教师的"导"，不能忽视了教师的主导地位，不能忽视了教师的指导。

三、自读延伸，略读课的根

叶圣陶先生曾经说过："就教学而言，精读是主体，略读只是补充；但是就效果而言，精读是准备，略读才是应用。"既然略读是为了推广应用，略读课文的教学，就应该以教材为拓展点，进行拓展阅读，增大教学的宽度。

《大自然的启示》一方面告诉我们不要违背自然规律，否则会受到大自然的惩罚；一方面告诉我们要利用自然规律，有所发明，有所创造。其实，大自然给我们的启示远不止这些，它还给了我们人生的启迪。

课上到此，学生从大屏幕上看到了这样的文字——

成熟的麦穗低垂着头，那是在教我们_____！

一群蚂蚁能抬走大骨头，那是在教我们_____！

温柔的水珠能滴穿岩石，那是在教我们_____！

蜜蜂在花丛间忙碌，那是在教我们_____！

含羞草默默地收拢叶片，那是在告诉我们_____！

    学生朗读着，思考着，分享着。他们懂得了大自然也在教他们要学会谦虚、团结、坚韧、勤劳。当学生在分享最后一句时，感到了畏难。教师并没有及时地告诉，而是顺势引导：面对含羞草收拢叶片的现象，我们还没有太深的感悟。阅读自然，感悟自然，伴随着我们生命中的每一天。也许，当太阳再次升起的时候，我们又多了一份感悟。我们的生活，会因为我们的心中产生了疑问而充满期待。

    补充文本中的空白，让学生对"大自然的启示"这一主题有了更深的感悟。带着问题，学生走出了课堂，是要让思考伴随着学生以后每一天的生活。同时，也在静悄悄地引领着学生观察自然界中其他动物、植物身上的秘密。

    阅读，由课内向课外延伸，阅读的领域更加广阔，阅读的感悟更加深刻。

    略读课是小学语文阅读教学的重要组成部分，略读课的教学，更应采取科学的教学策略，做到"简而不略，略中有精，略而学丰"，发挥它的独特功能，使它与精读课文相辅相成，使语文教学总目标得以深化，使学生的语文综合素养得以提高。让略读课彰显出生命的活力。

借他山之石备出新《春》

浙江省温岭市泽国镇第三小学　张锡平　瞿雪红

一、缘起

朱自清的散文《春》，是经典的美文，大至文章的篇章结构，小至文中的词句，甚至标点，可谓是句句精粹，字字珠玑，都是学习的典范。这么美的文学作品，真不敢教。如果逐词逐句地进行分析理解，必定割裂文本，肢解作品，缺乏整体性，走上繁琐分析的老路，那么，文学作品的内涵则荡然无存；如果抛开词句的琢磨，注重朗读感悟，那么，语文的工具性就无法体现。该怎么办呢？

个人的能力是有限的，何不借助他山之石呢？于是想到了王崧舟老师教学《荷花》时的一个经典举措，老师在引导学生欣赏荷花时，尤其是他对于文中"冒"字的开掘，学生的体验各不相同，极具个性，展现了蓬勃的生机。

1. 设计思路

是什么因素使学生如此富有灵性呢？是生活！生活世界是生动的、鲜活的，生活中蕴含着丰富的课程资源，而生活是学生学习和智慧生成的源泉。小学生虽然年龄小，但他们也经历了不少的事，体验了不少的情，他们的生活体验是极具潜力、有待开发的资源。就像王老师所说："学生的生活体验是语文发展、精神成长的源泉和土壤。学生的生活体验越丰富，他能感悟到的语义内涵也就越丰富；学生的生活体验越深刻，他对语文底蕴的理解也就越深刻；学生的生活体验越独特，他建构语文意义的方式也就越独特。"何不调动学生的生活积累，唤醒学生的亲身体验，使学生绽放出自己心中的春天呢？从而使课堂喷发一条条情感的河流，使课堂产生一次次心灵的共振，使课堂涌动一股股生命的激流……

2. 实践尝试

品读"小草偷偷地从土里钻出来，嫩嫩的，绿绿的"的课堂实录如下。

师：小草给你怎样的感觉？

生：（读句子：小草偷偷地从土里钻出来，嫩嫩的，绿绿的。）我觉得小草很嫩，很绿，非常可爱。

师：大家也读读这句话，你们又有什么感受？

生：小草是偷偷地长出来的，它什么时候长出来，我们都不知道。

生："偷偷"说明小草长出来是没有声音的，悄悄的。

生：刚才同学们说小草是"长出来"的，我觉得"钻出来"更好。因为"长"感觉小草长出来很轻松，"钻"让我感觉到小草长出来很费力。

师：你真是个爱动脑筋的孩子，我也有同感。我们就来好好体会体会"钻"字，这个"钻"字可以换成什么字？

生：长。

生：伸。

生：露。

师：作者为什么不用"长、伸、露"，就用这个"钻"呢？你觉得"钻"是一种怎样地长？

生：很不容易地长。

生：使劲地长。

生：用力地长。

生：迅速地长。

生：争先恐后地长。

生：迫不及待地长。

生：勇敢地长。

师：作者不用别的字，用"钻"字让我们看到了小草争先恐后地想长出来，它使劲儿地长，克服了重重困难，勇敢地长出来了。让我们去看看这些可爱而又勇敢的小草是怎么钻出来的。（播放课件）

师：请展开想象的翅膀，现在，你就是这棵小草，你这样用力地、迫不及待地、勇敢地钻出来，想干什么呢？

生：里面黑乎乎的，我要到外面透透气。

生：大伙儿都出来了，我也想出来。

师：你是一棵爱热闹的小草。

生：春天到了，我也想去看看外面美丽的景色。

生：我想给大地换上一件绿装，为大地增添生气。

师：多么美好的想法呀，使大地既美丽又有活力！

生：一年之计在于春，我想带给大家一年的希望。

师：小草给我们带来了希望，你也给我们带来了希望。

3. 成功之处

教师不局限于解读这一句话的表层意思，先通过让学生换词，再说说怎样地长出来才叫钻出来，充分调动学生相关的生活积累和体验，适时、适度地巧问妙点，不仅学生体会到作者用词的精妙，而且由于学生不同的生活经验，对"钻"的动态体会也是迥然不同的，课堂充满着学生情感与智慧的交织。有的说是使劲地长，有的说是迅速地长，有的说是争先恐后地长，有的说是勇敢地长，学生尽情地抒发自己内心的感悟，小草可爱而又勇敢的形象深深地刻进学生的脑海中，学生读课文自然就真情流露。这一切都打上了个性鲜明的烙印。课堂不再是死气沉沉的天空，而是气象万千的天地，是智慧飞扬的沃土。它带给师生的是无尽的愉悦和曼妙丰盈的心路历程。

4. 思想启迪

科学家们的科学研究并不是从头到尾都得亲自探索，研究应该是在别人的基础上进行，要善于学习和继承别人的科研成果。不是有句话说"站在巨人的肩膀上前进"吗？其实，语文教学也一样，我们借鉴别人的成功经验可使我们的起点更高，让我们少走弯路，缩短与成功的距离。

借鉴他山之石，并不是依样画葫芦，而是在吸纳别人成功经验的同时融入自己的理解，发挥自己的智慧，对信息进行再加工，对"经验"作再度开发，去重新建构，真正实现为我所用，为学生发展所用。因此，借他山之石也能成就我们的课堂。

给学生自由思维的空间

——《公仪休拒收礼物》备课新视角

江苏省姜堰市王石中心小学　窦　峰　薛秋月

《公仪休拒收礼物》是苏教版第八册小学语文课本中的一篇课文，这是个独幕剧，通过两千多年前鲁国的宰相公仪休爱吃鲤鱼，却又拒收鲤鱼的情节冲突，表现了公仪休律己严明、清正廉洁的可贵品格。剧情非常简单，但含义深刻，又具有强烈的时代色彩，对学生很有教育价值。因此，在设计教案时要考虑到让学生真正成为课堂的主人，留给学生自由思维的空间。

一、启发学生自主探究，给学生创造自由思维的机会

阅读教学围绕教师、学生、文本展开，教师去讲文本，不如让学生自主地去探究文本。新课标指出："语文课程必须根据学生的身心发展和语文学习的特点……保护学生的好奇心，充分激发学生的主动意识和进取精神，倡导自主、合作、探究的学习方式。"要实现"自主、合作、探究"的学习，首先要以学生为主体，给学生充分自由的学习时间和空间，变被动为主动，所以在导入这篇课文时，要紧扣课题，侧重于"拒绝"，引导学生列出相关问题：

师： 同学们，读完题目后，你想知道什么？

生： 谁送礼？送的什么礼物？公仪休喜欢吗？

生： 公仪休为什么要拒收礼物？他是怎样拒绝的？

生： 公仪休当的什么官？送礼的那个人比他的官大吗？

……

所谓校本研究，应该提倡"问题即课题，行动即研究，收获即成果"。但我们有时就是不知如何发现问题，提出问题，解决问题，也就是缺乏最基本的问题意识。教师没有问题意识，怎样培养学生的问题意识？没有问题意识，又怎么能够创新？没有创新，不能与时俱进，社会还怎样进步？所以这节课的开头，在揭示教学内容，板书课题后，让学生从课题入手进行思考，寻找问题，既激发了学生探究的欲望，又培养了学生的想象能力和问题意识，可谓一举多得。

二、确立学生的主体地位，增强学生自主学习的意识

自主学习是学生在学习过程中的综合表现，有无这种表现，学习的效果大不一样。长期以来，语文教师在语文教学中习惯于对一篇篇课文作繁琐细碎的分析，让学生处于被动接受的状态，大量抄写，日复一日毫无意义的重复劳动，让学生成了学习的奴隶，成了逆来顺受的工具。所以作为一名教师，必须积极转变角色，让学生真正成为课堂上的主人。于是，我们又作了这样的设计：

师：送的礼物是什么？

生：（全体）是鲤鱼。

师：公仪休喜欢吃鱼吗？

生：（全体）喜欢！

师：你是从哪儿看出来的？能自己从课文中找出问题的答案吗？

生："鲤鱼的味道实在是鲜美呀！我已经很久没吃鱼了，今天买了一条一顿就吃光了。"

生："只要天天有鱼吃，我也就心满意足了。"可见他对鲤鱼百吃不厌。

生：他还对他的学生子明忍不住赞美"鲤鱼的味道实在是鲜美呀"。

生：从小括号中"回味似的"，我仿佛听到了公仪休啧啧的称赞声，可见鲤鱼的香味留在他嘴里很久很久！

这时课堂已掀起了小高潮，短短的三个问题，调动了学生主动阅读，探究知识的心理欲望。同时，带着问题阅读课文，实际上是教给了学生阅读的方法，让学生养成了良好的阅读习惯。没有什么知识能够比教给学生阅读方法更有价值。在整个学习过程中，教师始终只是位组织者，学生一直处于主导地位，自主学习的意识得到了增强。

三、升华主题，拓宽学生思维的空间

《公仪休拒收礼物》具有强烈的时代色彩，教给学生知识的同时，更要让学生懂得做人的道理，因此，要启发学生深入研讨"拒收"的缘由，让学生的理解更为明晰。

师：公仪休为什么要拒绝收鱼呢？

生：吃人家的嘴软，拿人家的手短。公仪休收了这个大夫的鱼，这个大夫如果和别人发生了矛盾来找他帮忙的话，他处理起来可能就会偏心。

生：这个大夫自己官比公仪休的小，他就要巴结公仪休。

生：他想让公仪休在皇上面前替他美言几句，自己好升官发财。

生：这样也就可能犯包庇罪。

生：这就难免要违反国家的法纪。

师：如果收了人家的鱼违反了国家的法纪，还会这么自由自在吗？

生：犯了法，成了罪人，就会被判刑，就要去蹲大牢。

生：犯人只能规规矩矩改造自己，是没有这样的自由的。

生：我如果是公仪休，我也不会收。

师：对呀，不犯法，就永远这么自由，想吃鱼就自己买来吃，受贿了，

犯了法，就失去了自由，就不可能想吃鱼就一直有鱼吃。我相信我们班的同学将来当了官也会和公仪休一样，清正廉洁，不拿别人一针一线。

文章的解读需要深度。寥寥数语，教师引导学生挖掘出文章的要旨。因为有所求，才会去送礼；一旦收礼，就可能会违反法纪。"吃人家的嘴短，拿人家的手软"。不收鱼，天天有鱼吃，而收了鱼反而没鱼吃。公仪休在人情与法制面前，坚持清正廉洁，以身作则，所以他拒绝收礼，且有礼有节。

整个教学过程的最大特点，就是把空间和时间留给了学生，让学生在预设的教学环节中，发现问题，提出问题，主动阅读，自主探究，通过自己的阅读感悟去解决问题。教者通过阅读讨论，让学生进一步理解文章的精髓，接受思想教育。

给学生以自由思维的空间，让学生在轻松愉快的环境中获取知识，掌握学习方法，得到熏陶和教育，这与传统的"灌输式"教学方法，是截然不同的概念，也是新课程标准倡导的核心理念。学生在这样的空间里，才能真正成为学习的主人，思维才会活跃，思路才会敏捷，他们才会不断地发现问题，研究问题，解决问题，才能迸发出创新思维的火花。

我的备课五部曲

江苏省海安县白甸小学　周国霞

现在我们的语文教学强调课堂生成，认为课堂因"生成"而精彩，于是有些教师误认为课前的备课就可以马虎点了，其实"生成"并不意味着忽视设计，更不意味着备课可以随便。因为备课是具有创造性的追求美的教学过程，是上好课的前提条件。在平时的教学中，我采用以下的方法来备课，收到了良好的教学效果。

一、啃教材

啃教材是语文备课的核心，如果教师连教材理解得都不正确、不准确、不全面、不深刻，那么，阅读教学就难以有序进行，更谈不上有效教学。啃教材的第一步就是先理解字词句在课文中的意思；第二步是朗读课文，一般要读上四五遍，不读到"其意皆出吾心""其言皆出吾口"是不罢休的；第三步是正确领会作者遣词造句、谋篇布局的意图，对于作者推敲锤炼文字的匠心，一定要细心琢磨、体会。这样才能设计出好的教学预案，为课堂教学奠定坚实的基础。

二、抓题眼

窦桂梅老师特别会抓题眼，确实，抓住了题眼就能达到"牵一发而动全身"的佳境。我在平时的备课中，也尝试着抓一抓题眼。例如，我在备《孙中山破陋习》这篇课文时，就紧紧抓住"陋习"这个中心词进行了如下建构："陋习是指什么？孙中山为什么要破陋习？他是怎样破陋习的？破陋习有什么重大意义？"又如备《爷爷的芦笛》一课时，抓住爷爷的三次笛声：在强强的想象中，爷爷的芦笛声是怎样的？在风和日丽的五月，爷爷的芦笛声是怎样的？在狂风怒吼的夜晚，爷爷的芦笛声又是怎样的？这三个梯度性的设计，让学生充分体会"海边的孩子，不沾点儿海水就长不结实"这句话的深刻内涵。

三、定基调

教材中的许多课文，不论是写人的、记事的，还是绘景的，往往渗透着浓浓的思想感情。但是，感情的基调是非常丰富的，正像歌曲的调子是多种多样的一样，课文内容不同，其感情基调也不一样。有的深沉，有的热烈，有的悲怆，有的凄惨，有的粗犷，有的细腻……只有对教材的感情基调恰当地定位，才能让学生披文入情，深入其中。如《特殊的葬礼》的整个基调应该是凝重低沉的；《只拣儿童多处行》的字里行间流露着冰心奶奶对儿童浓浓的爱意，教师就要把自己融入其中，把对儿童的爱尽情释放出来。

四、搜资料

这里所说的"搜资料"既包括上网搜集教案设计，吸取其中的精华为我所用；也包括搜集实际生活中与教材主旨有关联的材料为我所用，让教材的视野更广阔，涉及面更大。例如，我在备《送孟浩然之广陵》这篇课文时，加入了其他送别诗，如李白的《赠汪伦》、王维的《送元二使安西》等，让学生在更广阔的背景下理解这首诗及这类送别诗的内容与形式。武凤霞老师在教学《船长》课尾部分搜集了十多年前发生在我国新疆克拉玛依的那场大火的资料，从而使教学震撼着学生的心灵，使人终生难忘。

五、思教法

思教法关注学生的学习，着眼于哪种教学方法学生更容易接受，采用何种方法来激发学生学习的积极性，如何促进课堂生成；强调有步骤、有顺序、由浅入深的设计思路，强调学习过程的渐趋性和梯度性，关注过程和方法以及工具性和人文性的统一；从多个角度充分估计学生会遇到哪些问题，并拟定解决问题的多种方案和策略；要求教师要以一种独特的视角处理教材，把握住教材的"精、气、神"，高屋建瓴，别具匠心地安排教学。

总之，备课要使教材真正成为教学活动的跳板，成为师生学习与创新的有力凭借，努力实现课堂的有效教学。

立足三点备学生

　　语文课程标准特别强调要"以人为本"，要尊重学生，课堂上要以学生为主体，教师为主导。但在实际教学中，许多教师在上课前只备教材而不备学生，教师对教材的理解要大大深于对学生的理解，这样就造成了课堂上教师对学生的尊重只是流于形式，而在学什么、怎么学等方面还是教师牵着学生走，"我怎么教，你就怎么学"，并不考虑学生已知了什么，在预习时了解了什么，现在遇到的困难与问题又是什么。这种教学，在本质上还是不尊重学生的表现。笔者认为，教师要想真正尊重学生，不仅要在教态、教学语言等这些外在形式上体现出来，更重要的是要真正地去了解学生，根据学生的实际需要去教学。那么，教师应该了解自己学生哪些方面的情况呢？

一、在授课前要了解学生原有的知识基础和能力水平

　　美国著名的教育心理学家奥苏伯尔认为"影响学生学习的唯一的最重要的因素就是学生已经知道了什么，要探明这一点，并应据此进行教学"。而这影响学生学习的唯一的最重要的因素却恰恰是教师平时最容易忽略的。

　　记得曾经听过两节教学汉语拼音 a、o、e 的课，同样的教学内容，由于两位教师对"学生已经知道了什么"这一点探明的情况不同，教学效果截然不同。

　　第一节课上，教师甲刚出示书上图画时，许多学生口中就发出"a——a——"的声音，教师甲很严肃地立即把图片背在身后，组织教学，等大家安静后又拿出图片，下面仍有"a——a——"的声音。

　　老师：图上画的是什么？

学生：a。

老师：老师问的是图上画的是什么？

学生：医生在给小孩看病。

老师：医生在给我们看嗓子时，让我们发什么音？

学生无序地回答：a——a——

老师：图下的这个字母就读……（还没等老师读，学生又读开了。）

老师：看看谁的嘴闭得最严。听老师读。（范读 a 后学生齐读）

教学 o、e 时情况类似，整个课堂使人感到无序。

第二节课上，教师乙也是先出示图片，但当学生口中随便发出"a——a——"的声音时，教师乙没有指责，而是鼓励学生说："我知道许多同学都会读，我要找最守纪律的同学来当小老师教大家。"学生们立刻把腰板挺得直直的，小嘴闭得紧紧的。这时老师找了一名学生站到前面并提示大家："注意听，他的发音对不对？注意看他发音时的口型是什么样的。谁听得看得最认真，我们就选他来当下一个小老师。"当学生掌握了 a 的读音后，出示图片，讲清医生在给我们看嗓子时，我们张大嘴巴发的音就是 a。"谁带着大家再读一读？"整个课堂活泼又有序。

为什么同样的教学内容在不同教师的处理下，课堂气氛、教学效果却有如此大的差别呢？究其原因就是两位教师教学前对学生原有的汉语拼音水平了解的程度不同。教师乙在开学初就对本班学生进行了调查，了解到在全班 45 名学生中，有 38 人在幼儿园初步学过汉语拼音，有 5 人虽然没有上过幼儿园，但家长也多多少少教过一些拼音，只有两人从来没有接触过拼音。根据课前对学生在知识方面的了解，又结合一年级学生表现欲望比较强烈的年龄特点，把传统拼音教学中的"听老师读"变为"听学生读"，学生真正成为了课堂学习的主体，同时教师又适时地提醒学生注意看口型，注意听发音，真正起到了主导的作用，这样既保护、调动了曾经学过拼音的学生的学习积极性，又教会了那些不会发音和发音不准的学生，做到了个性和共性共存。而教师甲呢，由于没有考虑学生学过还是没有学过拼音，一律从零开始，因此，课上就出现了"此起彼伏"的"a"的声音。

由此可见，教师在深入钻研教材的同时，还要花些功夫去了解学生的知识基础和能力水平，并据此进行针对性更强的教学，只有这样，才能让学生真正地参与到语文学习的过程中来，学生也才能在语文课上得到切实的收获。

二、要了解学生在阅读时的兴趣点、疑问点

教师与学生在看待课文的角度上存在着差异，教师一般偏重于教材的语言形式，而学生则侧重于课文的内容。如在教学《海底世界》前，我根据教材的教学要求，把课文中第四节的教学作为重点，引导学生认识"总分结构"，在教案中只是安排把介绍几种动物活动方式的句子读一读，并没有打算让学生反复说。但后来我发现学生在课前搜集的资料中，数量最多的是动物的活动方式。根据学生的这个兴趣点，我对原教案进行了复备，在原有的第四节教学设计中加入了一个环节，即让学生把分述部分读完后，说说除了书上介绍的这些动物，还知道哪些海底动物活动的方式。"一石激起千层浪"，学生们立刻活跃起来。我想取得这样良好的教学效果，正因为我了解了学生的兴趣点，及时地调整了教案，做到了师生教学活动的"同步"，达到了心理共鸣，保证了教学信息的最佳传递。

另外，学生和教师在生活阅历与知识水平上存在着很大的差异，因此看完一篇课文后，教师认为的难点甚至教参写明的教学难点和学生的疑问点有时并不吻合。如《小珊迪》一课，教参上写的教学难点是了解课文内容，学习小珊迪善良、诚实的品质，而学生在预习时却提出这样一个问题："马车只是把小珊迪的腿轧断，人的腿断了，并不一定会死呀，为什么书上的小珊迪却死了？"从学生的这个疑问点，我了解到学生们并没有把前后内容联系起来，没有真正了解小珊迪所处的环境，没有体会到小珊迪悲惨的命运，因此，上课时我就以学生的这个问题为切入点："同学们上节课提的问题很好，我也有这样的疑问，腿断了，上医院让医生把骨头接上，再打上石膏，休息几个月就可以好了，可是小珊迪的腿断了怎么就死了呢？大家认真读读课文，把前后内容联系起来，好好思考一下这个问题，看谁能告诉大家这到底是怎么回事。"这个问题正是学生此时不懂而想懂的，因此学习起来极其认真，讨论也非常热烈，最后学生从小珊迪的家境、外貌描写，以及乞求"我"买火柴

的情形中明白了，小珊迪即使没被车撞，活下来的可能性也不是很大，更何况在寒冬腊月中，腿被轧断了，没有钱看伤，腿上的鲜血不断地流着，等待他的只有死亡。在我们看来不是致命的伤势，放在小珊迪身上却使他失去了生命。整节课学生都沉浸在非常沉重的气氛中，同情小珊迪的悲惨命运，愤恨那个黑暗的社会。这篇课文的内容虽然离学生的现实生活较远，但学生却理解得非常深入，主要就是因为课前我了解到了学生的疑问点，并把它当作教学难点引导学生进行了深入的研究。

三、要了解每个学生的个性特点

由于遗传因素、家庭、社会环境的不同，每个学生都有各自不同的性格特征，因此，在课堂学习中每个学生的学习方式也是不同的。如有的学生性格比较外向，口头表达能力较强，就让他表述自己的见解；有的学生课文意思虽然明白，但语言表达得不太清楚，这时可以让他们"以读代析"；还有一类学生性格内向，既不爱说，也不爱读，只是独自默默地读、画、听。这就要求教师了解每个学生的特点，并在课堂上尽量根据其特点使其扬长避短。我在讲《趵突泉》最后一节时，让学生根据书上的介绍把各种小泉"吐"的泡泡的样子画下来，这时我找了一个平时美术成绩较好但性格极其内向的学生到黑板上画，他画得既美观又符合书上的意思，得到老师和同学们的称赞。接着，我又找了几个擅长朗读的学生把小泉生动有趣的样子通过朗读体现出来。这样做，就给了学生展示自己才能的机会，进一步激发了他们对语文的兴趣，使他们感到在语文学习上有一种成就感，增强了自信心。

总之，在语文教学中，教师要把对学生的了解放到对教材的理解同样的高度，尽可能地去了解每一个学生在生活、学习等各方面的情况，了解他们的需要、动机、思想、感情和愿望，善于把教学的目标任务内化为学生的内在动机，对学生学习活动的方式、特点及效果进行深入的理解和把握，对学习活动的实际操作进行控制和调节，实现"主导"和"主体"的完美结合。

用好备课本

备课本非常常见，每学期一开学，学校教导处就会将其发到教师的手中。以往，备课本都是老师抄教案用的，因为学校在期中或期末总要来检查一番，也许还会跟考核挂钩。随着新课程的推进，越来越多的领导已经意识到"备课＝抄教案"的严重问题，于是把老师们从徒劳的抄写中"解放"出来了，要求利用现代信息技术，"电子"备课。学校里设置网线，每个办公室配备电脑，多媒体进入教室。每个老师把自己的教学设计传到网上资源共享，可是随之而来的是众所周知的"网上抄袭"，"复制"加"粘贴"省去了抄写的麻烦，也省去了思索的程序，我们的备课本成了一本"虚设"的道具了！在全面实施新课程的今天，在数字化、信息化的今天，我认为备课本还很有用武之地。走在新课改的大道上，我们要用好自己的备课本。

一、让备课本成为读书笔记本

新课标人教版的教材大部分是文学作品，只有品其言才能会其意。文学作品的思想情感在文字的里面，而不是在文字的"后面"，所以要"悟文品字"，要细细揣摩文字的魅力，细心琢磨、体会，并把揣摩、体会到的感受写到备课本上。当我们认真地写完，会发现这深刻的教材分析，实际上是一篇精彩的文本解读稿。钻研教材，是备课重要的一环。

执教梁晓声的《慈母情深》前，我一遍一遍地读，默读、大声读，边读边把读每一遍的感受随手记录在备课本上。如："背直起来了，我的母亲。转过身来了，我的母亲。褐色的口罩上方，一对眼神疲惫的眼睛吃惊地望着我，我的母亲……"这里就是说，母亲忽然听到我的叫声，直起背转过身吃惊地望着我呀！"褐色的口罩，疲惫的眼睛"仿佛在诉说着什么，在告诉我们什么。工作如此艰辛，这是一位疲惫的母亲在拼命地挣钱呀！再仔细读读，这几个"我的母亲"告诉我们当时的所见对我心灵震动的巨大，原来我的母亲就是在这样的环境中劳作着，就是靠这样的付出养育着我们！我是既感动又内疚呀！又如："旁边一个女人停止踏缝纫机，向母亲探过身，喊道：'大姐，别给他！你供他们吃，供他们穿，供他们上学，还供他们看闲书哇！'接着又对我喊：'你看你妈这是在怎么挣钱？你忍心朝你妈要钱买书哇？'"她是不同意把钱给我的，因为她亲眼看到了母亲挣钱的艰辛，因为她不忍心母亲再这么辛苦地熬着！她是在责怪我！她是在指责我呀！是呀！来到母亲工作的小厂，亲眼看到她工作的情形，才明白我的可怜的瘦小的母亲，是在辛苦地挣钱，是在含辛茹苦地挣钱，是在拿命挣钱！我们怎能忍心要钱买书啊！这么辛苦挣来的钱连维持家用都成问题呀！这么辛苦地挣钱是要养五个兄弟姐妹，要供五个孩子上学，这么辛苦挣来的钱又怎么可能让我买"闲书"呢！然而，一听到我是要买书，我的辛苦的母亲却毫不犹豫地将钱塞到了我的手里，一句"我挺高兴他爱看书的！"诠释了慈母所有的深情！"我挺高兴他爱看书的！"多么纯朴的语言。自己苦点算不了什么，只求孩子爱看书有出息，多么忘我无私的感情啊！并且，母亲话语中充满了无比骄傲的感情！拥有这样的母亲，孩子是多么的幸福呀！"有其母必有其子""母慈子孝"，听了母亲的话，"我"又会作何感想呢？相信握着这沉甸甸的钱，不忍买书哇！相信年少的"我"也读懂了妈妈，肯定也想为妈妈做点什么吧！相信年少懂事的"我"，肯定会心酸，肯定会发愤图强吧！……

文章虽然命题为"慈母情深"，但其实是包含两方面！"母慈子孝"不正是我们这个社会正在呼唤的亲情吗？相信透过梁晓声的文字，我们同样能感受所有母亲对子女的深情！感悟母爱，唤起每一个孩子的爱母之心。

备课如同打井，只有深钻，才能得水。读完文本，备课本也写了满满的几面了，心中也基本理清了思路，内心已涌动着想把这份爱带到孩子们面前的强烈愿望，我想这已蕴藏足了"温度"了，可光有"温度"还不够，还得有"深度"和"广度"。我又找来梁晓声的原作《母亲》以及亲情小说《父亲》阅读，又收集了梁晓声的一些资料，以及关于母爱的名言，还有现实社会生活中"母慈子孝"的动人事迹，2004 年度十大感动中国人物田世国的故事等，凡是能与文本同振共鸣的词句、片段，我都一一抄录在备课本上。"不动笔墨不读书"，在新课改的课堂上，我们强调我们的孩子要学会感悟，学会动手、动脑、动口，做教师的如果不"动笔"，又怎能"为师"呢！

尝到解读文本时，用①②③……的序号在备课本上一词一句地品味的甜头，我越发喜欢边读教材，边做笔记。也许有老师会说，每一课都这样，累不累呀！哪来的时间呀！是呀，平时每天要上三四节课，要改五六十本作业，时间真的很紧张。我想在寒暑假时，就把本册教材中出现的作者的原作或其他作品读完，提前把这项读书活动做好，你的课堂一定会充满内涵，充满情趣。

把备课本当作读书笔记本的感觉真好！

二、让备课本成为"学术文集"

教师认认真真地阅读文本，然后将自己阅读所得写成教案，上课时再将自己对文本的解读原原本本地"灌输"给学生，这还是传统的阅读教学模式。怎样才能从根本上改变这一现状，真正落实新的课程理念呢？我认为老师的备课本还应当成为一本"学术文集"。

1. 新理念的感悟集

真正落笔写教案前，应该有个指导思想，有一个设计理念。这理念从何而来？它就在新的课程标准中。这理念怎么才能解读到位呢？如何落实在我们的课堂中呢？这就需要我们内心的感悟。设计《慈母情深》前，我又一次认真阅读了课程标准，把自己的感悟记录在备课本上，希望能找到理论基点。

"阅读是学生的个性化行为，不应以教师的分析来代替学生的阅读实践。"这句话又一次引起了我的思索。它明确地告诉我们，学生是阅读的主体，阅读教学应是在老师指导下的学生自主的阅读实践活动，也就是说要还学生以真正意义上的"读者"地位。我们要让学生自主读书，要引导他们在读中感悟，鼓励他们各抒己见，这首先就得让学生直接面对文本，披文以明象，披文以入情，让学生主动地凭着自己的阅读敏感去体味，自主地带着自己的思想去探索。其次，教师要摆正自己的位置，只做学生阅读活动的伙伴和指导者。思索着，把自己的理解写在备课本上的同时，我也坚定了"以读为主，以讲助读"应该是这节课的主要做法。另外，我们还要鼓励学生多元地异构解读，使阅读过程充满发现、质疑、思考和探究，真正达到"用文本教"。

2. 案例专集

靳家彦老师在《备课五字诀》中讲到"参"字时，也曾提到他在备《跳水》一课时，广泛搜集了数十位老师公开发表或未发表的教案，对照研究，取人之长，为我所用。我觉得这对于成长中的教师来说是很有必要的，但是不能照搬教学过程，要对他们的教案进行分析、思考，这既有利于你对文本更进一步地解读，也可以学习其中先进的设计理念，高超的教学技艺，这更会使你的课越上越精彩！

备《慈母情深》时，我在认真读文本之后，再找来同名教案边阅读边思考他们的设计哪些比较精妙，再对比我脑海中初步形成的思路，思索我的设计有何独到之处。比如有篇教案中，创设情境让学生扮演其他女工，她们看到母亲这么辛苦地挣钱，都来指责"我"，然后话锋一转，在这些指责声中，有一句是母亲的吗？没有！母亲只有一句话："我挺高兴他爱看书的！"……我觉得这一环节的设计，对于课堂中"情深"的渲染起到了非常好的作用，值得借鉴。

另外，我认为除了可以参考这些教案外，还应该读一读名师的其他案例（不是这一课的），他们是"教育使者"，不断传播着先进的教学理念，他们是新生代语文名师的领头羊。我觉得研读他们的案例，不是叫你照本宣科，按部就班地到你的课堂上实施教学过程，而是通过研读，学习他们的先进理念，以及落实这理念采用的方法、技巧，让他们来指导我们的课堂实践。

三、让备课本成为"教育日记"

备课本是"教案集"，这是天经地义的。教案是一定要写的。教学目标要记，过程要记，关键词的处理及体会要记下来，老师讲的重要的话要记……但可不必拘泥于形式，可以把教案写在书上，记在心里等。重要的是，备课本应该成为鲜活的"教育日记"。苏霍姆林斯基曾说：我建议每一位教师都来写教育日记，教育日记并不是什么对它提出某些格式要求的官方文献，而是一种个人的随笔记录，日常工作就可以记，这些记录是思考和创造的源泉。那种连续记了 10 年、20 年，甚至 30 年的教师日记，是一笔巨大的财富，每一位勤于思考的教师，都有他自己的体验和教育学修养。于永正老师也曾说："写教学反思实际上是对自己备课及实施的总结。认真写三年教案的人，不一定成为优秀教师，但认真写三年教学反思的人，必定成为有思想的教师，说不定还能写出一个专家来。"当你讲一节课、一篇文章下来，有时兴奋，有时遗憾，那就赶紧把它记下来，在记的过程中，我们的认识会得到升华。上完《慈母情深》后，我也作了深刻的反思：有感情地朗读课文，感受慈母情深，亲情无价。以读代讲，学生通过朗读将内心体验外化出来，读出文章所蕴含的情味。引导学生借助画面的具体形象，抓住句中的关键词语，通过朗读体悟句子蕴含的丰富情感。在学生充分感悟的基础上，以舒缓的音乐配合学生的朗读，使学生与作者在情感体验上产生共鸣，从而达到"披文入情"的目的。课堂教学中的资料补充必须适当、适切，应避免脱离文本，盲目补充的现象。在理解"女人为什么让母亲别给我钱？"时，我根据现在学生对那个年代人们的生活情况不了解的实际情况，适当补充摘自作品《母亲》中的语段，帮助学生了解当时国家的经济状况，从而理解一元五毛钱对一个家庭的意义。在此基础上，学习句子"但我想有一本《青年近卫军》，想得整天失魂落魄"，就容易与作者产生共鸣，从而能体会当时那个女人为什么会让母亲"别给他"。这样的资料补充正好补充了学生生活体验的空白点，从而帮助学生更好地体悟人物的情感。学生在日常生活中能感受亲情，体会人间真情的温暖。但对大多数独生子女而言，往往忽略了对生活细节的关注和感动，对父母的深情常感到"理所当然"，缺少"心存感激"。因此，学习过程中，体会慈母情深的同时，体会作者对母亲的敬爱也是课文学习的重点。在课尾，我出示了2004年度颁发给"感动中国十大人物"之一的田世国的颁奖词："谁言寸草心，报得三春晖?"这是一个被追问了千年的问题。一个儿子在2004年用身体做出了自己的回答，他把生命的一部分回馈给病危的母亲。在温暖的谎话里，母亲的生命也许依然脆弱，但是孝子的真诚已经坚如磐石。田世国，让天下所有的母亲收获慰藉，使课文的主题得到了深化。

语文老师在备课时就应进行的对话

湖北省秭归县茅坪镇中学　吴海宁

时下，对话成为课程改革出现频率最高的词之一，它不仅走进了课改专家的讲稿，还泼墨在每位教师的笔头。因为课改，它可是出尽了风头。下面，就"语文老师在备课时就应进行的对话"这一话题，笔者谈谈个人的看法。

为了完成语文学科的教学目标，为了把学生培养成为一个合格的语文人，每位老师在上课之前都得进行备课，备课对语文教学的重要性不言而喻。备课的过程就是对话的过程。既然是对话，就得有对话的双方。备课时，语文老师是对话的一方，那另一方是谁呢？他们如何对话呢？本文谈的就是这方面的问题。笔者认为，备课时的对话包括老师与教材编写者对话，与文本作者对话，与文本对话，与学生对话以及与自己对话共五种不同的对话，这些对话有着各自的价值。

一、与教材编写者对话：明确选编意图、确立教学目标

为什么要与教材编写者对话？有以下原因：

一是只有与教材编写者对话，才能了解本单元本篇文章的选编意图。而明确选编意图对于每位老师来说是至关重要的，只有明白了选编意图，我们做教师的才能将这篇文章定好"位"。这个位，是老师依据这篇文章实施教学的前提，是培养具有个性化语文素养的学生的前提。如人教版教科书，它的选编意图是"力图构建语文的综合实践体系，贯彻工具性与人文性相统一的精神，以利于全面提高学生的语文素养；改变过于强调接受学习、机械训练

的现状，积极倡导自主、合作、探究的语文学习方式，注重培养学生的创新精神；遵循语文教育规律，不刻意追求语文知识的系统性和完整性，突出学生的语文实践活动，使学生在实践中学习语文；力求富于开放性和弹性，给学校和师生留有广阔的活动空间"。为了体现教材整体意图，这套教材以语文教学与生活的联系为线索，选文按人与自我、人与自然、人与社会三大板块组织单元，每个单元包括"阅读"与"综合性学习·写作·口语交际"两部分进行编排。具体到单册，我们会发现教材编写者按语文学习的规律和学生认识的规律对教材整体选编意图作了极为合理的分解。如：七年级上册第一单元，这一单元以"人与自我"为主题，选编了《在山的那边》《走一步，再走一步》《生命　生命》《紫藤萝瀑布》和《童趣》五篇文章供阅读，综合性学习活动以"这就是我"为话题。为什么要选编这五篇文章？我们在实施教学时，应如何来做？问题的回答藏在单元导读中。你若是一个有心人，一翻开人教版七年级上册第一单元，你就会发现有一个导读提示。这个导读提示，对于我们每位教师确定单元教学策略有着十分重要的作用。你看："人生，是一个令人深思的话题。新学年开始了，你的人生翻开了新的一页。追求美好的人生，是我们共同的目标。这个单元的课文写的是作者对于人生的憧憬、体验和思考，阅读这些课文，将引导你体味人生，关爱生命。"这是对本单元课文内容的提示，以下的第二段则是对学法的提示："学习这个单元，要整体把握课文内容，用心领会作者的写作意图，并联系自己的生活体验，想想人生的大问题。还要提高朗读能力，做到读音准确，停顿恰当，能初步读出语气。"你若不能与教材编写者对话，你能明白为什么教材会采用这样的体例、选编这些文章进行组合吗？

　　二是有利于你确定教学目标。任何一篇文章，置于特定的学段、特定的单元，有着它的作用与理由。而这又是你确定教学目标的重要依据。明确了教材编写者的意图，你就能确定教学目标，依据学情逐步实施你的教学过程。这是显而易见的。

二、与文本作者对话：了解创作动机与写作背景

任何一篇文章的产生，都有着它的创作动机和写作背景。在备课时，与文本作者对话，就要深入到作者的生活中去，了解作者的创作动机和写作背景，这对于深入解读文本是十分有必要的。我们一要了解作者的基本情况，二要从社会的大背景中找到本文产生的缘由。举一个例子，如对《天上的街市》进行教学设计，我们就必须了解作者郭沫若的一些基本情况，知晓《天上的街市》这首诗产生的社会背景，这对于我们理解诗歌内容尤其是作者为什么将传说中的牛郎织女的故事作了修改是很有帮助的。熟悉中国20世纪20年代历史的人都知道，当时，帝国主义的长期侵略致使中国国力匮乏，各地军阀年年混战导致民不聊生，加上饥荒、官、匪等给人们的生活带来了无尽的灾难，人们渴望过上安定、丰衣足食的生活。现实是令人心酸的，渴望的美好生活在很多人眼里是想都不敢想的，而这时的郭沫若却用他那饱含着沸腾热血的笔写下了这首给人无限向往的诗。诗中牛郎织女"骑着牛儿"蹚过"不甚宽广"的"浅浅的天河"，在有着"世上没有的珍奇"的"美丽的街市"，"提着灯笼""闲游"，过着令世人羡慕的幸福、安宁、甜美无比的生活。诗人还连用几个表示肯定的词"定""定然"向人们昭示：这种美好的生活不仅天上有，人间也会有的，一定会有的。诗中所藏的坚信幸福美好生活一定会来到的信念正是诗人所发出的呼喊呀！你若不了解作者，不走到作者创作此诗时的历史背景之中去，你能解读出以上的内容吗？

三、与文本对话：教师个性解读推动学生多元解读

教师与文本对话，是教师对文本进行个性化阅读的过程。语文课程标准指出："阅读是学生的个性化行为。"同样，阅读也应是教师的个性化行为。教师对文本的个性化解读是教师个性化教学的基础，没有教师对文本的个性化解读便没有其个性化的教学。

新课标指导下的语文教学不是注重多元解读吗？什么是多元解读？我认为，最简单的一种认识便是：教师与每个学生基于自己对文本的个性化阅读获得的成果、产生的困惑或问题，在教学这种特殊的聚会里进行交流、沟通与对话，处于交流、沟通与对话情景中的教师、学生充分尊重对话双方的意见，他们的生活本身、已获得的语文知识、已取得的语用经验得到充分的尊重，每个人都在用自己的经验、情感、生活理念对文本进行解读，他们对文本"言之有理、持之有据"的理解得到了每位语文交际者的充分肯定，在交流、沟通、对话中师生尤其是学生的语文知识得以积累、语用经验得以相互传递、语文能力得以培养、语文素养得以提高，这种状态就是多元解读。教师作为多元解读聚会的首席，在走进课堂前对文本进行个性化解读，以便在灵动的课堂中把守对话的底线、不断校正对话的方向、适时推动对话的进程。

　　老师个性化教学建立在其对文本的个性化解读之上，是语文教学艺术展现的基础。吕叔湘先生说：语文教学是科学，也是艺术。科学，指向它的客观规律；艺术，指向它的个性化创造。科学，是对事物客观规律的掌握，就一个好的教师来说，这意味着必须具有扎实的基本功，而这种基本功的核心不同于一个文学评论家对作品的评析或者一个语言学者对各种语言现象的阐述，而是在这个基础上，找到文本与学生的结合点，让孩子们的思维活跃起来，通过学生自己的实践，达到教学目的。艺术，意味着不同的教师处理相同的文本时都可有自己独特的途径，千人千面，各不相同，都可显示自己的个性。每一位教师都可以走自己的道路。这样，你培养出来的学生也才各有所长，不是一件件相同的产品。

四、与学生对话：分析学情并制定正确的教学策略

　　这里的学生，是老师潜意识里的学生。与学生对话，就是我们常说的备课备学生。语文课程标准指出，学生是语文学习的主人。但标准同时又明确指出教师是学习活动的组织者和引导者。那如何组织、引导学生成为"语文

学习的主人",使他们正确、准确、有创意地解读文本？这应成为老师在备课时着重思考的问题，即如何分析学情并制定教学策略。

备课时，老师与学生对话，一要遵循学生的认知规律，二要结合学生的生理和心理特点，依据语文学科特点和教学规律来进行。教学以学生已有的语文知识和语用技能为基础，是遵循学生认知规律的表现。我们的教要以学生的学为基础，要着眼于学生的未来。"因材施教""教材无非是个例子""教的目的是为了达到不需要教"等令人震撼的先哲之语，对我们选定教学策略仍有很强的指导意义。备课时与学生的对话，目的就在于分析学情、制定教学策略。一名优秀的语文老师，在上课之前就应充分考虑以下问题：这篇文本对于学生来说解读会存在哪些困难？他目前所积累的语文知识、所获得的语用技能处于何种状态？他目前的非智力因素对他学习本文有多大影响？他的家庭状况、社区环境、校风班风对其影响有多大？他需要什么支持和帮助？他适合用什么方式来学习本文？他有多少发展、创造的机会？通过对这篇课文的学习，他应该有哪些收获？……

五、与自己对话：进行教学反思、推进自我成长

与自己对话，是在课堂教学行为结束之后我们要做的。这种对话，是指老师站在反思者的角度对自己的教学行为作回顾、反思，这有利于老师明得失、正航向，有利于老师迅速成长。

与自己对话，是"自修—反思"式的学习与研究。一位老师在执教《〈论语〉十则》之后，写下了这样的教学反思：

笔者曾多次执教《〈论语〉十则》，先前由于思想认识高度不够，也就是采用"读一读、背一背、理解大意"的思路，把这节课"忽悠"过去了。在学习语文课程标准之后，我对我以前的做法进行了反思，认为联系生活不够。如何联系生活呢？笔者结合自己提出的"语文交际场教学理论"进行了再思

考。我发现，我过去在处理文本的时候犯了两个错误。一是对《论语》中话语产生的背景缺少关注。二是联系生活的方式不对。如果运用语文交际场的观点，我就应该让学生、教师穿越时光隧道，置身于文本所提供的场景或文本作者所处的时代之中，在这个特定的场中进行语用交际！如何做呢？选文的第十则刚好给我提供了这样一个范例。于是，我大胆地实施了我的设想。没想到，取得了很好的效果！这种教学，将传统的逐句析文义、师生的机械分析变为教师与学生的对文本之象的个性解读，让学生在自主学习、合作、探究之中完成对《〈论语〉十则》中每则的个性化修改和创造，使学生成为语文学习的真正主人，达到了传统教学所不能达到的境界。

这种设计是遵循了学生的身心发展规律和语文学习规律的，从实施的过程来看，教学策略也是完全正确的。这节课结束后，我无比兴奋。一是学生在教学过程中由于角色的置换而产生的学习兴趣和学习行为的高度自主性，让我体会到了新理念运用到教学实践之中所产生的魅力。二是学生对文本内容进行了富有创意的修改和再创造，这使得学生成为了真正意义上的学习的主人。三是教师与学生组成了"学习共同体"，教师教的成分明显比传统式少了，教师也轻松了许多。

当然，这种策略并不适用于每篇文言文的教学。可针对《〈论语〉十则》而言，这种方法却是最恰当不过的。但这种教学是不是又超出了语文课程标准的要求了呢？没有超过吧。我想这节课也有不足之处，那就是中心发言人发言时，常出现"我认为"而不是"我们小组经过讨论，认为"。要知道，小组讨论的成果应是小组所有成员一起探究的结晶，怎么能让中心发言人一个人独享呢？但对于这一点，只要教师在课堂上多多提醒就行了。

诸君试想，如果我们每位语文老师，在执教某一篇课文之后，都来做做这样的事情，我们的语文教学能力和水平会不会提高呢？我想，这是有目共睹的！

课堂实践活动备课秘笈

江苏省东台市实验小学　李素琴

　　小学语文实践活动的本质特性是富于生成性，课内外表现为众多形式，丰富多彩。在课堂设计与活动实施中也没有特定的模式可以套用，然而具体的课堂应用中，实践活动又受特定内容、时间、方位等多种因素限制，其呈现方式也就有章可循，显示出一定的特性。

　　课堂呈现形式，一方面具有鲜明的实践性，是实践的再思考，从感性到理性的提升；一方面具有很强的综合性，不是纯粹的过程展示，明显烙上"演"的印记。这种实践活动呈现形式课外预设的较多，课堂即时生成的少，都以一定的方式让学生更多地直接接触语文材料，在大量实践中掌握运用语文的规律。

一、积累篇——赛、示、缀

　　语文课程标准在课程的基本理念、课程目标中强调："指导学生正确地理解和运用祖国语文，丰富语言的积累"，"鼓励学生多诵读，在诵读实践中增加积累，发展语感，加深体验与领悟"。积累课文中的优美词语、精彩句段以及在课外阅读和生活中获得的语言材料是语文教学的一个重要内容。如何呈现学生课内外积累呢？

　　1. 赛

　　搜集与教材内容相关或相近的内容，引导学生以敏锐的触觉感受文字，以当前页为圆心，步入个人记忆的大仓库，举一反三，触类旁通，拓宽语文学习和运用的领域。如学习古诗《游园不值》，课前就提前要求学生回忆、搜集描写春天的诗，课中适时进行小组赛诗会，诵读小诗，体味语言文字。教《名碑荟萃》时，组织学生连续说出体现大书法家风格、特点的词语开展竞赛。在《田忌赛马》教学课末，引导学生展开联想：由文中人物你可以想到哪些描写人物品质的词语呢？

2．示

资料呈现是板示的一种重要形式，新课标理念下，学生是课堂学习的小主人，帮助学生把各自积累的知识展示出来，做到资源共享就是教师的职责。教学《海底世界》时，通过把学生课前摘抄的描写大海景色的词语板书出来，赏读、感受大海的美丽壮观，从而激发学生的探究兴趣。教《少年闰土》时，要求学生四人一个小组，讨论文中鲁迅讲述了几件事。通过小组板书，明思路、辨优劣、强理解。

3．缀

学生拥有一定量的词汇，学会积累后，让学生开展连词造句写段的训练，不失为积累的好方法。《观潮》课尾，通过出示"波浪翻滚、风平浪静、风号浪吼、千军万马"等词语，引导学生描述钱塘江大潮的景象，不仅巩固了课堂所学知识，丰富了学生的写景词句，更重要的是为学生营造了又一个身临其境的意境，为学生学会运用提供了帮助。《名碑荟萃》教学中，通过出示有关碑帖，让学生灵活运用板书的词语作简明的介绍，强化记忆，养成举一反三、活学活用的好习惯。

博闻强记"他山之石"，培养自主意识、能力与习惯比积累知识更重要。因此，教师在语文教学中不仅要使学生得到语言的积累，还要培养学生语言积累的意识、教给学生语言积累的方法、锻炼学生语言积累的能力、养成学生语言积累的习惯。

二、想象篇——说、写、画

爱因斯坦说：想象力比知识更重要，因为知识是有限的，而想象力概括着世界的一切，推动着进步，并且是知识进步的源泉。小学语文课堂实践活动中给课文续写故事、改编连环画、进行剧本创作、创作意境画、书法创作、配乐尝试、舞蹈创作等形式，是培养小学生创新精神的一条重要途径。

1. 说

说是读写的基础。也只有在一定的语言环境中，学生才会尽情诉说，锻炼出一张能言善辩的口，课堂正是培养学生听说能力的一个舞台。语言主要不是教会的，而是练会的。例如，教学一年级《司马光砸缸》时，先设计"小朋友慌了，有的……，有的……，还有的……"等符合学生认知水平的、层次感强的几个句子让学生填空。再逐步由扶到放，让学生们说，于是就有了这样的句式："下课了，同学们有的……，有的……，还有的……""我的文具盒里的橡皮各式各样，有的……，有的……，还有的……"最终，学生掌握了"有的……，有的……，还有的……"这一句式。

教学过程中发现：小学生由于受年龄、生活经验和知识水平的制约，会写出许多千篇一律或形式、内容单一的句子，如何办？只有帮助学生调动生活积累，打开思路，给一个大背景来丰富学生的选材。如：用关联词语"如果……就……"说话。大多学生总是说："如果明天下雨，我就不回家吃饭。""如果明天妈妈不在家，我就上奶奶家。"教学中就要启动想象这根弦，引发学生突破以往的思维定势，展开丰富的想象。如："如果我生活在19世纪的丹麦，遇上了卖火柴的小女孩，我就……""如果我有一对翅膀，我就……""如果我是纽约市市长，我就……"等等。长期的语言训练，必然会丰富学生的想象，激发学生的兴趣，从而提高语言文字的运用能力。

2. 写

在教学三年级《翠鸟》一课末，我让学生运用课文描写方法，借助有关资料写话，组织一个"盛大鸟会"，让学生写出自己熟知的一种小鸟的外形、生活习性。教王昌龄《出塞》诗后，让学生结合现代国防资料，即兴改写王诗，学写古诗新作，学生兴趣很浓。在《穷人》一课教学第七自然段时——西蒙之死，我通过设计教材空白点，给予一个特定的情境，让学生自由组合，展开想象——"屋外寒风呼啸，汹涌澎湃的海浪拍击着海岸。屋子里又阴又冷，贫病交加的西蒙奄奄一息……"让学生就此进行续写，激发了孩子参与的积极性，他们在充满情趣的活动中，感受语文学习的魅力，积淀丰厚的语文素养。

3. 画

新课程理念强调关注学生的个体差异和不同的学习需求，教学过程中我通过让语言智能突出的孩子配词，空间智能杰出的孩子画图的方法，引导学生想象，巩固所学知识，相得益彰，各得其所。教《画风》一课，在学生按课文完成"风把（　）（　）起来"的填空后，即时引导学生展开想象，学生说出了许多个性鲜明的句子，同时鼓励学生用具体的景物去画出自然界的风，诱发了孩子的丰富的想象。诗的语言高度凝练概括，《望天门山》《题西林壁》等古诗就是一幅画，通过鼓励学生多动笔墨，大胆想象，起到了事半功倍的效果。

"说写画"不但培养了孩子的语言表达能力，培养孩子的想象及绘画能力，更重要的是培养了孩子们勇于创新的精神。从这个意义上来说，"说写画"既不是单纯学习绘画，又不是单纯学习语文，它训练的是学生的综合素养。

三、直播室——讲、演、辩

名师李吉林说："活动是儿童的天性，是他们素质个性发展的根基。"

1. 讲

新课标积极倡导综合性语文活动，营造开放而富有创新活力的新课堂。教学中，我根据阅读材料的特点，设计一些当推销员、导游、广告设计师等综合性的活动，让学生在生活化的阅读实践过程中自然发展多元智能。《名碑荟萃》教学结束，让学生假想来到西安碑林，以导游身份向游客介绍众位书法大家的故事，论述他们各自的书法渊源。学习《东方明珠》《北京亮起来了》等文后，出示多媒体课件让学生做导游，回顾课文，加深了对课文的理解。《新型玻璃》一课中，学生在了解五种新型玻璃的特性、用途后，通过学当营销商，练说营销语言。

2. 演

大诗人、哲学家尼采所说："有人的地方就有表演。"让学生通过表演在活动中学习，自会兴趣盎然，从而在实践中提高能力。如《小蝌蚪找妈妈》的教学中，对"迎""追""游"的三个动作的理解，采用画图指导、表演区分的方法很容易就让小学生迅速地理解和掌握。学习《晏子使楚》后，学编课本剧、试演，对掌握课文内容很有效果。

3. 辩

小学生思维敏捷，对新事物、新问题颇感兴趣，但认知水平不高，往往分不清是非，看不清事物本质，因此，教会学生思辨就很重要。在《放弃射门》教学中，通过围绕"福勒应该放弃射门吗?"这个选题展开讨论，形成了辩论双方两大阵势，在激烈的争辩中学生进一步明确了是非，体验到人性美的伟大。教《只有一个地球》一课时，提出"除了地球，人类将别无去处吗?"让学生对文中的观点大胆质疑，搜寻资料展开辩论，增强了学生的环保意识，激发了学生探索星际秘密的欲望。

新一轮课程改革十分注重对学生创新和实践能力的培养，小学语文课堂要改变传统的教学模式，面向每一个学生的个性发展，尊重每一个学生个性发展的特殊需要，就要通过多种形式激发学生的语文学习兴趣，促使他们检验内化语文知识，运用语文知识，在兴趣盎然中丰富完善知识结构，提高语文综合能力。

文言文备课时朗读法的巧妙设计

山东省寿光市稻田镇赵庙初级中学　张拥盼　蒋克义

文言文是相对于白话文而言的，它用占代汉语进行创作，用书面语言写成，在字、词、句、语法、句式等方面与现代汉语有很大的差异。它以单音节词为主，有省略句、倒装句、被动句、判断句，有通假等不同于现代汉语的地方。它语言凝练，有的文章讲求押韵、对偶，节奏感强，用词精美，思想性和艺术性达到了很高的水平。文言文是中国文化的瑰宝，学好文言文对于我们的语言修养和造诣，无疑将起到巨大的提升作用。中学语文课程中，文言文的学习更是占了很大的分量，很多学生对文言文感到很头疼，学得不轻松，感到它太抽象，太晦涩难懂。于是在备课时，对在教学过程中用到的朗读法进行设计，让学生在快乐中既轻松学习了语言，又弄清了蕴含在文字背后的思想感情。

"书读百遍，其义自见"，朗读对于文言文学习是至关重要的，要读顺畅，读出节奏、停顿，读出情感和语言之美，读出主题思想。多种朗读方法相结合就能将文言文读熟读透。所以在备课时我们设计了自主朗读、有节奏地朗读、情感式朗读、译读、背读、品读、合作朗读等朗读方法，让文言文的教学变难为易，化抽象为生动。

一、自主朗读设计

学生在学习一篇新课文之前，老师应先让学生自己去读课文，先给生字注音，或者借助工具书，把字音读准确。教师可出示一些重点字词，对学生的学习进行辅助，也可以出一些题目对学生的自学情况进行检测。比如，在备《三峡》一文时，在自主朗读环节，教师准备了几个重点词，让他们借助工具书给下列画横线的字注音，从而引导学生更好地进行自主朗读。重点字词有：叠嶂（　　）、沿溯（　　）、素湍（　　）、飞漱（　　）、属引（　　）。

二、有节奏地朗读设计

文言文一般语言都很精练，句式也较整齐，有的骈文更是相当的工整，押韵和节奏更是非常明显。根据每一篇文章的特点，让学生读准文章的节奏，学生对文章的意境便会自然领悟。节奏就是要读得抑扬顿挫，它包括停顿、重音、缓急等。

先说停顿。比如，在备《三峡》一文时准备先告诉学生："正确停顿是诵读文言文的要求之一。停顿有两种：一是句间停顿，就是根据标点符号来确定句与句之间停顿的长短，语调的抑扬；一是句中短暂停顿，它是以词或词组为单位，根据句子成分之间的内在关系来划分的语气停顿。"然后准备了几个重点句段教给学生句中停顿的方法和要领。比如第二自然段：至于/夏水/襄陵，沿/溯/阻绝；或/王命急宣，有时/朝发白帝；其间/千二百里，虽/乘奔御风，不以疾也。第三自然段：则/素湍/绿潭，回清/倒影；绝巘/多生怪柏；清/荣/峻/茂。学生在弄清了停顿后，读起来会更精彩，会更有味。

再说重音。读文章中的重点句子、词语时语气要加重，有轻有重，抑扬顿挫之感就出来了。比如《陋室铭》一文中的韵脚"名、灵、馨、青、丁、经、形、亭"，读时适当加重和延长，效果就会非常好了。于是在备课时进行了精心的准备与朗读练习。

最后说一下缓急。朗读时根据文章的情境，该快则快，该慢则慢，抑扬顿挫自然呈现。比如《口技》一文的缓急就非常的明显，特别是作者描摹的那次失火、救火的场景，失火前一家人重新入睡的情景读时要非常舒缓，整个失火救火的语句要读得急促，方能读出发生火灾时那种紧张的情绪来。在备课时教师要进行反复朗读，自己先体验语速的缓急。

三、情感式朗读设计

每一篇文言文都表达了作者的思想感情，朗读时除了让学生读出节奏外，还要创设丰富的情境，让学生有感情地朗读。比如《童趣》，要让学生读出"物外之趣"的趣味来，把观察"藐小微物"而获得的"物外之趣"通过读表达出来。又如《陋室铭》，要让学生把作者那种高洁傲岸的情操和安贫乐道、悠然自得的情趣读活。再如《爱莲说》，要把作者"不追名逐利、不趋炎附势、特立独行"的高尚追求读出来。因此备课时在如何引导学生进行情感式朗读上进行了设计。

四、译读设计

在朗读文言文的过程中，遇见不懂的词语、句子，应进行翻译，把文意疏通。译读时可以借助课下注释或工具书，翻译全文。教师可以让学生自主翻译，再在小组中交流疑难困惑，然后师生合作将文意疏通，把文章读得更到位。如在备《三峡》一文时，是这样预设的：先让学生结合工具书和课下注释，翻译全文，然后出示几个词语对学生的学习情况进行检测，并加以强调巩固。接下来准备了一个练习题让学生说一说下面词语的意思：沿溯阻绝、良多趣味、飞漱其间、素湍、或王命急宣。最后生生、师生共同交流个人提出的疑难句子。在备课时预设了以下句子："自非亭午夜分，不见曦月。""至于夏水襄陵，沿溯阻绝。""清荣峻茂，良多趣味。""属引凄异，空谷传响，哀转久绝。"

五、品读设计

学生通过各种形式的读，弄清了文章的大体意思，对文章的内容、思想也有了较为清晰的认识。这时师生就可以对文章内容、写法、语言、构思等方面的特点，通过进一步的朗读来深入地体会、领略文章的精彩之处。在备《三峡》一文时，根据学生可能提出的问题预设了以下问题：①作者是从哪些方面描写三峡的自然景观的？②第一段写山，第二段写水，作者这样安排的目的是什么？③引用渔歌作结的作用是什么？④本文的写景很出色，表现在哪里？⑤找出自己喜欢的三峡景致，喜欢的原因是什么？在具体上课时学生可能会提出更多精彩的问题，相信通过师生共同品味语言，就能领略作者的写景之妙，构思之妙，文章语言之美妙了。

六、背读设计

背读是学生在读熟读透了文章，准确把握了文章的内容和思想后，对文辞兼美的文章再加朗读，达到熟读成诵，积累一些妙词佳句，丰富自己的语言积累，是对以上几种朗读的深化和巩固。在备《口技》一文时，在学生自主朗读、有节奏地朗读、情感式朗读、品读后，又准备了一句过渡语来激发学生背读的兴趣："这么好的文章不背实在可惜，下面我们来开展背诵比赛好不好？看谁背得又快又好。"

另外，在备每节文言文时我们都设计合作朗读，从而达到互相学习、互相交流、互相促进的目的。它可以根据需要贯穿于以上各种朗读之中，在合作中实现双赢。

文言文的备课，要注重对各种朗读方法的设计，在朗读中揣摩文言文语言的特点，读准节奏，读出感情，品味文章的结构、手法、修辞以及文章的思想艺术。通过朗读，充分调动学生学习的积极性，在读中实现文言文语言的学习、积累和运用。

携"创意"备出精彩课

山东省莘县翰林中学　李丽红

怎样在备课中备出创意，让学生"要学""要思考""会思考"，是我在实践中一直探索的。下面我从以下三个方面谈谈我所认可的"创意"备课观。

一、创意目标，以生定教——主人翁的地位得以体现（我要学！）

目标是指南针，指引着课堂教学，就仿佛航船有了前行的方向。而师生定向是课堂教学的指路灯，引领着师生的智力生活，就仿佛破土的新芽有了直插云霄的梦想。

然而在实际的教学中，"师生定向"往往被教师独霸着，学生很少参与其中。这让我想到水城名师郝文红在名师送课活动中来我校讲授《岳阳楼记》时，也是让学生将自己认为文言文该学什么板书到黑板上。所以我教学《小圣施威降大圣》时的学习目标也不是直接抛给学生，而是用问号来激发学生的思维："今天，我们来学习小说《小圣施威降大圣》的什么呢？请说出学习的理由。"我分明能够感受到学生思维在迅速地旋转，急欲举手表达。

虽采取的具体方式不同，却具有异曲同工之妙啊！猛一看，学生学什么好像是学生确定的，实质上执教教师是在践行当代教育家顾明远"以生定教""以学生为主体"的教育理念，是在借学生的口说出了自己想要表达的学习目标，把学生真正当成学习的主人，而不是教师精彩授课的随从。这样，"自己的学习，自己当家作主，参与其中"，学生岂能不乐意？岂能不兴致盎然？部分学生又怎会在课堂上扮演"待喂的雏儿"呢？关键是教师撬开了学生自主思考的思维，调动了学生学习的热情。

二、创意感知文本，独辟蹊径——学生的思维得以动起来（我要思考！）

对于整体感知文本这一环节，大多数老师常设计为：速读课文，用简洁的语言说说文章的内容或本文讲了一件什么事，从中明白什么道理。而水城名师赵福玉在讲课时却独辟蹊径让学生画曲线图来讲述文章内容，学生兴致盎然地走进文本，动脑筋根据内容的波折起伏而画出相符的曲线图，并在讲台上面对全体师生讲解内容（自己为什么这么画）。如赵老师上的《皇帝的新装》《斑羚飞渡》都有这样的设计，效果很好。瞬间，灵光闪过脑际，《小圣施威降大圣》这一课不也可以让学生用曲线图来讲述本文的故事情节吗？

教学片段如下：

师：让我们走进文本，走进"大圣"与"小圣"激战的情境中去，我们会发现文中有一个最重要的字眼，那就是——

生：变。

师：那在文中孙悟空与二郎神分别变了哪些事物？请速读课文，筛选信息，圈出关键词并复述故事。

（生读完课文，复述故事。）

师：这就是孙悟空与二郎神变身斗法的全过程。从这个过程中我可以看出故事情节的发展是这样的——（教师边用曲线图来板演故事情节的发展，边引导学生观看故事情节的发展。）

师：由此，我们可以得出故事情节是——

生：是曲折的。

生：是起起伏伏的。

生：是跌宕起伏的。

师：（笑）你们真是一群聪明可爱的孩子！不仅观察细致，而且还善于动脑筋思考问题！

师：那为什么孙悟空不直接变成一个最厉害的，降服二郎神，而让他变来变去，变了七回才分出胜负？

生：七回才分出胜负，使故事内容跌宕起伏，让我们更乐于看。

生：我们看了一回，还想看下一回，如果只有一回就没有意思了。

师：是什么吸引着我们看了一回，还想看下一回，让我们看得津津有味？

生：是跌宕起伏的故事情节，是引人入胜的故事情节。

师：这就是文学作品中所说的："文似看山不喜平！"你还能举出这样的例子吗？

生：三打白骨精。

生：三顾茅庐。

生：七擒孟获。

……

在我看来，小说跌宕起伏的故事情节，学生是要熟知的，但最好的方式不是直接灌输，而是在课堂中不着痕迹地自然生成。这样，学生或许会感觉学习也是一件容易的事情，而不是反复地枯燥地去记忆。

三、创意问题设计——"魂"贯全堂（我会思考！）

郭晨光校长常说："文章有主线，亦有灵魂，课堂有主线，亦有灵魂。"而课堂的"魂"便是讲授内容的中心，师生围绕这一魂展开活动。而小说是最连接地气的莲藕，正如莫言所说："我就是一个讲故事的人，其实小说本身就是一个故事。"课堂便是师生"剖析"故事、演绎故事的殿堂，所以小说故事的核心问题便是课堂之"魂"，这无不在考验着执教教师对文本的独特的解读，从而挖掘出文本的核心问题，并以恰当的方式呈现给学生，促进课堂的灵魂于不觉间进入学生的心灵世界。而良好的学习习惯、精到的方法，也必能促进课堂的灵魂于不觉间进入学生的灵魂。在整个探究的过程中，教师的主导作用和学生的主体作用融合得可谓天衣无缝。

在讲授《小圣施威降大圣》时，我抓住了文本中特定环境下的"变"来用四个关键问题串联课堂：

1. 在文中孙悟空与二郎神分别变了哪些事物？请速读课文，筛选信息，圈出关键词并复述故事。

2. 为什么孙悟空不直接变成一个最厉害的，降服二郎神，而让他变来变去，变了七回才分出胜负？

3. 找出孙悟空与二郎神变身的精彩语句，并说说你感受到了一个怎样的孙悟空，一个怎样的二郎神。

4. 在现实生活中，孙悟空存在吗？那作者为什么还要用那么多的笔墨来塑造这一人物形象？让我们结合背景，了解作者的创作意图。

"变"便是本篇文章的灵魂，亦是本堂课的灵魂，师生围绕"变"来展开活动："变"出了精彩有趣的故事，"变"出了故事情节的跌宕起伏，"变"出了神通广大、聪明机智、机灵调皮的孙悟空形象，"变"出了作者的写作意图——追求和向往美好的社会。

四、创意朗读——是整个星辰中最璀璨最耀眼的启明星（我的精彩时刻！）

一位优秀教师曾说："最美的课堂是从声音开始的！"而我要说："最美的课堂有声与无声巧妙地融合，而创意诵读就是最闪亮的一环，好比雪海中一株傲然独放的腊梅，好比碧玉荷塘中一朵亭亭净植的莲花，好比整个星辰中最璀璨最耀眼的启明星。"好文章是用来读的，语文课程标准要求逐步培养学生探究性阅读和创造性阅读的能力，提倡多角度、有创意地阅读。所谓创意朗读，是指在课堂教学中，教师根据文本采取不同的形式演绎富有新意的朗读环节，从而产生风格迥异的朗读效果。

如《小圣施威降大圣》就融入了方言诵读、表演诵读、添加拟声词诵读、想象诵读等。现试举一例，我引导学生用方言、用动作、用神态、添加拟声词"嘿嘿、呦……"等来传达"孙悟空"发现二郎神变作"鱼鹰"来降它时的心理活动："想是那二郎变化了等我哩……"学生的诵读将孙悟空的形象演绎得淋漓尽致，绝妙逼真！学生不仅读出了孙悟空的那份机灵与顽皮，而且在趣读中体悟了语言的精妙，更引得听课师生自发热烈地鼓掌。

一路"变身"演绎一路"精彩"，如沐春风而又启人心扉，真是一次愉悦的精神之旅。一路"变身"收获一路"智慧"，美妙绝伦而又激人奋进。吾将上下而求索，继续践行当代教育家顾明远所提倡的"愉快教育"——变"要我学"为"我要学""我会学"，以期积淀更多的教学智慧，让我有勇气有信心拈起梦想继续前行，不停地靠近梦想翘起的尾巴，直到和梦想在蓝天相拥相吻……